es 1226

edition suhrkamp

Neue Folge Band 226

Paul Veyne untersucht im vorliegenden Buch die Art und Weise, in der die Griechen an ihre Mythen glaubten. Dabei unterscheidet er verschiedene Modaliäten des Glaubens: den Glauben aufgrund von Äußerungen, aufgrund von Erfahrung usw., und gelangt zur Wahrheitsfrage. Wahrheiten sind, so Veyne, Einbildungen; sie sind nicht die einfachste realistische Erfahrung, sondern im Gegenteil die am stärksten durch Geschichte relativierte; sie sind für Veyne Produkte der Phantasie. Diese versteht er im Kantschen Sinne des Wortes: sie ist transzendental; sie konstituiert unsere Welt. Dieses Transzendentale ist jedoch ein historisches, da die Kulturen aufeinander folgen und sich nicht gleichen. Die Menschen finden nicht die Wahrheit, sie machen sie, wie sie ihre Geschichte machen, und sie geben sie ihr zurück.

Paul Veyne lehrt am Collège de France.

Paul Veyne

# Glaubten die Griechen an ihre Mythen?

## Ein Versuch über die konstitutive Einbildungskraft

*Aus dem Französischen von Markus May*

Suhrkamp

Titel der Originalausgabe:
*Les Grecs ont-ils cru à leurs mythes?*

edition suhrkamp 1226
Erste Auflage 1987

Satz: ICS, Bergisch Gladbach
Druck: Books on Demand, Norderstedt
Printed in Germany
Umschlag gestaltet nach einem Konzept
von Willy Fleckhaus: Rolf Staudt
ISBN 978-3-518-11226-7

4 5 6 7 8 9 – 14 13 12 11 10 09

# *Inhalt*

Für Estelle Blanc

. . . Eine wirkliche, wahre Gesamtheit
ist eine Krankheit unsrer Gedanken.

*Pessoa*

# Einleitung

Wie kann man halb glauben oder an Dinge, die in sich widersprüchlich sind? Kinder glauben, daß ihnen der Weihnachtsmann Spielzeug durch den Kamin bringt, und zugleich glauben sie, daß ihre Eltern ihnen dieses Spielzeug hingelegt haben. Glauben sie also tatsächlich an den Weihnachtsmann? Ja, und auch der Glaube der Dorzé ist nicht weniger unbeirrt; in den Augen dieser Äthiopier, so berichtet uns Dan Sperber, »ist der Leopard ein christliches Tier, das die Fastentage der koptischen Kirche einhält, eine Regelbefolgung, die in Äthiopien als wichtigste Prüfung des Glaubens gilt; dennoch kümmert sich ein Dorzé an den Fastentagen Mittwoch und Freitag nicht weniger um den Schutz seiner Tiere als an den anderen Tagen der Woche; daß die Leoparden fasten und daß sie jeden Tag fressen, hält er gleichermaßen für wahr; die Leoparden sind an allen Tagen gefährlich: das weiß er aus Erfahrung; sie sind Christen: das versichert ihm die Überlieferung.«

Ich hatte mir also vorgenommen, am Beispiel des Glaubens der Griechen an ihre Mythen die Vielfalt der Arten und Weisen des Glaubens zu untersuchen: aufs Wort glauben, aus Erfahrung glauben usw. Zweimal jedoch hat mich diese Studie etwas darüber hinausgetrieben.

Es hat sich nämlich herausgestellt, daß man statt von Glauben schlicht und einfach von Wahrheiten sprechen mußte. Und daß diese Wahrheiten selbst Einbildungen waren. Wir machen uns keine falsche Vorstellung von den Dingen: Es ist die Wahrheit der Dinge, die Jahrhunderte hindurch so merkwürdig konstituiert wird. Die Wahrheit ist – weit davon entfernt, die einfachste realistische Erfahrung zu sein – die historischste von allen. Es hat eine Zeit gegeben, in der Dichter oder Geschichtsschreiber ganze königliche Dynastien von Grund auf zusammenfabuliert haben, mitsamt dem Namen eines jeden Potentaten und dem dazugehörigen Stammbaum. Sie waren keine Fälscher, und böse Absichten hatten sie auch nicht: Sie befolgten die damals übliche Methode, um zu Wahrheiten zu gelangen. Verfolgen wir diesen Gedanken bis ans Ende, so werden wir sehen, daß wir das, was wir Fiktionen nennen, auf seine Weise für wahr halten, sobald wir das Buch beiseite gelegt haben: Die *Ilias* oder *Alice* sind wahr, nicht mehr und nicht weniger als Fustel de Coulanges. Ebenso halten wir die Gesamtheit der Schöpfungen der Vergangenheit für – wenn auch gewiß recht interessante – Träumereien, und ebenso halten wir vorläufigerweise nur den *letzten Stand der Forschung* für wahr. Das ist Kultur.

Damit will ich keineswegs behaupten, daß die Phantasie zukünftige Wahrheiten ankündigen würde und daß sie an die Macht kommen sollte, sondern daß die Wahrheiten schon Einbildungen sind und daß die Einbildung seit jeher schon an der Macht ist; sie und nicht die Wirklichkeit, die Vernunft oder die langwierige Arbeit des Negativen.

Wie man sieht, ist diese Einbildungskraft nicht das Vermögen, welches uns psychologisch und historisch unter diesem Namen bekannt ist; weder als Prophezeiung noch im Traum erweitert sie die Dimensionen des Gefäßes, in dem wir eingeschlossen sind; im Gegenteil, sie ist es, die diese Trennwände errichtet, und außerhalb des Gefäßes gibt es nichts. Nicht einmal die Wahrheiten, die noch kommen werden: Ihnen können wir das Wort also nicht erteilen. In diesen Gefäßen bilden sich die Formen der Religionen und Literaturen sowie auch die der Politik, der Verhaltensweisen und der Wissenschaften. Diese Einbildungskraft ist ein Vermögen, aber so, wie Kant es versteht; sie ist transzendental; sie konstituiert unsere Welt, anstatt ihr Dämon oder ihr Gärmittel zu sein. Jedoch, was jeden aufrechten Kantianer aus Verachtung ohnmächtig werden läßt, dieses Transzendentale ist historisch; denn die Kulturen lösen einander ab und sind sich nicht ähnlich. Die Menschen finden nicht die Wahrheit; sie machen sie, wie sie ihre Geschichte machen, und sie geben sie ihr zurück.

Mein freundschaftlicher Dank geht an Michel Foucault, mit dem ich über dieses Buch gesprochen habe, an meine Kollegen von der Association des études grecques, Jacques Bompaire und Jean Bousquet und an François Wahl für seine Vorschläge und Kritik.

# Vorwort

Glaubten die Griechen an ihre Mythologie?* Die Antwort ist nicht leicht, denn »glauben« will so vieles sagen ... Nicht alle glaubten, daß Minos in der Unterwelt weiter sein Richteramt ausübte[1], noch daß Theseus mit dem Minotaurus[2] gekämpft hätte, und sie wußten, daß die Dichter »lügen«. Jedoch gibt ihre Art und Weise, nicht daran zu glauben, keinerlei Anlaß zur Beunruhigung; denn in ihren Augen war Theseus deshalb nicht weniger existent; man braucht nur den »Mythos durch die Vernunft zu reinigen«[3] und die Biographie des Gefährten des Herkules auf ihren historischen Kern zu reduzieren. Was Minos betrifft, so legt Thukydides als Abschluß einer beachtlichen geistigen Anstrengung denselben Kern frei: »Von all denen, die wir vom Hörensagen kennen, war Minos der erste, der eine Flotte besaß«[4]; der Vater Phaidras, der Gatte der Pasiphae, ist nur noch ein König, der das Meer beherrschte. Die Säuberung des Mythischen durch den Logos ist nicht eine Episode des ewigen Kampfes (von den Anfängen bis zu Voltaire und Renan) zwischen Aberglauben und Vernunft, in dem der griechische Geist triumphiert; der Mythos und der Logos stehen – trotz Nestle – nicht im Gegensatz wie Wahrheit und Lüge.[5] Der Mythos war ein Gegenstand wichtiger Überlegungen[6], und die Griechen waren mit ihm noch nicht fertig – sechs Jahrhunderte nach der sophistischen Bewegung, die, wie man sagt, ihre Aufklärung gewesen sein soll. Weit davon entfernt, für die Vernunft ein Triumph zu sein, ist die Säuberung des Mythos durch den Logos ein zeitlich festgelegtes Programm, dessen Widersinn erstaunlich ist: Warum haben sich die Griechen für nichts und wieder nichts unglücklich gemacht, indem sie die Spreu vom Weizen trennen wollten, anstatt mit einer Handbewegung alles ins Reich der Fabel zu verweisen: den Theseus genauso wie den Minotaurus, die Existenz eines gewissen Minos wie die

* Da Paul Veyne in diesem Buch die griechischen und lateinischen Autoren vorwiegend selbst in ein modernes Französisch übersetzt hat, konnten in der vorliegenden Ausgabe, um die Argumentation des Verfassers deutlich werden zu lassen, nicht immer die Standardübertragungen übernommen werden. Deshalb wurden die entsprechenden Passagen unter Rückgriff auf die Veynesche Übersetzung ins Deutsche gebracht.

Unwahrscheinlichkeiten, die die Überlieferung diesem sagenumwobenen Minos zuschreibt? Das ganze Ausmaß des Problems wird erst deutlich, wenn man bedenkt, daß diese Einstellung zum Mythos gut zwei Jahrtausende angehalten hat; im *Discours sur l'histoire universelle*, einem Geschichtsbuch, in dem sich die Wahrheiten der christlichen Religion und die Wirklichkeiten der Vergangenheit wechselseitig stützen, greift Bossuet seinerseits die mythische Zeitrechnung wieder auf, die seit der Erschaffung der Welt mit der heiligen Zeitrechnung abgestimmt ist, und kann so, »wenig später als Abimelech«, die »berühmten Kämpfe des Herkules, Sohn des Amphitryon«[7] und den Tod des »Sarpedon, Sohn des Jupiter« mit Datum versehen. Was ging dem Bischof von Meaux durch den Kopf, als er dieses schrieb? Was geht uns durch den Kopf, wenn wir widersprüchliche Dinge in schönster Gleichzeitigkeit glauben, wie wir es ständig in der Politik oder in der Psychoanalyse tun?

Es ergeht uns so wie unseren Volkskundlern vor dem Schatz der Sagen und Legenden oder wie Freud vor den Wortergüssen des Präsidenten Schreber: Was tun mit diesem Berg von Ungereimtheiten? Wie könnte es möglich sein, daß all das keinen Sinn, keine Motivation, keine Funktion und noch nicht einmal eine Struktur ergäbe? Die Frage, ob die Fabeln einen authentischen Inhalt haben, stellt sich niemals positiv: Um feststellen zu können, ob Minos existiert hat, muß zuerst entschieden werden, ob die Mythen nur bloße Märchen sind oder abgeänderte Geschichte. Keine positivistische Kritik kann Endgültiges über die Phantasie und das Übernatürliche[8] sagen. Wie also kann man aufhören, an die Sagen zu glauben? Wie hat man aufgehört, an Theseus zu glauben, den Begründer der attischen Demokratie, an Romulus, den Gründer Roms, und an die Geschichtlichkeit der ersten Jahrhunderte römischer Geschichte? Wie hat man aufgehört, an die trojanischen Ursprünge der fränkischen Monarchie zu glauben?

Für die moderne Zeit sehen wir dank des schönen Buches von Georges Huppert über Estienne Pasquier[9] klarer. Geschichte, wie wir sie verstehen, ist nicht entstanden, als man die Kritik erfand, denn sie gab es schon seit langem, sondern an dem Tag, als der Beruf des Kritikers mit dem des Historikers verschmolz: »Geschichtsforschung ist jahrhundertelang betrieben worden, ohne die Geschichtsschreibung ernstlich zu beeinflussen, denn beide Tätigkeiten blieben einander fremd, manchmal sogar im Kopf desselben Mannes.« Hat es sich in der Antike ebenso verhalten, und gibt es einen goldenen Weg der historischen Vernunft, einen einzigen und immer denselben für alle Zeiten? Als Richtschnur sollte uns ein Gedanke von A. D. Momigliano dienen: »Die moderne Methode der historischen Forschung ist ganz auf die Unterscheidung von Quellen aus erster und Quellen aus zweiter Hand gegründet.«[10] Es ist nicht so gewiß, ob dieser Gedanke eines großen Wissenschaftlers auch richtig ist; ich halte ihn sogar für nicht zwingend. Aber zumindest formuliert er ein methodisches Problem, das, selbst wenn wir ihm widersprechen, dem Anschein nach für sich spricht. Erinnern wir uns an Beaufort oder an Niebuhr, deren Skeptizismus gegenüber den ersten Jahrhunderten römischer Geschichte sich auf das Fehlen zeitgenössischer Quellen und Dokumente jener fernen Zeiten stützt; zumindest aber sich durch dieses Fehlen rechtfertigt.[11]

Die Geschichte der Wissenschaften ist nicht die fortschreitende Entdeckung der richtigen Methode und der wahren Wahrheiten. Die Griechen haben eine eigene Art, an ihre Mythen zu glauben oder skeptisch zu sein, und diese ähnelt nur fälschlicherweise der unseren. Auch ihre Art, Geschichte zu schreiben, ist nicht wie unsere; nun beruht diese aber auf einer impliziten Annahme, wie die der Unterscheidung von primären Quellen und solchen aus zweiter Hand, eine Unterscheidung, die weniger auf eine Schwäche der Methode zurückzuführen ist, als der Fragestellung selbst fremd bleibt. Deshalb ist Pausanias, den wir oft zitieren werden, ein Beispiel, das manches andere aufwiegt.

Überhaupt ist dieser Pausanias keinesfalls ein Denker, den man unterschätzen sollte, und man wird ihm nicht gerecht, wenn man sagt, daß seine *Beschreibung Griechenlands* der Baedeker des antiken Hellas gewesen sei. Pausanias ist einem Philologen oder deutschen Archäologen der großen Zeit ebenbürtig; um die Denkmäler zu beschreiben und die Geschichte der verschiedenen griechischen Gegenden zu erzählen, hat er Bibliotheken durchstöbert, ist viel gereist, hat sich gebildet, hat alles mit eigenen Augen gesehen[12]; er geht mit ebensoviel Eifer daran, die mündlichen lokalen Sagen zu sammeln, wie einer unserer Provinzgelehrten zur Zeit Napoleons III.; die Genauigkeit der Hinweise und die Bandbreite der Information überraschen ebenso wie die Sicherheit seines Blickes (durch intensives Betrachten der Skulpturen und Fragen nach ihrem Entstehungsdatum hat Pausanias es gelernt, die Statue nach stilistischen Kriterien zu datieren). Schließlich war Pausanias vom Problem des Mythos besessen und hat sich – wie wir noch sehen werden – mit diesem Problem herumgeschlagen.

# Als die historische Wahrheit Tradition und Vulgata war

Es gibt einen guten Grund dafür, daß ein antiker Geschichtsschreiber uns nur selten Gelegenheit gibt zu wissen, ob er zwischen primären Quellen und Informationen aus zweiter Hand unterscheidet: Ein antiker Geschichtsschreiber gibt seine Quellen nicht an, oder besser, er tut es selten, unregelmäßig und ganz gewiß nicht aus denselben Gründen, aus denen wir sie zitieren. Wenn wir also danach fragen, was dieses Schweigen beinhaltet, und wenn wir den Konsequenzen folgen, so wird das ganze Gewebe sichtbar: Wir werden nämlich sehen, daß die Geschichte mit der, die wir kennen, nur den Namen gemein hatte. Damit will ich nicht sagen, daß sie unvollkommen war und noch Fortschritte zu erbringen hatte, um ganz und gar die Wissenschaft zu werden, die sie seit jeher sein sollte: In ihrer Art war sie als Mittel der Glaubensbildung ebenso vollendet wie unser Journalismus, dem sie in vielem sehr ähnlich ist. Dieser »verborgene Teil des Eisbergs«, der einmal die Geschichte war, ist so groß, daß . . . es nicht mehr derselbe Eisberg ist.

Ein antiker Geschichtsschreiber »setzte keine Fußnoten unter die Seite«. Ob er primäre Forschungen betreibt oder sekundäre, er will, daß man ihm aufs Wort glaubt; es sei denn, er ist stolz darauf, einen noch wenig bekannten Autor entdeckt zu haben oder aber, weil er einen besonders seltenen und kostbaren Text, der schon für sich allein eher eine Art Denkmal ist, als Quelle, besonders hervorheben will.[13] Meistens begnügt sich Pausanias damit zu sagen: »Ich habe gehört, daß . . .« oder »nach meinen Informanten . . .«, wobei diese Informanten oder Exegeten ebenso schriftliche Quellen sein konnten wie auch mündliche Auskünfte von Priestern und ortsansässigen Gelehrten, die er auf seinen Reisen kennengelernt hat.[14] Heute noch macht uns dieses Schweigen über die Quellen neugierig . . . und hat die Quellenforschung auf den Plan gebracht.

Kommen wir noch einmal auf Estienne Pasquier zu sprechen, dessen *Recherches de la France* 1560 erschienen sind. Vor der Veröffentlichung, so erzählt uns G. Huppert[15], hat Pasquier sein Manuskript bei seinen Freunden herumgehen lassen; am häufigsten bekam er Vorwürfe zu hören bezüglich seiner Gewohnheit, allzuoft die Herkunft der Quellen zu belegen, die er zitierte; dieses Verfahren, erklärte man ihm, erinnere zu stark an den »umbre des escholes« und sei für ein historisches Werk kaum angebracht. War es wirklich unumgänglich, bei jedem Anlaß »das, was er sagte, durch irgendeinen alten Autor« zu bekräftigen? Wenn es tatsächlich darum ging, seinem Bericht Autorität und Glaubwürdigkeit zu verleihen, so würde die Zeit das ganz allein erledigen; schließlich würden sich ja die Werke der Alten auch nicht mit Zitaten belasten, und ihre Autorität hätte sich dennoch mit der Zeit bestätigt; solle doch Pasquier die Zeit allein sein Buch gutheißen lassen!

Diese erstaunlichen Zeilen machen deutlich, welcher Abgrund unsere Auffassung von Geschichte von einer anderen Auffassung trennt, welche die aller Geschichtsschreiber der Antike war und noch von den Zeitgenossen Pasquiers geteilt wurde. Nach dieser Konzeption war die historische Wahrheit eine Vulgata, die der Einklang der Geister im Laufe der Jahrhunderte weiht. Dieser Einklang sanktioniert die Wahrheit und sanktioniert auch die Reputation der Schriftsteller, die für klassisch gehalten werden und außerdem – wie ich mir vorstellen kann – die Überlieferung der Kirche. Pasquier hätte nicht die Wahrheit mit Hilfe von Belegstellen herstellen müssen, sondern hätte warten sollen, bis er selbst als authentischer Text anerkannt gewesen wäre; indem er Fußnoten unter die Seiten setzte und seine Beweise wie Juristen anführte, hat er unbilligerweise versucht, den Konsens der Nachwelt über seine Werke zu erzwingen. Man kann nicht behaupten, daß in einer solchen Konzeption der historischen Wahrheit die Unterscheidung von primären und sekundären Quellen vernachlässigt werde oder aber unbekannt und noch nicht entdeckt sei; sie hat ganz einfach weder Sinn noch Zweck, und hätte man die alten Geschichtsschreiber auf ihre angebliche Vergeßlichkeit aufmerksam gemacht, so hätten sie geantwortet, daß sie mit dieser Unterscheidung nichts anzufangen wüßten. Ich sage nicht, daß sie sich damit nicht ins Unrecht gesetzt hätten, sondern nur, daß diese Lücke nichts erklärt, weil ihre Wahrheitskonzeption nicht die unsere ist.

Wenn wir diese Geschichtskonzeption als Tradition oder Vulgata verstehen wollen, so können wir sie mit der Art und Weise vergleichen, in der man vor nicht mehr als anderthalb Jahrhunderten die alten Autoren oder selbst Pascals *Pensées* herausgab. Was man druckte, war der überlieferte Text, die Vulgata; das Manuskript Pascals war jedem Verleger zugänglich, aber niemand hat es in der königlichen Bibliothek konsultiert; man druckte immer wieder den überlieferten Text ab. Die Herausgeber griechischer und lateinischer Texte stützten sich auf Manuskripte; aber deshalb stellten sie noch nicht den Stammbaum der ihnen vorliegenden Abschriften auf und versuchten auch nicht, den Text auf eine kritische Basis zu stellen, sondern machten tabula rasa: sie nahmen ein »gutes Manuskript«, schickten es dem Drucker und begnügten sich damit, den überlieferten Text hier und dort zu verbessern, wobei sie sich auf dieses oder jenes Manuskript stützten, das sie konsultiert oder entdeckt hatten; sie gossen den Text in keine neue Form, sondern ergänzten oder verbesserten die Vulgata.

Wenn sie vom Peloponnesischen Krieg erzählen oder von den legendären Jahrhunderten der römischen Frühzeit, schreiben die alten Geschichtsschreiber voneinander ab. Und zwar nicht nur deshalb, weil ihnen nichts anderes übrigbleibt, da ihnen andere Quellen und authentische Dokumente fehlen; denn wir selbst, die wir über noch weniger Dokumente verfügen und auf die Behauptungen dieser Geschichtsschreiber angewiesen sind, schenken ihnen deshalb nicht mehr Glauben. Für uns sind sie nichts weiter als Quellen, während sie selbst die Version, die ihnen ihre Vorläufer übermittelten, als Überlieferung betrachteten. Selbst wenn es ihnen möglich gewesen wäre, hätten sie nicht versucht, die Tradition umzuschmelzen, sondern nur sie zu verbessern. Im übrigen haben sie die Dokumente, die ihnen über eine Epoche zur Verfügung standen, nicht benutzt, oder wenn doch, dann in viel geringerem Maße, als wir es tun würden, und ganz anders.

So haben Titus-Livius und Dionysios von Halikarnassos unbeirrbar die vier dunklen Jahrhunderte der römischen Frühgeschichte erzählt, indem sie alles zusammenfaßten, was ihre Vorgänger behauptet hatten, ohne sich zu fragen »Ist das wahr?«, sondern sie haben sich darauf beschränkt, Einzelheiten zu tilgen, die ihnen falsch oder eher unwahrscheinlich oder erdichtet erschienen; sie setzten voraus, daß ihr Vorgänger die Wahrheit gesagt hatte. Dabei spielte es keine Rolle, ob ihr Vorgänger mehrere Jahrhunderte später als die besagten Ereignisse, von denen er berichtete, gelebt hatte: nie haben sich Dionysios und

Titus-Livius die für uns so einleuchtende Frage gestellt: »Aber wie hat er das alles wissen können?« Haben sie etwa angenommen, daß dieser Vorgänger selbst Vorgänger hatte, von denen der erste ein Zeitgenosse des Geschehens gewesen war? Keineswegs; sie waren sich vollkommen im klaren darüber, daß die ältesten Geschichtsschreiber Roms vier Jahrhunderte später als Romulus gelebt hatten, und außerdem kümmerte sie das recht wenig: Die Überlieferung war vorhanden, sie war die Wahrheit, das genügte. Wenn sie erfahren hätten, wie sich diese ursprüngliche Überlieferung bei den ersten römischen Geschichtsschreibern gebildet hatte, welche Quellen und Legenden, welche Erinnerungen in diesem Tiegel geschmolzen wurden, so hätten sie darin nur ihre Vorgeschichte gesehen: Sie hätten sie nicht für einen authentischeren Text gehalten; das Material, woraus sich eine Tradition zusammensetzt, ist nicht die Tradition selbst. Diese zeigt sich immer in Gestalt eines Textes, ist ein Bericht, der Autorität hat; die Geschichte wird als Tradition geboren und nicht aus Quellen erarbeitet. Wir haben gesehen, daß nach Pausanias die Erinnerung an eine Epoche endgültig verloren ist, wenn jene, die mit den Großen verkehren, es versäumen, die Geschichte ihrer Epoche aufzuschreiben; im Vorwort zu seinem *Jüdischen Krieg* meint Josephus, daß derjenige Geschichtsschreiber am meisten gelobt werden müsse, der die Ereignisse seiner Zeit zum Nutzen der Nachwelt berichtet. Inwiefern war es ein größeres Verdienst, die zeitgenössische Geschichte zu schreiben als die Geschichte vergangener Jahrhunderte? Weil die Vergangenheit schon ihre Geschichtsschreiber hat, die zeitgenössische Epoche aber darauf wartet, daß sich ein Geschichtsschreiber zur Quelle macht und die Tradition begründet. Man sieht, daß die alten Geschichtsschreiber keine Quellen und Dokumente verwenden, denn sie selbst sind Quelle und Dokument; oder besser: die Geschichte läßt sich nicht aus Quellen erarbeiten; sie besteht aus der Wiedergabe dessen, was die Geschichtsschreiber gesagt haben und aus einer eventuellen Korrektur oder Verbesserung an dem, was sie uns wissen lassen.

Zuweilen kommt es vor, daß ein alter Geschichtsschreiber kundtut, daß seine »Autoritäten« über einen gewissen Punkt verschiedener Meinung sind, oder daß er sogar eingesteht, über die Wahrheit des Sachverhaltes nicht entscheiden zu können, so verschieden seien die Versionen. Aber diese Äußerungen kritischen Geistes machen noch keinen kritischen Apparat, der seinen ganzen Text stützen könnte, konstituieren noch keinen Apparat von Beweisen und Varianten, wie etwa der kritische Apparat der Anmerkungen und Belege, der den unteren Teil der Seiten unserer Geschichtsbücher ausfüllt: es geht bloß um zweifelhafte oder unhaltbare Stellen, um verdächtige Details. Zuerst einmal glaubt der alte Geschichtsschreiber, und er bezweifelt erst dann ein Detail, wenn er nicht mehr glauben kann.

Es kommt auch vor, daß ein Geschichtsschreiber ein Dokument zitiert, es abschreibt oder irgendeinen archäologischen Gegenstand beschreibt. Das tut er, entweder weil er die Überlieferung um ein Detail bereichern will oder weil er seinem Bericht Farbe geben und aus Freundschaft für den Leser eine Abschweifung erlauben will. Auf einer Seite seines IV. Buches macht Titus-Livius beide Dinge gleichzeitig. Er fragt sich, ob Cornelius Cossus, der den Etruskerkönig von Veji im Einzelkampf getötet hat, Volkstribun war – wie alle seine Autoritäten behaupteten – oder ob er Konsul war; er entscheidet sich für die zweite Version, weil eine Inschrift auf dem Harnisch dieses Königs, den der siegreiche Cossus einem Tempel weihte, ihn Konsul nennt: »Ich selbst habe«, schreibt er, »von Augustus, der alle Tempel gestiftet oder neubegründet hat, gehört, daß er beim Besuch des verfallenen Heiligtums auf dem Leinenharnisch des Königs die Inschrift gelesen habe; also hielte ich es beinahe für einen Frevel, dem Cossus und seiner Siegesbeute das persönliche Zeugnis des Kaisers zu verweigern.« Titus-Livius hat nicht nach Dokumenten geforscht: durch Zufall hat er eins gefunden – oder vielmehr diesbezüglich das Zeugnis des Kaisers erhalten; dieses Dokument ist weniger eine Quelle der Erkenntnis als eine archäologische Kuriosität und eine Reliquie, in der sich das Prestige eines Helden der Vergangenheit durch das Ansehen des Kaisers vergrößert. Oft zitieren die Geschichtsschreiber von einst und auch noch die von heute die immer erkennbaren Denkmäler der Vergangenheit, nicht so sehr als Beweis für das, was sie sagen, sondern als Bebilderung, die mehr im Glanz und Licht der Geschichte erstrahlt, als daß sie diese selbst erhellt.

Weil ein Geschichtsschreiber für seine Nachfolger eine Autorität darstellt, wird es oft geschehen, daß seine Nachfolger ihn kritisieren. Nicht etwa, weil sie seine Arbeit von Grund auf überholt hätten: aber sie haben Irrtümer bei ihm entdeckt und stellen sie richtig; sie bauen nicht neu, sondern sie verbessern. Oder aber sie verreißen ihn; denn oft ist der Nachweis von Irrtümern nichts anderes als eine Verurteilung in Raten. Kurz: man liefert keine detaillierte oder geschlossene Kritik einer Interpretation, aber man kann versuchen, einen guten Ruf zu ruinieren, eine unverdiente Autorität zu stürzen; hat es Herodots Schilderung verdient, als Autorität zu gelten, oder ist Herodot nur ein Lügner? In Sachen Autorität und Tradition geht es zu wie in der Orthodoxie: alles oder nichts.

Ein antiker Geschichtsschreiber zitiert seine Autoritäten nicht, weil er sich selbst als potentielle Autorität empfindet. Gerne würden wir erfahren, woher Polybios das alles weiß, was er weiß. Noch viel lieber wüßten wir es immer dann, wenn seine Schilderungen oder die des Thukydides die Schönheit eines Plans erlangen und wahrer noch als wahr zu sein scheinen, weil sie sich einer bestimmten politischen oder strategischen Rationalität angleichen. Wenn ein Text eine Vulgata ist, vermengt man gern, was sein Verfasser tatsächlich geschrieben hat und was er hat schreiben müssen, um sich seiner selbst als würdig zu erweisen; wenn eine Geschichte eine Vulgata ist, unterscheidet man nur mit Mühe das, was wirklich geschehen ist, von dem, was nicht geschehen durfte, allein schon wegen der Wahrheit der Dinge. Jedes Ereignis gleicht sich seinem Typus an, und deshalb ist die Geschichte der dunklen Jahrhunderte Roms so reich an detaillierten Schilderungen, die im einzelnen so realistisch sind wie Restaurierungen Viollet-le-Ducs authentisch. Eine solche Auffassung der historischen Rekonstruktion bot den Fälschern, wie wir noch sehen werden, manch günstige Gelegenheit, die ihnen die akademische Geschichtsschreibung nicht mehr bietet.

Wenn es erlaubt ist, eine Vermutung über den Geburtsort dieses Wahrheitsprogramms zu äußern, in dem die Geschichte eine Vulgata ist, so glauben wir, daß die Achtung der alten Geschichtsschreiber vor der Tradition, die ihnen ihre Vorgänger übermittelten, daher rührt, daß in Griechenland die Geschichte nicht wie bei uns aus der Kontroverse, sondern aus den Ermittlungen geboren wird (denn das ist genau der Sinn des griechischen Wortes *Historia*). Wenn man Ermittlungen durchführt (sei es als Reisender, Geograph, Ethnograph oder als Reporter), kann man nur sagen: dies habe ich festgestellt, dies habe ich von Seiten gewöhnlich gut unterrichteter Kreise erfahren; es erübrigt sich, die Namen der Informanten zu nennen: wer ginge hin und prüfte nach? Deshalb beurteilt man einen Journalisten auch nicht nach der Respektabilität seiner Quellenforschung, sondern nach einer internen Kritik – oder aber in einem einzelnen Punkt, wo man ihn zufällig in flagranti erwischt hat, wie er parteilich war oder sich irrte. Die merkwürdigen Zeilen Estienne Pasquiers würden uns nicht weiter wundern, wenn man sie auf einen unserer Reporter anwendete, und man könnte sich auch damit vergnügen, eine Analogie zwischen den alten Geschichtsschreibern und der Pflichtenlehre oder Methodik des Berufsjournalismus zu entwikkeln. Um nichts würde ein Reporter bei uns glaubwürdiger erscheinen, wenn er überflüssigerweise die Identität seiner Informanten klarstellte; wir beurteilen seinen Wert nach internen Kriterien; es reicht uns, ihn zu lesen, um zu wissen, ob er klug und unparteiisch ist, ob er genau berichtet und eine gründliche Allgemeinbildung besitzt; und genauso be- und verurteilt Polybios in seinem XII. Buch seinen Vorgänger Timaios; Beweisstücke stellt er nicht in Frage, außer in einem Fall (die Gründung von Lokroi), wo er durch glückliche Umstände den Spuren des Timaios hat nachgehen können. Ein guter Geschichtsschreiber, sagt Thukydides, greift nicht blindlings alle Überlieferungen auf, die man ihm zuträgt[16]; er muß verstehen, diese Informationen zu verifizieren, wie unsere Reporter sagen.

Doch kocht der Geschichtsschreiber seine Mahlzeit nicht vor den Augen seiner Leser. Er tut dies um so weniger, je mehr Ansprüche er an sich selber stellt. Herodot gefällt sich darin, die verschiedenen widersprüchlichen Überlieferungen, die er hat sammeln können, darzulegen; Thukydides tut das fast nie: er gibt nur die wieder, die er für gut hält[17]; er bekennt sich zu seiner Verantwortung. Wenn er kategorisch behauptet, die Athener täuschten sich über den Mord der Peisistratiden und sodann die Lesart vorgibt, die er für die wahre hält[18], genügt ihm die Behauptung. Er erbringt nicht einmal den Anfang eines Beweises; im übrigen ist nur schwer vorstellbar, wie er seinen Lesern die Mittel zur Überprüfung seiner Aussagen verschaffen sollte.

Die modernen Historiker schlagen eine Interpretation der Tatsachen vor und geben dem Leser die Mittel an die Hand, die Informationen zu überprüfen und eine andere Interpretation vorzunehmen; die alten Geschichtsschreiber überprüfen selbst die Informationen und ersparen dem Leser diese Mühe: das ist ihre Aufgabe. Sie unterscheiden sehr wohl – mag man auch das Gegenteil behaupten – zwischen primären Quellen (Augenzeugenberichte, oder, wenn diese fehlen, Überlieferungen) und Quellen aus zweiter Hand, aber diese Kleinigkeiten behalten sie für sich. Denn ihr Leser war selbst kein Geschichtsschreiber, ebensowenig wie die Leser von Zeitungen Journalisten sind: sowohl jene als auch diese vertrauen den Fachleuten.

Wann und warum hat sich das Verhältnis des Geschichtsschreibers zu seinen Lesern verändert? Wann und warum hat man damit angefangen, seine Belegstellen anzugeben? Ich bin kein Hohepriester in Sachen moderne Geschichtsschreibung, aber einige Dinge sind mir aufgefallen. In seiner *Syntagma philosophiae Epicureae* führt Gassendi keine Belegstellen an; er paraphrasiert oder vertieft Cicero, Hermarchos oder Origines, ohne daß der Leser entscheiden kann, ob man ihm die Philosophie Epikurs oder die Gassendis darbietet: letztgenannter verfolgt keine Bildungsabsichten, sondern will den Epikurismus in seiner ewigen Wahrheit wiedererstehen lassen und die Sekte der Epikureer gleich mit. Dagegen gibt Bossuet in seiner *Histoire des variations des Eglises protestantes* die Belegstellen an, wie auch Jurieu in seinen Erwiderungen: aber beide gehören in die Tradition der Kontroverse.

Das entscheidende Wort ist gefallen: Die Gewohnheit, seine Autoritäten zu zitieren, die wissenschaftliche Anmerkung, ist keine Erfindung der Geschichtsschreiber gewesen, sondern stammt aus der theologischen Kontroverse und der juristischen Praxis, dem Zitieren der Heiligen Schrift, den Pandekten und den Beweisstücken im Prozeß; in der *Summa contra gentiles* verweist der heilige Thomas nicht auf die aristotelischen Textstellen, sondern übernimmt die Verantwortung, sie neu zu interpretieren, und außerdem hält er sie für die Wahrheit selbst, die anonym ist; dafür aber zitiert er die Heilige Schrift, die Offenbarung ist und nicht Wahrheit der namenlosen Vernunft. In seinem bewundernswürdigen Kommentar zum *Codex Theodosianus* gibt Godefroy 1695 seine Belegstellen an: Dieser Rechtshistoriker, wie wir sagen würden, betrachtete sich selbst als Jurist und nicht als Geschichtsschreiber. Kurz, die wissenschaftliche Anmerkung hat ihren Ursprung in der Schikane und in der Polemik: Zuerst hat man sich die Beweise an den Kopf geworfen, bevor man sie anschließend mit den Mitgliedern der »Wissenschaftsgemeinde«

teilte. Die Hauptursache dafür liegt im Aufstieg der Universität und deren immer ausschließlicherem Monopol intellektueller Tätigkeit. Der Grund dafür hat ökonomische und soziale Ursachen; Grundbesitzer, die von ihrem Besitz und der Muße leben konnten wie Montaigne oder Montesquieu, gibt es nicht mehr, wie es auch nicht mehr ehrenhaft ist, in der Abhängigkeit eines Fürsten zu leben, anstatt zu arbeiten.

Nun schreibt aber ein Historiker an der Universität nicht mehr für einfache Leser, wie es die Journalisten oder »Schriftsteller« tun, sondern für die anderen Historiker, seine Kollegen; dies war bei den Geschichtsschreibern der Antike nicht der Fall. Deshalb haben diese auch vor der wissenschaftlichen Strenge eine offensichtlich laxe Einstellung, die uns überrascht oder auch schokkiert. Erst im achten seiner zehn Bücher schreibt Pausanias folgendes: »Zu Beginn meiner Forschungen sah ich in den Mythen nur törichte Leichtgläubigkeit, aber jetzt, wo Arkadien der Gegenstand meiner Untersuchungen ist, bin ich vorsichtiger geworden. Im archaischen Zeitalter nämlich drückten sich die, die man die Weisen nennt, eher durch Rätsel als durch unmittelbare Offenheit aus, und ich vermute, daß die Sagen, die Kronos betreffen, von dieser Art sind.« Dieses späte Eingeständnis zeigt uns also rückblickend, daß Pausanias nicht ein Wort der zahllosen unwahrscheinlichen Legenden geglaubt hat, die er uns unbeirrt auf den sechshundert Seiten davor berichtet hat. Man denkt an ein anderes, nicht weniger spätes Geständnis, das von Herodot am Schluß des siebten seiner neun Bücher: Haben die Argeier im Jahre 480 die griechische Sache verraten und sich mit den Persern verbündet, die behaupteten, auf denselben mythischen Vorfahr zurückzugehen wie diese, nämlich auf Perseus? »Was mich anbetrifft«, schreibt Herodot, »so ist es meine Pflicht, das wiederzugeben, was man mir gesagt hat. Freilich brauche ich nicht alles zu glauben. Und was ich hier geäußert habe, gilt für mein ganzes Geschichtswerk.«[19]

Wenn ein moderner Historiker der Wissenschaftsgemeinde Fakten oder Legenden zu lesen gäbe, die er selbst kaum für glaubwürdig hält, würde er an den Ehrenkodex der Wissenschaft rühren. Die alten Geschichtsschreiber haben wenn nicht eine andere Vorstellung von wissenschaftlicher Aufrichtigkeit gehabt, so doch gewiß andere Leser, die keine Fachleute waren und sich aus einem ähnlich heterogenen Publikum zusammensetzten wie die Leser einer Zeitung; sie haben auch das Recht und sogar die Pflicht sich zurückzuhalten, und sie verfügen über einen Bewegungsspielraum. Die Wahrheit selbst spricht nicht aus ihrem Mund: Dem Leser fällt es zu, sich eine Vorstellung von dieser Wahrheit zu bilden; dies ist eine der zahlreichen unauffälligen Besonderheiten, an denen sichtbar wird, daß trotz großer Ähnlichkeiten die historische Gattung bei den Alten sehr verschieden von der der Modernen ist. Das Publikum der alten Geschichtsschreiber ist nicht einheitlich: Einige Leser suchen Zerstreuung, andere lesen die Geschichte mit einem kritischeren Auge, einige sogar sind Berufspolitiker oder -strategen. Jeder Geschichtsschreiber trifft seine Wahl: Für alle schreiben und dabei den Bedürfnissen der verschiedenen Leserschichten Rechnung tragen oder sich wie Thukydides und Polybios auf die technisch sichere Information spezialisieren, die die Militärs und Politiker mit immer brauchbaren Fakten versorgt. Aber die Wahl stand frei; und im übrigen ließ die Heterogenität des Publikums dem Geschichtsschreiber einigen Spielraum: Er konnte die Wahrheit in grellen oder in gedämpften Farben schildern, wie es ihm beliebte, ohne ihr jedoch untreu zu werden. Deshalb braucht man sich über den von den Modernen oft kommentierten Brief des Cicero, in dem dieser den Lucius bittet, »die Taten während seines Konsulats aufzuwerten«, mehr vielleicht als dieser es getan hätte, »und nicht allzusehr auf die Regeln der historischen Gattung zu achten«, weder zu wundern noch zu entrüsten; es handelt sich ganz einfach um einen Freundschaftsdienst, um den man auch ohne allzu große Ehrenrührigkeit einen Journalisten bitten könnte, der immer noch einen Teil des Publikums auf seiner Seite hätte.

Hinter den offensichtlichen Fragen der wissenschaftlichen Methode oder der Aufrichtigkeit zeichnet sich eine andere Frage ab, nämlich die nach der Beziehung des Geschichtsschreibers zu seinen Lesern. Momigliano freilich meint, daß sich im späten Kaiserreich eine neue Einstellung zu Dokumenten herausbildet, die die wissenschaftlich richtige historische Methode der Zukunft ankündigte: die *Histoire Auguste*, vor allem aber die *Kirchengeschichte* des Eusebios seien der Beweis für einen *new value attached to documents.*[20] Ich muß gestehen, daß diese Werke bei mir einen ganz anderen Eindruck hinterlassen haben: die *Histoire Auguste* belegt ihre Quellen nicht; manchmal gibt sie einen Text aus berühmter Feder als Kuriosität und altertümliches Denkmal wieder, was schon die Alexandriner getan haben. Eusebios macht das gleiche. Im übrigen gibt Eusebios nicht eigentlich seine Quellen wieder, sondern bringt nur Auszüge. Er kompiliert »Teile von Berichten«, wie er selbst in den ersten Zeilen seiner Geschichte sagt. Kostbare Stücke einfassen und sich selbst durch Abschreiben von seinen Vorgängern die Mühe einer eigenen Geschichtsschreibung ersparen: weit davon entfernt, eine neue Einstellung zu bezeugen, bestätigt Eusebios die »absolute Objektivität«, wie Renan es formuliert hat[21], mit der die Spätantike das Geschichtsbuch betrachtete. Die Methode massenhafter Exzerpte finden wir schon bei Porphyrios (der uns so die Texte von Theophrast und Hermarchos bewahrt hat), und Eusebios wendet sie auch in seiner *Evangelischen Vorbereitung* an (was es uns heute noch möglich macht, den Zyniker Oinomaos oder Diogenianos den Peripatetiker zu lesen).

Zurücktreten vor der Objektivität: denn vor dem Zeitalter der Kontroverse und auch vor dem Zeitalter Nietzsches und Max Webers existieren die Tatsachen tatsächlich. Der Geschichtsschreiber braucht (weil die Tatsachen existieren) weder Interpretation noch Beweis (weil die Tatsachen nicht der Preis einer Kontroverse sind): Ihm genügt es, die Tatsachen zu berichten, sei es als »Reporter« oder als Kompilator. Dazu braucht er keine schwindelerregende intellektuelle Begabung: Es bedarf nur dreier Fähigkeiten, die jeder gute Journalist hat: Geschick, Kompetenz und Unparteilichkeit. Er muß sich geschickt aus den Büchern informieren, bei Zeugen, wenn es noch welche gibt, oder indem er Überlieferungen, »Mythen« sammelt; seine Kompetenz in Sachen Politik, wie z. B. Geographie und Strategie, wird es ihm ermöglichen, das Handeln der Politiker zu verstehen und seine Information richtig einzuschätzen; seine Unparteilichkeit wird verhindern, daß er absichtlich oder leichtfertig lügt. Seine Arbeit und seine Tugenden bewirken, daß der Geschichtsschreiber »im Gegensatz zur großen Masse« schließlich die Wahrheit über die Vergangenheit weiß; denn, so sagt Pausanias, »viel Unwahres wird von der Menge erzählt, die nichts von der Geschichte begreift und das für glaubwürdig hält, was sie seit ihrer Kindheit in Chorliedern oder in der Tragödie gehört hat. Manches wird auch zum Beispiel über Theseus erzählt; in Wirklichkeit aber war Theseus ein König, der nach dem Tod des Menestheus den Thron bestieg, und seine Nachkommen herrschten bis in die vierte Generation.«[22]

Man sieht, daß Pausanias die Spreu vom Weizen getrennt hat; er hat den authentischen Kern der Theseus-Sage freigelegt. Wie hat er ihn freigelegt? Mit Hilfe dessen, was wir die Doktrin der jetzt gegebenen Dinge nennen werden: Die Vergangenheit ist der Gegenwart ähnlich, oder wenn man will, das Wunderbare existiert nicht; nun sieht man heutzutage kaum noch Männer mit Stierköpfen, und Könige existieren; also hat der Minotaurus niemals existiert, und Theseus selbst war ganz einfach nur ein König. Denn Pausanias zweifelt nicht an der Geschichtlichkeit des Theseus, und Aristoteles[23], fünf Jahrhunderte früher, zweifelte auch nicht daran. Bevor sich der gewöhnliche Grieche zu dieser kritischen Haltung bekannte, die den Mythos auf das Wahrscheinliche reduzierte, war seine Einstellung ganz anders: Je nach Stimmung hielt er die Mythologie für leichtgläubiges Altweibergeschwätz, oder er hatte dem weit entfernten Wunderbaren gegenüber eine Haltung, bei der die Frage nach Geschichtlichkeit oder Fiktion keinen Sinn ergab.

Die kritische Haltung des Pausanias, des Aristoteles und selbst die Herodots[24] besteht darin, den Mythos als mündliche Überlieferung aufzufassen, als historische Quelle, die der Kritik bedarf; diese Methode ist zwar ausgezeichnet, aber sie hat ein falsches Problem geschaffen, dessen sich die Alten in tausend Jahren nicht entledigen konnten; es bedurfte erst einer historisch tiefgreifenden Veränderung des Christentums, damit sie es wenn auch nicht lösen, so doch vergessen konnten. Diese Problematik war folgende: Die mythische Tradition überliefert einen authentischen Kern, der sich im Laufe der Jahrhunderte mit Sagen umwoben hat; Schwierigkeiten machen allein die Sagen, nicht der Kern. Nur an diesen sagenhaften Zusätzen, und an ihnen allein, hat sich, wie wir gesehen haben, das Denken des Pausanias entwickelt.[25]

Nach einer Kritik der mythischen Überlieferungen ist so nicht zu fragen; ein Pausanias ist nur dem Anschein nach mit unserem Fontenelle, der gar nicht daran dachte, die Spreu vom Weizen zu trennen, sondern in den Sagen alles für falsch hielt[26], zu vergleichen. Und entgegen allem Anschein ähnelt die antike Kritik des Mythos nur fälschlich der unseren; in den Sagen und Legenden begrüßen wir die Überhöhung der Geschichte durch den »Genius des Volkes«; für uns wird ein bestimmter Mythos die epische

Erweiterung eines bedeutenden Ereignisses sein, wie die »dorische Wanderung«; aber für einen Griechen ist derselbe Mythos eine durch die Einfalt des Volkes entstellte Wahrheit; er hat einen authentischen Kern, kleine Details, die wahr sind, weil sie nichts Wunderbares an sich haben, wie die Namen der Helden und ihre Genealogie.

Das Paradox ist allzu bekannt, um darauf insistieren zu müssen: Wenn man verkündet, daß die Sagen oft kollektive Erinnerungen überliefern, wird man an die Geschichtlichkeit des trojanischen Krieges glauben; wenn man sie für Fiktionen hält, wird man nicht daran glauben und die sehr gleichlautenden Ergebnisse der archäologischen Ausgrabungen anders interpretieren. Die methodischen und empirischen Fragen setzen eine grundsätzlichere Fragestellung voraus[27]: Was ist der Mythos? Ist er entstellte Geschichte? Ist er überhöhte Geschichte? Eine kollektive Mythomanie? Eine Allegorie? Was war er in den Augen der Griechen? Was uns Gelegenheit gibt festzustellen, daß das Gefühl der Wahrheit sehr viel umfaßt (den Mythos schließt es mit Leichtigkeit in sich ein), aber auch, daß »Wahrheit« vieles bedeuten kann . . . und sogar die fiktive Literatur einbegreift.

Denn die griechische Mythologie, deren Bindung an die Religion mehr als locker war[28], ist im Grunde nichts anderes gewesen als eine sehr volkstümliche Literaturgattung, ein sehr weites Feld vor allem mündlicher Literatur, sofern das Wort Literatur vor der Unterscheidung von Realität und Fiktion, als das Legendäre noch leichthin Eingang fand, überhaupt schon angebracht ist.

Wenn man Pausanias liest, versteht man, was Mythologie gewesen ist: Der unbedeutendste Flecken, den unser Gelehrter beschreibt, hat seine Legende, passend zu einer natürlichen oder kulturellen Sehenswürdigkeit des Ortes[29]; diese Legende ist von einem unbekannten Erzähler und später dann von einem der zahllosen ortsansässigen Gelehrten erfunden worden, die Pausanias gelesen hat und die er Exegeten nennt. Jeder dieser Autoren oder Erzähler kannte die Werke seiner Kollegen, denn die verschiedenen Sagen haben dieselben Helden, greifen dieselben Themen wieder auf; und auch die Genealogien der Götter und Helden sind im allgemeinen aufeinander abgestimmt oder leiden zumindest nicht an allzu offensichtlichen Widersprüchen. Diese ganze, sich selbst noch nicht bewußte Literatur erinnert an eine andere: die Leben der Märtyrer oder der lokalen Heiligen vom Zeitalter der Merowinger bis zur *Goldenen Legende;* A. van Gennep hat gezeigt, wie diese apokryphen Hagiographien, denen gerecht zu werden sich die Bollandisten so schwer tun, in Wirklichkeit eine Literatur von sehr volkstümlichem Geschmack war: Dort ist nur von entführten Prinzessinnen die Rede, die schrecklich gefoltert und von frommen Rittern gerettet werden; Snobismus, Sex, Sadismus, Abenteuer. Das Volk war von diesen Erzählungen begeistert, die Kunst versah sie mit Bildern, und eine reiche Literatur in Vers und Prosa griff sie wieder auf.[30]

Diese Welten der Sage wurden in dem Sinne für wahr gehalten, daß man zwar nicht an ihnen zweifelte, aber man glaubte auch nicht, wie man an die Realitäten glaubt, die uns umgeben. Für das Volk der Gläubigen waren die an Wundern so reichen Leben der Märtyrer in einer Vergangenheit vor aller Zeit angesiedelt, von der man nur wußte, daß sie früher, außerhalb und mit der Zeit der Gegenwart unvergleichlich war; es war die »Zeit der Heiden«.

Mit den griechischen Mythen verhielt es sich ebenso; sie ereigneten sich »vorher«, zur Zeit der heroischen Geschlechter, als die Götter noch unter den Menschen wandelten. Zeit und Raum der Mythologie waren auf geheimnisvolle Weise von unseren ganz verschieden[31]; für einen Griechen wohnten die Götter »im Himmel«; aber er wäre nicht wenig überrascht gewesen, hätte er sie tatsächlich am Himmel erblickt. Nicht weniger überrascht wäre er gewesen, hätte man ihn zum Thema Zeit beim Wort genommen und ihm mitgeteilt, daß Hephaistos sich soeben wiederverheiratet hätte und Athena in letzter Zeit ziemlich alt geworden wäre. Dann nämlich hätte er »realisiert«, daß in seinen Augen die mythische Zeit eigentlich nur eine ungefähre Analogie zur alltäglichen Zeit war, aber auch, daß eine Art von Lethargie ihn bisher immer daran gehindert hatte, sich diese Heterogenität bewußt zu machen. Die Analogie zwischen diesen vergänglichen Welten verhüllte ihre verborgene Pluralität. Der Gedanke, daß die Menschheit eine bekannte oder auch unbekannte Vergangenheit hat, ist nicht selbstverständlich: Die Grenze der Jahrhunderte, an die wir die Erinnerung bewahrt haben, ist nicht besser zu erkennen als die Linie, die unser Gesichtsfeld begrenzt; jenseits dieses Horizonts sieht man nicht das weite Feld der dunklen Jahrhunderte; man hört auf zu sehen, und das ist alles. Die heroischen Geschlechter hatten ihren Platz auf der anderen Seite dieses Horizonts der Zeit, in einer anderen Welt. Dies ist die Welt der Mythen, an deren Existenz die Denker von Thukydides oder Hekate bis zu Pausanias oder Augustin[32] weiter glauben werden, nur mit dem Unterschied, daß sie aufhören werden, sie als eine andere Welt aufzufassen und sie statt dessen auf die Dinge der gegenwärtigen Welt reduzieren möchten. Sie werden so tun, als richte sich der Mythos nach denselben Glaubensregeln wie die Geschichte.[33]

Dafür aber erblickten die, die keine Denker waren, jenseits des Horizontes der kollektiven Erinnerung eine Welt, die noch schöner war als die gute alte Zeit, zu schön, um noch empirisch zu sein; diese mythische Welt war nicht empirisch: sie war vornehm. Was nicht sagen will, daß sie »Werte« inkarniert oder symbolisiert hätte: man kann nicht erkennen, daß die mythischen Geschlechter die Tugenden mehr gepflegt hätten als die heutigen Menschen; aber sie hatten mehr »Wert« als diese: ein Heros ist mehr als ein Mensch, wie auch in den Augen Prousts eine Gräfin mehr Wert hat als eine Bürgerin.

Für diesen Snobismus (wenn es erlaubt ist, der Kürze wegen, auf den Humor zurückzugreifen) ist Pindar ein gutes Beispiel. Das Problem ist bekannt: Worin besteht die Einheit der *Epinikia* Pindars, wenn es eine solche Einheit gibt? Warum erzählt der Dichter dem Sieger diesen oder jenen Mythos, dessen Zusammenhang mit dem Thema nicht ersichtlich ist? Handelt es sich um eine königliche Kaprice des Dichters? Oder ist der Athlet nur ein Vorwand, der es Pindar erlaubt, Ansichten zu äußern, an denen ihm besonders liegt? Oder ist etwa der Mythos eine Allegorie und spielt auf irgendeine Besonderheit in der Biographie des Siegers und seiner Vorfahren an? Die richtige Erklärung hat H. Fränkel gegeben: Pindar erhebt den Sieger und seinen Sieg in eine höhere Welt, die die des Dichters ist[34]; denn als Dichter ist Pindar mit der Welt der Götter und Heroen vertraut und erhebt den Sieger, jenen Niedriggeborenen, der sich verdient gemacht hat, in seine Welt, indem er ihn als Gleichgestellten behandelt und ihm von dieser mythischen Welt erzählt, zu der er dank Pindar, der ihn dort eingeführt hat, fortan gehören soll. Es existiert nicht notwendigerweise eine enge Beziehung zwischen der Persönlichkeit des Siegers und den Geschichten, mit denen Pindar ihn unterhält: Pindar macht keineswegs eine Ehrenfrage daraus, daß der Mythos immer eine feinfühlige Anspielung auf die Person des Siegers enthält; wichtig ist, daß er den Sieger als ebenbürtig behandelt und ihn zwanglos mit dieser mythischen Welt unterhält.

In unserem Jahrhundert gibt es einen natürlichen Hang dazu, die Schöpfungen des Geistes soziologisch zu erklären; angesichts eines Werkes fragen wir uns: »Welchen gesellschaftlichen Beitrag sollte es leisten?« Das aber heißt, zu schnell ans Werk gehen. Man darf die Erklärung einer Literatur oder ihre Hermeneutik nicht auf eine Soziologie der Literatur reduzieren. In *Paideia* hat Werner Jäger unserer Meinung nach die Instanzen ineinander verschoben. Seiner Ansicht nach hat die hellenische Aristokratie, als sie ihre letzten Schlachten schlug, in Pindar einen Dichter gefunden, der ihr Dichter war, und konnte so, dank ihm, ein soziales Bedürfnis befriedigen; und tatsächlich fühlte sich diese aristokratische Kriegerklasse, Jäger zufolge, mit ihren Werten in die mythische Welt erhoben; die Heroen wären also Vorbilder dieser Krieger gewesen; Pindar hätte das Lob dieser mythischen Helden gesungen, um die Herzen seiner vornehmen Zuhörer zu begeistern: in seinen Versen erschiene die mythische Welt als ein sublimiertes Bild dieser Aristokratie.

Stimmt das? Es fällt nicht schwer festzustellen, daß der Rückgriff auf den Mythos bei Pindar keineswegs den Zweck verfolgt, die Aristokratie zu verherrlichen, sondern die Stellung des Dichters gegenüber seinen Gesprächspartnern aufzuwerten; Pindar hat die Güte, den Sieger, dessen Lob er singt, bis zu sich zu erheben: es ist nicht der Sieger, der sich selbst erhöht. Der Mythos erfüllt bei Pindar keine soziale Funktion, hat keine Botschaft zum Inhalt; er spielt – wie es die Semiotik seit kurzem nennt – eine pragmatische Rolle: er etabliert eine bestimmte Beziehung zwischen den Zuhörern und dem Dichter. Die Literatur reduziert sich nicht auf ein Verhältnis von Ursache und Wirkung zur Gesellschaft, und ganz bestimmt reduziert sich die Sprache nicht auf einen Code und auf Information: Sie beinhaltet auch eine Illokution, d. h. sie etabliert verschiedene spezifische Beziehungen mit dem Gesprächspartner; Versprechen oder Befehlen sind Haltungen, die nicht auf den Inhalt der Botschaft reduziert werden können; es geht eben nicht darum, über ein Versprechen oder einen Befehl zu informieren. Die Literatur geht nicht ganz in ihrem Inhalt auf; wenn Pindar den Lobgesang der Heroen anstimmt, liefert er seinen Zuhörern keine Botschaft, sie und ihre Werte betreffend: er stiftet eine ganz bestimmte Beziehung zu ihnen, in der er, der Dichter, dem die Mythen offenstehen, den dominierenden Part spielt. Pindar spricht von oben nach unten, und genau deshalb kann er Lob zusprechen, einen Sieger ehren, ihn bis zu sich erheben. Der Mythos stiftet den Sprechakt der Lobrede.

Weit davon entfernt, die Aristokratie den heroischen Gestalten des Mythos anzugleichen, trennt Pindar ganz entschieden die mythische Welt von der Welt der Sterblichen; er wird nicht müde, seine vornehmen Zuhörer immer wieder daran zu erinnern, daß die Menschen weniger wert als die Götter sind und daß man bescheiden sein muß; ohne Hybris könnte niemand sich den Göttern gleichstellen. Lesen wir noch einmal die zehnte *Pythika;* stellt Pindar dem Krieger, dessen Lob er singt, den Heros Perseus als Vorbild dar? Keineswegs. Er spricht von glanzvollen Sagen, von einem fernen und unzugänglichen Volksstamm, den übermenschlichen Heldentaten des Perseus, dem eine Göttin zur Seite stand. Mehr noch als ihre eigenen Verdienste ehrt die Huld der

Götter die Helden, die ihrer Hilfe für würdig befunden wurden, die den Sterblichen aber Anlaß zur Bescheidenheit sein sollte, da ja schließlich die Heroen selbst nicht ohne die Unterstützung einer Gottheit bestehen könnten. Pindar vergrößert den Ruhm seines Siegers, indem er diese andere, höhere Welt verherrlicht, in der der Ruhm selbst größer ist. Ist also diese höhere Welt ein Vorbild, oder ist sie eine Lektion in Bescheidenheit? Sowohl das eine als auch das andere, je nachdem welchen Gebrauch ein Schönredner daraus machen würde, und Pindar, der durchaus keiner ist, macht daraus den Sockel für ein Denkmal; er erhöht das Fest und den Sieger, indem er sich selbst erhöht. Denn genau deshalb, weil die mythische Welt ganz anders, unzugänglich, verschieden und glanzvoll ist, bleibt das Problem ihrer Echtheit in der Schwebe, und Pindars Zuhörer schwankten zwischen Verzauberung und Leichtgläubigkeit. Eine Märchenwelt kann nicht als Beispiel dienen: Wäre Perseus als ein Vorbild hingestellt worden, in der Art von Bayard, dann würde sich diese heterogene Welt sogleich als pure Fiktion entlarven, und nur die Don Quijotes würden an sie glauben.

Es geht also um ein Problem, das zu stellen wir nicht vermeiden können: Glaubten die Griechen an diese Erdichtungen? Konkreter gefragt: Unterschieden sie zwischen dem, was sie für echt hielten, wie die Geschichtlichkeit des trojanischen Krieges oder die Existenz Agamemnons und Jupiters und den offensichtlichen Erfindungen des Dichters, der sein Publikum unterhalten wollte? Vernahmen sie mit den gleichen gläubigen Ohren die geographischen Listen des Schiffskatalogs und die eines Boccaccio würdige galante Erzählung über die Liebesaffäre zwischen Venus und Mars, die im Bett vom Ehemann überrascht wurden? Wenn sie wirklich an die Fabel glaubten, konnten sie dann wenigstens die Fabel von der Fiktion unterscheiden? Aber genaugenommen müßte man in Erfahrung bringen, ob Literatur und Religion in größerem Maße Fiktionen sind als Geschichte oder Physik und umgekehrt; man kann sagen, daß ein Kunstwerk auf seine Art für wahr gehalten wird, selbst dann, wenn es als Fiktion durchgeht, denn die Wahrheit zählt zu den homonymen Wörtern, die nur im Plural Verwendung finden dürften: es existieren nur heterogene Wahrheitsprogramme, und Fustel de Coulanges ist nicht mehr und auch nicht weniger wahr als Homer, wenn auch auf andere Art und Weise; nur daß es um die Wahrheit so steht wie um das

Sein bei Aristoteles: sie ist homonym und analog, denn alle Wahrheiten scheinen untereinander analog zu sein, so daß auch Racine in unseren Augen die Wahrheit des menschlichen Herzens gemalt hat.

Gehen wir von der Tatsache aus, daß insgesamt alle Sagen, der trojanische Krieg, die Thebais oder der Argonautenzug, für echt gehalten wurden; ein Zubehör der *Ilias* befand sich in der gleichen Situation, in der sich ein Leser romanhafter Geschichte bei uns befindet. Jene letztere erkennt man daran, daß ihre Verfasser die authentischen Tatsachen, die sie zu berichten haben, in Szene setzen; wenn sie über die Liebe Bonapartes und Joséphines schreiben, so fassen sie diese in Dialoge und legen dem korsischen Diktator und seiner Schönen Sätze in den Mund, die, wörtlich genommen, keinerlei Authentizität beanspruchen dürfen; ihre Leser wissen es, machen sich darüber lustig und verschwenden keinen weiteren Gedanken daran. Was jedoch nicht heißt, daß dieselben Leser in dieser Liebe eine Fiktion sähen: Bonaparte hat existiert und hat Joséphine wirklich geliebt; dieses globale Vertrauen genügt ihnen, und sie werden nicht in Kleinigkeiten kramen, die, wie man in der neutestamentarischen Exegese sagen würde, nur »redaktionell« bedingt sind. Homers Zuhörer glaubten an die globale Wahrheit und versagten sich nicht das Vergnügen an der Erzählung über Mars und Venus.

Bleibt noch der Einwand, daß die Biographie Napoleons nicht nur wahr, sondern auch wahrscheinlich ist; demgegenüber, wird man sagen, ist die Welt der *Ilias*, deren Zeitlichkeit die der Märchen ist und in der die Götter unter den Menschen wandeln, ein Universum der Fiktion. Gewiß, aber Madame Bovary glaubte wirklich, Neapel wäre eine von der unseren verschiedene Welt; das Glück sollte dort vierundzwanzig Stunden am Tag dauern und die Dichte eines sartreschen An-Sich haben; andere wiederum haben geglaubt, daß im maoistischen China Menschen und Dinge nicht dieselbe armselige Alltäglichkeit hätten wie wir; unglücklicherweise verwechselten sie diese märchenhafte Wahrheit mit einem Programm politischer Wahrheit. Ganz von allein könnte keine Welt fiktiv sein; es hängt davon ab, ob man an sie glaubt oder nicht. Zwischen einer Realität und einer Fiktion gibt es keinen objektiven Unterschied, keinen in der Sache, sondern nur einen in uns, je nachdem, ob wir sie subjektiv als Fiktion sehen oder nicht: Der Gegenstand ist niemals in sich selbst unglaubwürdig, und sein Abweichen von der »Realität« würde uns nicht schockieren, denn es fällt uns nicht einmal auf, weil nämlich alle Wahrheiten analog sind.

In unseren Augen ist Einstein wahr, und zwar in einem bestimmten Wahrheitsprogramm, dem der deduktiven und quantifizierten Physik; aber wenn wir an die *Ilias* glauben, wird diese in ihrem mythischen Wahrheitsprogramm nicht minder wahr sein. Und *Alice im Wunderland* ebensowenig. Denn selbst wenn wir *Alice* oder Racine für Fiktionen halten, so glauben wir an sie, wenn wir sie lesen, wir vergießen Tränen in unseren Theatersesseln. Die Welt der *Alice* bietet sich uns in ihrem Märchenprogramm ebenso wahr und plausibel dar wie unsere eigene, und sie ist, auf sich selbst bezogen, ebenso wirklich. Zwar haben wir die Sphäre der Wahrheit gewechselt, aber immer noch befinden wir uns im Wahren oder in seiner Analogie. Deshalb ist die realistische Literatur zugleich ein falscher Schein (sie ist nicht die Wirklichkeit), eine überflüssige Anstrengung (die Zauberwelt scheint nicht weniger wirklich zu sein) und eine ins Extreme gesteigerte Spitzfindigkeit (Wirkliches mit Hilfe unseres Wirklichen herzustellen, wie preziös!). Weit davon entfernt, sich der Wahrheit zu widersetzen, ist die Fiktion nur ein Abfallprodukt derselben: Man braucht nur die *Ilias* aufzuschlagen, schon taucht man ein in die Fiktion, wie man sagt, und die Windrose tanzt in allen Richtungen; der einzige feine Unterschied liegt darin, daß wir später nicht mehr daran glauben. Es gibt Gesellschaften, in denen man an das Buch noch glaubt, nachdem man es geschlossen hat, und solche, in denen man aufgehört hat, daran zu glauben.

Wir wechseln die Wahrheit, wenn wir von unserem Alltag zu Racine übergehen, aber wir merken es nicht einmal. Wir haben gerade einen konfusen und endlos langen Eifersuchtsbrief geschrieben, den wir eine Stunde später per Telegramm dementiert haben, und wir gehen über zu Racine und Catull, bei denen ein Schrei der Eifersucht, so dicht wie das An-Sich, nur vier Verse dauert und keine falsche Falte aufwirft: Wie wahr erscheint uns dieser Schrei! Die Literatur ist ein fliegender Teppich, der uns von einer Wahrheit zur anderen trägt, aber in einem Zustand der Lethargie: Wenn wir, angekommen bei der neuen Wahrheit, erwachen, so glauben wir, immer noch in der vorangegangenen zu sein, und genau deshalb ist es unmöglich, den Naiven verständlich zu machen, daß Racine und Catull weder das menschliche Herz geschildert noch ihr Leben erzählt haben; und Properz am allerwenigsten. Dennoch haben diese Naiven auf ihre Art recht: Alle Wahrheiten scheinen nur eine zu sein. *Madame Bovary* ist ein »Meisterwerk für den, der in der Provinz die Beichte abgelegt hat«. Es ist die Analogie der Wahrheitssysteme, die uns erlaubt, in die romanhaften Fiktionen einzudringen, ihre Helden »lebendig« zu finden und auch einen uns interessierenden Sinn in den früheren Philosophien und Gedanken auszumachen. Und in denen von heute. Die Wahrheiten – die der *Ilias* und die Einsteins – sind Töchter der Einbildungskraft und nicht des natürlichen Lichts der Vernunft.

Literatur vor der Literatur, weder wahr noch fiktiv, weil außerhalb der empirischen Welt, doch viel vornehmer als diese; der Mythos besitzt eine andere Besonderheit: wie der Name schon andeutet, ist er ein Bericht, den man aufgreifen und wiederholen kann, dessen Verfasser man jedoch niemals sein könnte. Was die rationalistischen Denker seit Thukydides als historische »Tradition« interpretieren werden, als eine Erinnerung, die die Zeitgenossen der Ereignisse ihren Nachkommen überliefert haben. Bevor der Mythos als Geschichte verkleidet wurde, war er etwas ganz anderes: Er bestand nicht in der Mitteilung dessen, was man gesehen hatte, sondern in der Wiederholung dessen, was man über Götter und Heroen sagte. Woran konnte man formal einen Mythos erkennen? Daran, daß der Exeget, wenn er von den höheren Welten sprach, sein eigenes Sprechen für das Sprechen eines anderen ausgab: »man sagt, daß . . .«, »die Muse singt, daß . . .«, »ein *Logos* sagt, daß . . .«; der eigentliche Sprecher tritt dabei niemals in Erscheinung, denn selbst die Muse tut nichts anderes als »wieder-sagen«, jenen Diskurs, der sich selbst sein eigener Vater war, wieder ins Gedächtnis zu rufen.[35] Wenn es sich um Götter oder Heroen handelt, so ist das »man sagt« die einzige Quelle der Erkenntnis, und diese Quelle besitzt eine geheimnisvolle Autorität. Das bedeutet nicht, daß es hier keine Hochstapler gäbe: Die Musen, oh Hesiod, sie können lügen und die Wahrheit sagen.[36] Die Dichter, die lügen, berufen sich auf dieselben Musen, die Homer und Hesiod inspiriert haben.

Der Mythos ist eine Auskunft; es gibt Leute, die Bescheid wissen, die einen Draht haben nicht zu einer Offenbarung, sondern schlicht und einfach zu diffusen Kenntnissen, die zu empfangen sie das Glück hatten; wenn sie Dichter sind, werden die Musen ihre bestallten Informantinnen sein, die sie wissen lassen, was sich weiß und was sich sagt; doch deshalb ist der Mythos keine von oben kommende Offenbarung oder eine geheime Verschwörung: die Muse läßt die Dichter nur das wiederholen, was allgemein bekannt ist und was, wie eine natürliche Rohstoffquelle, allen zur Verfügung steht, die daraus schöpfen wollen.

Der Mythos ist kein spezifischer Modus des Denkens; er ist nicht mehr als Erkenntnis durch Auskunft, angewendet auf Wissensbereiche, die für uns kontrovers und experimentell sind. Wie Oswald Ducrot in *Dire et ne pas dire* schreibt, ist die Auskunft nur dann eine Illokution, die zum Ziel führt, wenn der Empfänger dem Sprecher im vorhinein Kompetenz und Ehrenhaftigkeit unterstellt; so kommt es, daß eine Auskunft von vornherein jenseits der Alternative von wahr und falsch angesiedelt ist. Will man sehen, wie dieser Modus der Erkenntnis funktioniert, so lese man eine Seite, wo der bewundernswürdige Pater Huc erzählt, wie er vor hundertfünfzig Jahren die Tibetaner bekehrt hat: »Wir hatten uns für eine Art der Unterweisung entschieden, die gänzlich historisch war, da es uns darum ging, alles zu verbannen, was nach Disput und Geist der Auseinandersetzung aussah; Eigennamen und sehr genaue Daten machten ihnen mehr Eindruck als die scharfsinnigsten Überlegungen. Wenn sie die Namen von Jesus, Pontius Pilatus und Jerusalem genau kannten und das Datum der viertausend Jahre nach der Erschaffung der Welt, zweifelten sie nicht mehr am Mysterium der Erlösung und der Botschaft des Evangeliums; im übrigen haben wir nie festgestellt, daß ihnen die Mysterien oder die Wunder die geringsten Schwierigkeiten bereitet hätten. Wir sind davon überzeugt, daß wir nur durch den Weg der Unterweisung und nicht durch die Methode der Kontroverse am wirksamsten an der Belehrung der Ungläubigen arbeiten können.«

In Griechenland gab es gleichfalls einen Bereich, den Bereich des Übernatürlichen, in dem es alles von den Leuten, die Bescheid wußten, zu erfahren gab; dieser Bereich war aus Ereignissen und nicht aus abstrakten Wahrheiten zusammengesetzt, denen der Zuhörer seine eigene Vernunft hätte entgegensetzen können. Die Fakten waren präzis: Die Namen der Helden und ihrer Familien fehlten nie, und die genaue Ortsbestimmung war nicht weniger exakt (Pelion, Kitheron, Titaros . . .; in der griechischen Mythologie sind die Ortsnamen Musik). Dieser Zustand hätte mehr als tausend Jahre dauern können; er hat sich nicht etwa deshalb verändert, weil die Griechen die Demokratie oder die Vernunft entdeckt hätten, sondern weil das Feld des Wissens durch das Aufkommen neuer affirmativer Mächte (die historische Erhebung, die spekulative Physik) erschüttert wurde, die in Wettbewerb zum Mythos traten und im Unterschied zu diesem ausdrücklich die Alternative von wahr und falsch stellten.

So steht es also um diese Mythologie, die bald jeder Geschichtsschreiber kritisieren wird, ohne sich an den Geschmack des Wunderbaren zu verlieren, im Gegenteil, aber auch ohne seine Eigenart zu erkennen: Er wird sie als Geschichtsschreibung auffassen; er wird den Mythos für eine einfache lokale »Überlieferung« halten; die mythische Zeitlichkeit wird er so behandeln, als gehörte sie zur historischen Zeit. Das ist noch nicht alles. Der Geschichtsschreiber hatte es auch noch mit einer anderen Art mythologischer Literatur in Vers oder Prosa zu tun: mit mythischen Genealogien, die mit den *Großen Ehoien* beginnen, mit Ätiologien, Gründungsberichten, Historien oder lokalen Epen. Diese Literatur hatte ihre Blütezeit seit dem 6. Jahrhundert und hält sich in Kleinasien bis zur Zeit der Antoninen und darüber hinaus.[37] Geschrieben von Gelehrten, schmeichelte sie nicht so sehr dem Geschmack am Wunderbaren als dem Wunsch, die Ursprünge kennenzulernen. Bei uns denken wir an die Legenden vom trojanischen Ursprung der fränkischen Monarchie, wie wir sie von Fregedarius bis zu Ronsard finden; weil es die Trojaner sind, die Königreiche gegründet haben, die diesen Namen zu Recht tragen, müssen also auch sie es sein, die das Königreich der Franken gegründet haben, und weil die Bildung der Ortsnamen auf den Namen der Männer zurückgeht, konnte der in Frage kommende Trojaner nur Frankion heißen.

So stützt sich Pausanias bei seinen Forschungen über Messenien auf Rhianos, einen epischen Dichter der hellenistischen Spätzeit, und auf den Geschichtsschreiber Myron von Priène.[38] Für Arkadien folgte er einer »Genealogie, die von Arkadiern erzählt wird«, das heißt einer Überlieferung, die angeblich von Asios[39], einem Dichter des Epischen Zyklus, gesammelt wurde. Unserem Autor ist also die Genealogie der arkadischen Könige über zahlreiche Generationen hinweg bekannt, von Pelasgos, dem Zeitgenossen des Kekrops, bis zum trojanischen Krieg. Er kennt ihre Namen, ihre Herkunft, die Namen ihrer Kinder. Er projiziert diese Genealogie auf das Raster der historischen Zeit und kann so feststellen, daß Oinotria, die von Oinotros, dem Sohn des Lykaon, in der dritten Generation gegründet wurde, notwendigerweise die mit Abstand älteste Kolonie ist, die die Griechen gegründet hatten.

Diese genealogische Literatur, in der Pausanias eine Geschichtsschreibung gesehen hat, spricht in Wirklichkeit von den *Aitia*, den Ursprüngen, das heißt der Einsetzung der Ordnung in der Welt; dem liegt die Vorstellung zugrunde (die noch im V. Buch des Dichters Lukrez präsent ist), daß unsere Welt vollendet konstituiert und vollständig[40] ist (so sagte mir ein Kind nicht ohne Verwunderung, als es Maurer bei der Arbeit sah: »Papa, es sind also noch nicht alle Häuser gebaut?«). Diese Einsetzung muß per definitionem vor dem Beginn der Geschichte, in der mythischen Zeit der Heroen situiert werden: Alles läuft darauf hinaus zu erzählen, woher ein Mann, ein Brauch oder eine Stadt ihre Existenz herleiten. Ist die Stadt einmal geboren, braucht sie nur noch ihre historische Existenz, die nicht mehr zur Ätiologie gehört, zu leben.

Die Ätiologie, welche einem Polybios[41] naiv erscheinen wird, gab sich also damit zufrieden, eine Sache durch ihren Ursprung zu erklären: eine Stadt durch ihren Gründer; einen Ritus durch einen Zwischenfall, der als Präzedenzfall gedient hat, denn man hat ihn wiederholt; ein Volk durch ein erstes Individuum, das der Erde entsprungen ist, oder durch einen ersten König. Zwischen diesem ersten Faktum und unserer historischen Epoche, die mit dem trojanischen Krieg anfängt, erstreckt sich die Reihe der mythischen Generationen. Der Mythograph rekonstituiert, oder besser, er fabuliert eine lückenlose königliche Geschlechterfolge, die sich über die gesamte mythische Vorzeit erstreckt; er empfindet, nachdem er sie erfunden hat, die Befriedigung eines vollständigen Wissens. Woher nimmt er alle diese Eigennamen, an denen er auf allen Stufen seiner Genealogie festhält? Aus seiner Phantasie, manchmal aus der Allegorie, öfter jedoch aus den Namen der Orte: Die Flüsse, die Berge, die Städte einer Gegend stammen von den Namen der ersten Individuen, die sie bewohnt haben, und von denen man glaubt, daß sie damals eher Könige als bloß die Bewohner des Landes gewesen sind. Diese urzeitlichen Spuren des Menschen in den Ortsnamen haben ihren Ursprung in der menschlichen Namenskunde der mythischen Zeit. Wenn der Name eines Flusses sich vom Namen eines Menschen ableitet, so führt er uns zur ursprünglichen menschlichen Anwesenheit zurück, durch die die Landschaft zu menschlichem Kulturland wurde.[42]

Aber auf Grund welcher Ereignisse ist der Name jenes Königs von einst diesem Fluß gegeben oder auf ihn übertragen worden? Doch genau diese Frage stellt sich der Genealoge niemals: Ihm genügt die Analogie der Worte; seine bevorzugte Erklärungsart ist archetypisch. Ebenso kann man sich fragen, welche konkrete Beziehung es zwischen Fauna und Faun gibt, zwischen Hellen und den Hellenen, zwischen Pelasgos und den Pelasgern oder zwischen dem Elefant und den Elefanten in folgendem ätiologischen Pastiche: »Früher hatten die Elefanten keinen Rüssel, aber ein Gott zog einem Elefanten, um ihn für irgendeine Betrügerei zu bestrafen, die Nase lang, und seit diesem Tag haben alle Elefanten einen Rüssel.«

Diese Logik des Archetyps versteht Pausanias nicht mehr, und er nimmt den Archetyp, der wie Adam der einzige war, den es gab, für den ersten König des Landes. »Die Arkadier«, so sagt er[43], »erzählen, daß Pelasgos der erste Bewohner ihres Landes gewesen sei, aber vernünftigerweise sollte man eher vermuten, daß er nicht allein war, und daß andere Menschen mit ihm waren; über welche Untertanen hätte dieser König sonst herrschen sollen? Er zeichnete sich durch Größe, Kraft, Schönheit wie auch durch seine Klugheit aus, und deshalb glaube ich, daß sie ihn erwählten, um über sie zu herrschen. Der Dichter Asios hat folgende Verse über ihn verfaßt: *Pelasgos der Göttergleiche wurde von der schwarzen Erde der Gebirgswälder hervorgebracht, damit das Geschlecht der Menschen sei.*« Diese wenigen Zeilen sind eine Art »Collage«: die alte Wahrheit des Mythos ist auf jene Art Rationalismus aufgesetzt, den Pausanias, der wenig Gespür für die Unterschiedlichkeit dieser Materialien zeigt, praktiziert.

# Soziale Verteilung des Wissens und Glaubensmodalitäten

Wie hat man an all diese Legenden glauben können, und hat man wirklich an sie geglaubt? Diese Frage gehört nicht dem subjektiven Bereich an: Die Arten und Weisen des Glaubens verweisen darauf, wie man die Wahrheit besitzt. Es gibt durch die Jahrhunderte hindurch eine Vielzahl von Wahrheitsprogrammen, die verschiedene Verteilungen des Wissens bedingen[44], und es sind diese Programme, die die verschiedenen Stufen der subjektiven Intensität der Glaubensvorstellungen, der Unaufrichtigkeit und der Widersprüche in ein und demselben Individuum erklären. In diesem Punkt glauben wir Michel Foucault: Die Geschichte der Ideen beginnt in Wirklichkeit erst dann, wenn man die philosophische Idee der Wahrheit historisch behandelt.

Einen Wirklichkeitssinn gibt es nicht, und es ist auch – ganz im Gegenteil – nicht notwendig, daß man sich das Geschehene oder das Fremde analog zu dem vorstellt, was jetzt geschieht oder was nahe ist. Der Mythos hatte einen Inhalt, der in einer vornehmen und platonischen Zeitlichkeit angesiedelt und der individuellen Erfahrung und ihren Interessen gegenüber genauso fremd war, wie es ministerielle Phrasen oder eine esoterische Theorie gewesen wären, die man in der Schule gelernt und aufs Wort geglaubt hätte. Andererseits war der Mythos eine Auskunft, die aus fremdem Glauben schöpfte. So also sah die erste Einstellung der Griechen zum Mythos aus. Diese Art des Glaubens machte sie von den Worten eines anderen abhängig. Das hat zweierlei Auswirkungen. Zuerst eine Art lethargischer Gleichgültigkeit oder zumindest Unentschlossenheit der Wahrheit und der Fiktion gegenüber; und schließlich wird es damit enden, daß diese Abhängigkeit zu einer Revolte führt: man möchte alles selbst auf Grund eigener Erfahrungen beurteilen, und genau dies wird zu jenem Prinzip der aktuellen Dinge, nach dem man das Wunderbare an der alltäglichen Wirklichkeit messen und zu anderen Modalitäten übergehen wird.

Kann eine Glaubensvorstellung, der die Mittel zum Handeln fehlen, aufrichtig sein? Wenn eine Sache von unserem Zugriff durch Abgründe getrennt ist, wissen wir selbst nicht, ob wir an sie glauben oder nicht. Schon Pindar hatte seine Bedenken, was den Mythos betrifft, und die Sprache der zehnten *Pythika*, so voller Hochachtung sie auch ist, verrät ein gewisses Schwanken: »Nicht zu Wasser, nicht zu Lande findet man die Straße, die zu den Festen der Völker des Hohen Nordens führt; der kühne Perseus konnte einst zu ihnen, diesen Glücklichen gehen. Athena war seine Führerin, und er tötete die Gorgo! Was mich angeht, so wundert mich nichts, und nichts erscheint mir unglaubwürdig, wenn die Götter es vollbringen.«

Die weitverbreitetste Art des Glaubens ist jene, die dem Glauben eines anderen Glauben schenkt; ich glaube an die Existenz Tokios, wohin ich noch nicht gereist bin, weil ich nicht einsehe, welches Interesse die Geographen und Reiseagenturen daran hätten, mich zu täuschen.[45] Diese Art des Glaubens kann so lange andauern, wie der Glaubende den Fachleuten sein Vertrauen schenkt, es sei denn, es gäbe keine Fachleute, die in dieser Sache das letzte Wort hätten; im Okzident glauben zumindest diejenigen, die keine Bakteriologen sind, an Mikroben und vermehren ihre aseptischen Vorsichtsmaßnahmen aus demselben Grund, aus dem die Azandé an die Zauberer glauben und die magischen Vorsichtsmaßnahmen gegen diese vermehren: sie glauben aus Vertrauen. Für die Zeitgenossen Pindars oder Homers definierte sich die Wahrheit entweder aus der alltäglichen Erfahrung oder durch den Sprecher, der vertrauenswürdig oder betrügerisch ist; Behauptungen, die außerhalb der Erfahrung blieben, waren weder wahr noch falsch; sie waren auch nicht lügnerisch, denn eine Lüge ist keine Lüge, wenn der Lügner daraus keinen Vorteil zieht und uns kein Unrecht zufügt: Eine Lüge, die kein Interesse verfolgt, ist keine Täuschung. Der Mythos war ein *tertium quid*, weder wahr noch falsch. Auch Einstein wäre das für uns, stammte seine Wahrheit nicht aus einer dritten Quelle, nämlich aus der Autorität der Fachleute.

In jenen fernen Zeiten war diese Autorität noch nicht geboren, und es gab keine Theologie, keine Physik und keine Geschichte. Das Universum des Geistes war ausschließlich literarisch: Die wahren Mythen und die Erfindungen der Dichter drangen abwechselnd zu den Ohren der Zuhörer, die treu und brav dem Mann lauschten, der Bescheid wußte; die keinen Sinn darin sahen, die Wahrheit von der Lüge zu trennen, wie sie auch die

Fiktionen nicht als störend empfanden, weil diese ja in keinerlei Widerspruch zu irgendeiner wissenschaftlichen Autorität standen. Und deshalb hörten sie die wahren Mythen und die Erfindungen mit demselben Ohr; was Hesiod dazu zwingen wird – um seine Zeitgenossen aus dieser Lethargie zu reißen –, einen Aufstand zu machen und zu verkünden, daß die Dichter oft lügen; denn Hesiod möchte gern zu seinem Nutzen einen Bereich der Wahrheit konstituieren, in dem man nicht mehr irgend etwas Beliebiges über die Götter erzählt.

Der Glaube an den Glauben der anderen, mit all seiner Ungleichgewichtigkeit, konnte tatsächlich individuellen Vorhaben, die ihre Wahrheit dem allgemeinen Irrtum oder der allgemeinen Unwissenheit entgegensetzten, als Unterstützung dienen. So verhält es sich auch mit der spekulativen Theogonie des Hesiod, die keine von den Göttern gegebene Offenbarung ist: Seine diesbezügliche Kenntnis hat Hesiod von den Musen erhalten, das heißt also aus seiner eigenen Reflexion. Indem er über all das, was man über die Götter und die Welt sagte, meditierte, hat er viele Dinge verstanden und kann ein wahres und vollständiges Verzeichnis der Genealogien aufstellen: Zuerst hat es Chaos und Erde gegeben und auch noch die Liebe; Chaos zeugte die Nacht, Erde gebar Himmel und Ozean; letzterer hatte vierzig Töchter, deren Namen Hesiod nennt: Petho, Admete, Ianthe, die hübsche Polydora etc. Viele dieser Genealogien sind Allegorien, und man hat den Eindruck, daß Hesiod seine Götter-Konzepte ernster nimmt als die Olympier. Aber woher kennt er so viele Einzelheiten und Namen? Woher kommt es, daß alle diese alten Kosmogonien richtige Romane sind? Aus der Asymmetrie, die die Kenntnis aus dem Glauben eines anderen charakterisiert; Hesiod weiß, daß man allem, was er sagt, Glauben schenken wird, und er verhält sich zu sich selbst so, wie man sich ihm gegenüber verhält: er ist der erste, der alles glaubt, was ihm durch den Kopf geht.

Über die großen Probleme, heißt es im *Phaidon*, bei denen es einem nicht gelungen ist, von sich aus die Wahrheit zu finden und man auch nicht der Offenbarung eines Gottes teilhaftig wurde, bleibt einem nur noch übrig, das Beste anzunehmen, was darüber gesagt wird, oder sich bei einem anderen, der Bescheid weiß, zu erkundigen.[46] Das »man sagt« des Mythos ändert also seine Bedeutung. Der Mythos ist nicht mehr eine Auskunft, die frei in der Luft schwebt, eine Art natürlicher Rohstoff, dessen Empfänger sich bloß durch ein Mehr an Glück oder Geschicklichkeit unterscheiden: Er ist ein Privileg der großen Geister, deren Unterweisung man sich wiederholt. »Man sagt, daß man nach dem Tod ein Stern in den Lüften wird«, erklärt ein Held des Aristophanes, der gehört hat, wie man von dem hohen Wissen, das einige Sekten der Zeit besaßen, gesprochen hat.[47]

Neben diesen mehr oder weniger esoterischen Spekulationen hatte die Wahrheit, die auf Glauben beruhte, einen anderen Heldentypus: den Rätsellöser; die entstehende Physik oder Metaphysik, das heißt, genau das, was wir für den Anfang des westlichen Denkens halten, ist genau so etwas gewesen. Eine Physik zu entwerfen hieß, den Schlüssel zum Rätsel der Welt zu finden[48], denn Rätsel gab es, und würden diese gelöst, würden sich alle Geheimnisse auf einmal enthüllen, genauer: der Mythos verschwände, die Schuppen fielen uns von den Augen.

Hier ein Beispiel, wie die griechische Tradition die Anfänge der Philosophie schildert. Thales fand als erster den Schlüssel zu allen Dingen: »Alles ist Wasser.« Lehrte er die Einheit der Welt, war er auf dem Weg, der zum Monismus führen sollte, zum Problem des Seins und der Einheit der Natur? Tatsächlich aber war seine These, wenn man der Tradition Glauben schenken darf, weder metaphysisch noch ontologisch, sondern eher allegorisch und . . . chemisch: die Dinge bestehen aus Wasser, ebenso wie für uns das Meersalz aus Chlor und Natrium besteht, und weil alles aus Wasser besteht, ist alles flüchtig, flüssig, wechselhaft. Seltsame Chemie: Wie kann sie behaupten, die Vielfalt der Zusammensetzung aus einem einzigen einfachen Körper wiederherzustellen? Genau dies aber behauptet sie nicht, denn sie ist keine Erklärung, sondern ein Schlüssel, und ein Schlüssel muß einfach sein. Monismus? Selbst das nicht: Nicht weil wir Monisten sind, sprechen wir in der Einzahl von einem »Rätselwort«. Nun ist aber ein Schlüssel keine Erklärung. Während eine Erklärung einem Phänomen Rechnung trägt, läßt ein Schlüssel das Rätsel vergessen, streicht es aus, nimmt seinen Platz ein, wie auch ein klarer Satz die erste Formulierung, die verworren und kaum verständlich war, überstrahlt. Thales, wie ihn sich die philosophische Tradition der Griechen vorstellen wird, trägt nicht der Welt in ihrer Vielfalt Rechnung: er gibt ihren wahren Sinn an, und der ist das »Wasser«, das sich an die Stelle der rätselhaften Verwirrung setzt, die sofort vergessen sein wird. Denn man vergißt den Wortlaut eines Rätsels, der nur dazu dient, eine Lösung herbeizuführen.

Eine Erklärung läßt sich finden und beweisen, der Schlüssel zu einem Rätsel aber wird erraten, und hat man die Lösung, tritt er sofort in Aktion. Selbst Argumente sind nicht mehr notwendig: der Schleier fällt, und die Augen öffnen sich; es genügt, das Sesam auszusprechen. Jeder einzelne der ersten Physiker des alten Griechenlands hat ganz allein alles geöffnet, auf einen Schlag. Zwei Jahrhunderte später wird die Physik Epikurs noch ein weiterer Roman dieser Art sein. Eine Vorstellung davon kann uns das Werk Freuds geben, an dem vor allem überraschend ist, daß seine Fremdheit uns so wenig überrascht: diese kleinen Werke, die die Karte der Tiefe unserer Psyche entrollen, ohne auch nur den Schatten eines Beweises, ohne irgendeine Argumentation, ohne Verifizierung am Beispiel, selbst ohne klare Darstellung, ohne die geringste klinische Illustration, ohne daß man erkennen könnte, woher Freud das alles hat und wie er es weiß; etwa aus der Beobachtung seiner Patienten? Oder, was vielleicht noch wahrscheinlicher ist, aus sich selbst? So wird es uns auch nicht weiter wundern, daß dieses so archaische Werk durch eine Form des Wissens weitergeführt wurde, die nicht weniger archaisch ist: durch den Kommentar. Was soll man denn schon anderes tun als zu kommentieren, wenn das Rätselwort gefunden ist? Außerdem vermag nur ein Genie, ein Inspirierter, beinahe Gottgleicher, das Wort eines solchen Rätsels zu erraten: Epikur ist ein Gott, ja, ein Gott, verkündet sein Schüler Lukrez. Dem, der entziffert, glaubt man aufs Wort, und er wird an sich selbst nicht mehr Ansprüche stellen als seine Bewunderer an ihn; seine Schüler führen sein Werk nicht weiter fort: sie überliefern es, ohne ein Wort hinzuzufügen; sie begnügen sich damit, es zu verteidigen, es zu erläutern, es anzuwenden.

Wir haben soeben von Schülern und Lehrern gesprochen. Und genau jene Ungläubigkeit gegenüber dem Mythos – um wieder auf diesen selbst zurückzukommen – entsteht in mindestens zwei Brennpunkten: in einem Aufstand der Ungläubigkeit gegenüber den Worten anderer und in der Bildung professioneller Wahrheitszentren.

Den Sagen gegenüber konnte sich die griechische Aristokratie nicht zwischen zwei Haltungen entscheiden, was im 18. Jahrhundert noch genauso der Fall sein wird: aus praktischen Erwägungen mit dem Volk die Leichtgläubigkeit teilen, weil das Volk ebenso folgsam glaubt, wie es gehorcht; oder aber für sich selbst jene demütigende Unterwerfung zurückweisen, die man als eine Folge der Einfalt empfindet; die Aufklärung ist das allererste Privilegium.

Sofern sich die Aristokraten für die erste Haltung entschieden, gewannen sie darüber hinaus noch die Macht, die mythischen Genealogien für sich in Anspruch nehmen zu können: Platons Lysis hatte einen Vorfahren, der ein unehelicher Sprößling des Zeus war und der seinen Halbbruder Herakles, ebenfalls ein Bastard des Gottes[49], in seinem Haus empfangen hatte. Andere, bessere Leute pflegten statt dessen den guten Geschmack, aufgeklärt zu sein und anders zu denken als die Masse. Xenophanes will weder zulassen, daß die Tischgenossen sich während des Gastmahls streiten, noch daß sie unsinniges Zeug reden, und er verbietet deshalb konsequenterweise, daß »von Titanen, Riesen und Zentauren, alles Erfindungen der Alten«[50], gesprochen werde. Die Lektion ist verstanden worden: am Schluß der *Wespen* des Aristophanes klärt ein Sohn den Vater, dessen Ansichten sehr plebejisch sind und dem er deshalb einige gute Manieren eintrichtern will, darüber auf, daß es sich nicht schicke, bei Tisch Mythen zu erzählen: dort soll über Dinge, die den Menschen betreffen, gesprochen werden[51]; so ist nämlich, sagt er zum Schluß, die Unterhaltung der Leute von Stand beschaffen. Nicht alles zu glauben, war eine der typisch griechischen Eigenschaften: »Es ist nicht erst gestern geschehen, daß die Griechen anfingen, sich von den Völkern der Barbaren darin zu unterscheiden, daß sie aufgeweckter und von törichtem Aberglauben befreiter waren«, sagt Herodot.

Sich nicht dem Wort eines anderen unterwerfen, ist eher ein Zeichen von Charakter als eine Sache des Klasseninteresses, und man würde sich irren, machte man daraus ein Privileg der Aristokratie; ebenfalls würde man sich in der Annahme täuschen, dies sei nur gewissen Epochen eigentümlich, die sich mit den Epochen des Glaubens abwechselten. Man denke nur an jene Seiten in den *Etudes de sociologie religieuse*, auf denen Gabriel Le Bras[52] die Berichte der Bischöfe des Ancien Régime analysiert, die nach den Inspektionsreisen durch die Diözesen angefertigt worden waren: Jedes Dorf hatte seine Ungläubigen, die sich zwar nicht der Sonntagspflicht zu entziehen wagten, doch die während der

Messe im hinteren Teil der Kirche blieben oder sogar auf dem Kirchplatz. In jeder Gesellschaft hat es Taugenichtse in Sachen Frömmigkeit gegeben, mehr oder weniger zahlreich, je nachdem wie nachsichtig die Autoritäten waren. Auch in Griechenland gab es welche, wie ein bemerkenswerter Vers aus den *Rittern* des Aristophanes belegt[53]; ein Sklave, der an seinem Schicksal verzweifelt, sagt zu seinem Leidensgenossen: »Jetzt bleibt uns nur noch, uns vor den Götterbildern in den Staub zu werfen«, und sein Kamerad antwortet ihm: »Wahrhaftig, sag, du glaubst noch, daß es Götter gibt?« Ich weiß nicht, ob diesem Sklaven die Augen durch die sophistische Aufklärung geöffnet wurden: er gehört zu der unvermeidlichen Randgruppe der Ungläubigen, deren Verweigerung nicht so sehr auf Gründen oder Zeitströmungen beruht, als auf dem Widerstand gegen eine subtile Form von Autorität, die auch Polybios dem römischen Senat unterstellte und die von all denen praktiziert wird, die ein Bündnis zwischen ihrem Thron und dem Altar schlagen.[54] Nicht daß die Religion notwendigerweise einen konservativen Einfluß ausübte, aber gewisse Modalitäten des Glaubens sind eine Form symbolischen Gehorsams; glauben heißt gehorchen. Die politische Rolle der Religion ist keinesfalls eine Frage ihres ideologischen Gehalts.

Ein zweiter Grund, nicht mehr alles zu glauben, was gesagt wurde, war, daß dem Mythos in Sachen Auskünfte eine Konkurrenz erwuchs durch die Spezialisten des Wahren, die »Ermittler« oder die Historiker, die als Professionelle anfingen, Autoritäten zu sein. Sie aber waren der Überzeugung, daß der Mythos mit dem übrigen Teil der Wirklichkeit übereinstimmen müsse, weil er sich nämlich als wirklich ausgab. Während seiner Nachforschungen in Ägypten entdeckt Herodot dort einen Kult des Herakles[55] (denn ein Gott ist überall ein Gott, wie auch eine Eiche überall eine Eiche ist, obwohl jedes Volk ihr einen anderen Namen gibt; und deshalb lassen sich die Götternamen von einer Sprache in die andere übersetzen, genauso wie die gewöhnlichen Namen). Weil aber das Datum, welches die Ägypter diesem Herkules zuordneten, überhaupt nicht mit der legendären Chronologie der Griechen übereinstimmte, versuchte Herodot, diese Schwierigkeit zu beseitigen, indem er sich nach dem Datum erkundigte, das die Phönizier ihrem eigenen Herakles zuordneten, was aber sein Problem nur noch vergrößerte. Alles, was er daraus schließen konnte, war, daß alle Menschen darin übereinstimmten, in Herakles einen sehr alten Gott zu sehen, und daß man die Schwierigkeit beheben konnte, wenn man von zwei verschiedenen Heraklessen ausging.

Das ist noch nicht alles. »Auch sonst erzählt man in Griechenland ohne Nachprüfung manche Geschichte. Nicht weniger glaubwürdig ist auch folgende Heraklessage: als dieser nach Ägypten kam«, sollen die Ägypter versucht haben, ihn dem Zeus zu opfern, aber Herakles habe sich das nicht gefallen lassen und hätte sie alle getötet. Unmöglich, protestiert Herodot: Die Ägypter opfern nichts Lebendiges, wie jeder weiß, der ihre Gesetze kennt; und schließlich war Herakles damals noch ein Mensch, wie man sagt (denn Gott wurde er in der Tat erst nach seinem Tod). »Wie könnte es also sein, daß ein einzelner Mensch so viele tausend andere töten könnte?« Man sieht, wie fern Herodot der Erkenntnis steht, die andere wegen ihres Glaubens haben. Jene verschafft Auskünfte wie: Wie heißt die Hauptstadt dieses Königreiches? Mit wem ist dieser oder jener verwandt? Wann wurde Herakles geboren? Wer einem Auskunft gibt, weiß also Bescheid, und auf diesem Gebiet widersprechen sich Wahrheit und Irrtum nicht so stark wie Bescheidwissen und Nichtwissen. Nur mit dem Unterschied, daß ein professioneller »Ermittler« der Auskunft nicht so folgt wie die anderen Menschen: er kontrolliert und verifiziert die Information. Dadurch wird die gesellschaftliche Verteilung des Wissens transformiert: Von nun an müssen sich die anderen Menschen auf diesen Fachmann beziehen, andernfalls könnte man sie für ungebildet halten. Und weil der Ermittler die Information passend zurechtbiegt, legt er der Wirklichkeit den Zwang auf, kohärent zu sein; die mythische Welt kann unserer Zeitlichkeit nicht mehr insgeheim heterogen sein: sie ist nur noch Vergangenheit.

Die Kritik am Mythos ist aus den Methoden der Zeitlichkeit entstanden; sie hat nichts mehr mit der sophistischen Bewegung zu tun, die eher auf eine Kritik der Gesellschaft und Religion hinauslief, und auch nichts mit den Kosmologien der Physik.

Wie läßt sich eine solche Transformation erklären? Ich weiß es nicht und bin auch nicht begierig, es zu wissen. Lange Zeit hat man die Geschichte als einen erklärenden Bericht definiert, als eine Erzählung, die auf Gründen beruht; Erklären galt als der sublime Teil der Aufgaben eines Historikers. Man glaubte tatsächlich, daß Erklären darin bestünde, anstelle von Ursachen einen Vernunftgrund zu finden, das heißt ein Schema (den Aufstieg der Bourgeoisie, die Produktivkräfte, den Aufstand der Massen), das große leidenschaftliche Ideen ins Spiel brachte. Aber nehmen wir einmal an, daß Erklären sich darauf beschränkte, ein Polygon kleinerer Ursachen ins Auge zu fassen, die von einer Konjunktur zur nächsten nicht mehr dieselben sind und die die spezifischen Plätze, die ihnen ein Schema im voraus zuweisen würde, nicht ausfüllen würde: In einem solchen Fall wird die Erklärung, weil konjunkturabhängig und anekdotisch geworden, nichts weiter sein als eine Anhäufung von Zufällen und wird beinahe jegliche Bedeutung verlieren.

Dafür aber wird eine andere Aufgabe sichtbar, die nicht weniger interessant ist: die unvorhersehbaren Umrisse dieses Polygons, das keine überkommenen Formen mehr annimmt, zu explizieren, jenen großzügigen Faltenwurf, der aus der Geschichte eine vornehme Tragödie macht. Den Ereignissen ihre eigentümliche Silhouette zurückerstatten, die sich unter geliehenen Kleidern verbirgt. Denn die wahren, doch so wunderlichen Formen sieht man buchstäblich nicht: die Voraussetzungen »verstehen sich von selbst«, gehen unbemerkt vorbei, und an ihrer Stelle sieht man ein konventionelles Allgemeines. Man sieht weder die Ermittlung noch die Kontroverse: man sieht die historischen Ereignisse im Laufe der Jahrhunderte und die Fortschritte, die sie machen. Die griechische Mythenkritik wird zu einer Episode des Fortschritts der Vernunft, und die griechische Demokratie wäre die ewige Demokratie, wäre da nicht der Schandfleck der Sklaverei.

Wenn die Geschichte sich also vornimmt, die Drapierungen herunterzureißen und eindeutig zu formulieren, was sich von selbst versteht, so hört sie auf, erklärend zu sein; sie wird zur Hermeneutik. Wir werden uns also nicht mehr nach den sozialen Gründen für die Entstehung der Mythenkritik fragen: Eine Art heiliger Geschichte der Aufklärung oder der Gesellschaft möchten wir lieber durch eine ununterbrochene, zufällige Neuverteilung minderer, immer verschiedener Gründe ersetzen, die nicht weniger zufällige Folgen zeitigen, aber für bedeutend und das Schicksal der Menschen erhellend gehalten werden. Ein Schema ist soviel wert wie das andere, doch das von Pierre Bourdieu, welches die Besonderheit und Eigenständigkeit eines symbolischen Feldes, das zwischen Kraftzentren geteilt ist, ins

Auge faßt, scheint uns annehmbarer als das Schema der Klassengesellschaft: zwei Schemata sind besser als eins.

Öffnen wir hier nun das, was zunächst wie eine Parenthese von mehreren Seiten aussieht, uns aber in Wirklichkeit zum Kern unseres Mythosproblems führen wird. Wenn schon alles gesagt werden muß, so fällt uns der Verzicht auf das Erklären um so leichter, je mehr wir meinen, daß die Unvorhersehbarkeit der Geschichte weniger an ihrer Kontingenz (die eine Erklärung *post eventum* nicht ausschlösse) als an ihrem Erfindungsreichtum hängt. Diese Vorstellung reizt zum Schmunzeln, wo doch ein jeder weiß, wie mystisch und antiwissenschaftlich es ist, an absolute Anfänge zu glauben. Wie ärgerlich ist also die Feststellung, daß das erklärende und wissenschaftliche Denken, ohne daß es sich dessen bewußt wäre, auf nicht weniger willkürliche Annahmen beruht. Sagen wir es in wenigen Worten zum Nutzen derjenigen, die sich eines schönen Morgens in ihrem privaten oder öffentlichen Leben mit Dingen und Gedanken beschäftigt sahen, die ihnen am Abend zuvor noch völlig unbekannt waren; und auch zum Gebrauch derer, die sich nicht mehr in der Lage sahen, das Verhalten ihres engsten Freundes vorherzusehen, die aber, nachdem es geschehen war, rückblickend im Charakter oder der Vergangenheit des Freundes eine Eigenart fanden, die dieses Ereignis schon ankündigte.

Offensichtlich ist nichts einfacher und empirischer als die Kausalität: Das Feuer bringt das Wasser zum Kochen, der Aufstieg einer neuen Klasse führt eine neue Ideologie mit sich. Diese scheinbare Einfachheit verbirgt eine Komplexität, die sich selbst nicht kennt: eine Polarität zwischen der Aktion und der Passivität; das Feuer ist ein Agens, das sich Gehorsam verschafft, das Wasser ist passiv und tut das, was das Feuer ihm zu tun befiehlt. Um zu wissen, was geschehen wird, genügt es zu beobachten, welche Richtung die Wirkung – veranlaßt durch die Ursache – einschlägt, nicht erfinderischer als eine Billardkugel, die eine andere in eine vorbestimmte Richtung treibt. Gleiche Ursache, gleiche Wirkung: Kausalität wird immer regelmäßige Aufeinanderfolge bedeuten. Die empiristische Deutung der Kausalität ist nicht anders; zwar verzichtet sie auf den Anthropomorphismus, die Wirkung als Sklave zu interpretieren, der regelmäßig dem Befehl seiner Ursache gehorcht, doch behält sie das Wesentliche bei: die Idee der Regelmäßigkeit; die falsche Nüchternheit des Empirismus verbirgt eine Metapher.

Doch weil eine Metapher soviel wert ist wie die andere, könnte man ebenso vom Feuer und vom Kochen oder von einer aufsteigenden Klasse und ihrer Revolution in anderen Begriffen sprechen, die nur noch aktive Subjekte implizierten: man würde sagen, wenn ein Dispositiv, welches Feuer, Wasser, einen Topf und eine unbegrenzte Zahl anderer Details umfaßt, versammelt ist, daß dann das Wasser das Kochen »erfindet«; und daß es das immer dann wiedererfindet, wenn man es aufs Feuer setzt: Wie ein Schauspieler antwortet es auf eine Situation, aktualisiert ein Polygon von Möglichkeiten, entfaltet eine Aktivität, welche ein Polygon kleinerer Ursachen kanalisiert; diese sind eher Hindernisse, die die Energie als Antriebskräfte eingrenzen. Die Metapher ist nicht mehr die der Kugel, welche in eine bestimmte Richtung getrieben wird, sondern die eines elastischen Gases, das den Raum ausfüllt, der ihm zur Verfügung steht. Nicht mehr, indem man »die« Ursache berücksichtigt, wird man wissen, was dieses Gas tun wird; oder anders gesagt, es gibt keine Ursache mehr: das Polygon erlaubt nicht so sehr, die zukünftige Konfiguration dieses sich ausdehnenden Gases vorauszusehen, als daß es durch diese Expansion selbst offenbar wird. Diese natürliche Elastizität heißt auch Wille zur Macht.

Lebten wir in einer Gesellschaft, in der dieses metaphysische Schema Gültigkeit hätte, dann fiele uns das Eingeständnis nicht schwer, daß eine Revolution, eine intellektuelle Mode, ein Vorrücken des Imperialismus oder der Erfolg eines politischen Systems nicht der menschlichen Natur oder den Bedürfnissen der Gesellschaft oder der Logik der Dinge entsprechen, sondern daß es sich um Moden handelt, um Projekte, für die man sich begeistert. Nicht nur, daß die Revolution von 1789 nicht hätte ausbrechen können (weil die Geschichte kontingent ist), sondern die Bourgeoisie hätte noch etwas anderes erfinden können. Gemäß diesem energetischen und unbestimmten Schema stellen wir uns das Werden als das mehr oder weniger unvorhersehbare Werk ausschließlich aktiver Subjekte vor, die keinem Gesetz gehorchen.

Man könnte diesem Schema entgegenhalten, daß es ebenso unüberprüfbar und metaphysisch sei wie die anderen, die es nicht weniger sind, gewiß, aber denen gegenüber hat es den Vorzug, eine alternative Lösung anzubieten, die uns die falschen Probleme vom Hals schafft und unsere Einbildungskraft befreit: wir fingen an, uns im Gefängnis des sozialen und ideologischen Funktionalismus zu langweilen. Gleichfalls könnte man den Einwand erheben, daß wenn die Zukunft nur aktive Subjekte enthält, die kausalen Regelmäßigkeiten, die dort stellenweise auftreten, unverständlich sein müssen. Nicht notwendigerweise: Wenn man nämlich einen Schwergewichtsboxer gegen ein Leichtgewicht in den Ring schickt, so wird regelmäßig der schwerere Boxer gewinnen. Aber stellen wir uns einmal vor, daß auf der ganzen Welt die Boxer gemischt und aufs Geratewohl zu Paaren zusammengestellt würden: die Regelmäßigkeiten in den Siegen werden aufhören, allgemeine Regel zu sein, und die Welt des Boxens wird zu einem Regenbogen, der von vollständigster Regelmäßigkeit bis zur totalen Regellosigkeit und zum Geniestreich reichen wird. So werden wir der evidentesten Eigenart des historischen Werdens Rechnung tragen: Es besteht aus einer Abstufung von Ereignissen, die sich vom Vorhersehbarsten und Regelmäßigsten bis zum Unvorhersehbarsten erstreckt. Unser Energetismus ist ein Monismus der Zufälle, das heißt ein Pluralismus: wir werden nicht auf manichäische Weise die Trägheit der Erneuerung, die Materie dem Lebenselan entgegensetzen und wie die anderen Maskeraden des Guten und des Bösen sonst noch heißen. Die zufällige Mischung ungleicher Akteure trägt ebenso der physikalischen Notwendigkeit Rechnung wie der radikalen Erneuerung; alles ist Erfindung oder Wiedererfindung, Zug um Zug.

Um die Wahrheit zu sagen, so ist der Part des regelmäßigen Aufeinanderfolgens oder des Wiedererfindens eine Wirkung, die sich erst *post eventum* herausschält oder die sogar der Effekt einer rückwärtsgewandten Illusion ist. Das Feuer wird das Sieden des Wassers erklären, und die rutschige Straße eine häufige Art von Autounfällen, jedoch nur, wenn wir von allen anderen, unendlich variierten Begleitumständen, jene zahllosen Intrigen abstrahieren. Deshalb sind die Historiker und die Soziologen auch niemals imstande, etwas vorherzusehen und immer recht zu behalten; wie es Bergson in seiner bewunderswürdigen Untersuchung über das Mögliche und das Wirkliche beschreibt, ist die Erfindungskraft des Werdens so beschaffen, daß das Mögliche nur auf Grund einer retrospektiven Illusion vor dem Wirklichen zu existieren scheint: »Wie könnte man übersehen, daß, wenn ein Ereignis sich immer im nachhinein durch diese oder jene vorhergehenden Ereignisse erklären läßt, ein ganz anderes Ereignis sich ebenso gut erklären ließe, unter denselben Umständen, durch eine andere Wahl von vorhergehenden Ereignissen – was sage ich? – durch dieselben vorhergehenden Ereignisse, nur anders isoliert, anders verteilt, anders aufgefaßt, durch die retrospektive Aufmerksamkeit?« Deshalb werden wir uns auch nicht für oder wider die Analyse *post eventum* der Kausalstrukturen in der Studentenschaft Nanterres im April 1968 begeistern; Mai 68 oder Juli 89, wenn die Revolutionäre auf Grund irgendeiner unbedeutenden Ursache erfunden hätten, sich für eine neue Religiosität zu begeistern, würden wir durchaus in der Lage sein, in ihrer Mentalität Gründe zu finden, die diese Mode im nachhinein verständlich machten. Am einfachsten ist es allerdings, sich statt der Ursachen das Ereignis selbst passend zurechtzulegen: Wenn der Mai 68 ein Ausbruch der Unzufriedenheit mit der Verwaltung ist (leider begleitet von einer Bambule, die, weil sie übertrieben ist, nicht wirklich existiert), dann wird gewiß die wahre Erklärung des Mai 68 die schlechte Organisation der Verwaltung des Universitätssystems der Zeit sein.

Seit Marx bedingt unser Sinn für Ernsthaftigkeit, daß wir uns das Werden der Geschichte oder der Wissenschaft als eine Aufeinanderfolge von Problemen vorstellen, die sich die Menschheit stellt und auch löst, wobei jedoch offensichtlich ist, daß die handelnde oder wissende Menschheit nicht aufhört, jedes Problem zu vergessen, um an etwas anderes zu denken; so daß der Realismus weniger darin bestünde zu sagen: »Wie wird das alles enden?«, als sich zu fragen: »Was werden sie denn diesmal noch erfinden?« Daß es eine Erfindungskraft gibt, bedeutet, daß sich die Geschichte keinem Schema angleicht: Der Hitlerismus ist insofern eine Erfindung gewesen, als er sich weder durch die Ewigkeit der Politik noch durch die Produktivkräfte erklären läßt; er war ein Zusammentreffen von kleinen kausalen Serien. Die berühmte Idee, daß »die Tatsachen nicht existieren« (dieser Ausspruch stammt von Nietzsche und nicht von Max Weber), bezieht sich nicht auf die Methodenlehre der historischen Erkenntnis und auch nicht auf die Interpretationsvielfalt der Vergangenheit durch verschiedene Historiker: sie beschreibt die Struktur der physischen und menschlichen Realität; jede Tatsache (das Produktionsverhältnis, die »Macht«, das »religiöse Bedürfnis«, oder die gesellschaftlichen Erfordernisse) spielt nicht dieselbe Rolle, oder besser, ist nicht von einer Konjunktur zur anderen dasselbe; Rolle und Identität hat sie nur aus den Umständen heraus.

Im übrigen liegt das eigentlich Erstaunliche weniger in der Erklärung historischer Formationen als gerade in deren Existenz; die Geschichte ist genauso kompliziert wie erfinderisch; was ist das für ein Vermögen, das es den Menschen ermöglicht, zu keinem Zweck und aus keinem Anlaß jene weitläufigen Konstruktionen zu aktualisieren – die Werke und die sozialen und kulturellen Praktiken –, die ebenso komplex und überraschend sind wie die lebendigen Arten, so, als hätten sie eine Energie, mit der sie nichts anzufangen wüßten?

Die natürliche Elastizität oder der Wille zur Macht erklären ein Paradox, das unter dem Namen Tocqueville-Effekt bekannt geworden ist: die Revolutionen brechen immer dann aus, wenn ein Unterdrückungsregime anfängt, sich zu liberalisieren. Denn die Aufstände gleichen nicht einem Kochtopf, der, weil er kocht, den Deckel absprengt; es ist im Gegenteil ein leichtes Lüften des Deckels, durch irgendeinen äußeren Grund verursacht, das den Topf zum Überkochen bringt, was schließlich mit dem Wegsprengen des Deckels endet.

Diese lange Parenthese führt uns zum Kern unseres Themas: das Aufblühen des Mythos und der Hirngespinste aller Art hört wegen seiner Grund- und Sinnlosigkeit auf, geheimnisvoll zu sein, wenn die Geschichte selbst ohne Unterlaß Erfindung ist und wenn sie nicht das vernünftige Leben einer bescheidenen Sparerin führt. Wir sind daran gewöhnt, die Ereignisse aus einer Ursache zu erklären, die das passiv Bewegte in eine vorhersehbare Richtung drängt (»Wachen! Hört auf mein Kommando!«), aber weil die Zukunft unvorhersehbar bleibt, begnügt man sich mit einer Kompromißlösung und verwässert die Intelligibilität durch die Kontingenz: ein kleiner Stein kann das, was bewegt wurde, hemmen oder in eine andere Richtung lenken, die Wache wird unter Umständen nicht gehorchen (und wenn sie gehorcht hätte, schreibt Trotzki, hätte es im Februar 1917 in Leningrad keine Revolution gegeben) und die Revolution nicht ausbrechen (und hätte es einen kleinen Stein in Lenins Blase gegeben, schreibt Trotzki, wäre die Oktoberrevolution von 1917 nicht ausgebrochen). Steine, die so winzig klein sind, daß sie weder die Würde der intelligiblen Schemata besitzen noch jene besagten Schemata disqualifizieren können.

Aber nehmen wir einmal an, wir hätten anstelle eines Grundes, der von der Kontingenz korrigiert wäre, Elastizität und ein Polygon mit einer unbestimmten Anzahl von Seiten (denn oft geschieht der Seitenschnitt erst im retrospektiven Licht der Ereignisse). Das so hergestellte Ereignis ist selber aktiv: Wie ein Gas füllt es den ganzen freigelassenen Raum zwischen den Ursachen aus, und eher besetzt es sie, als daß es sie nicht besetzt: die Geschichte verausgabt sich für nichts und stillt ihre eigenen Bedürfnisse nicht. Die Möglichkeit einer Vorhersage wird von der Konfiguration eines jeden Polygons abhängen und wird immer begrenzt sein, denn niemals werden wir eine unendliche oder unbestimmte Anzahl von Seiten berücksichtigen können, von denen keine determinierender ist als die anderen. Der Dualismus, der durch das Eingeständnis der Kontingenz korrigiert ist, verblaßt oder wird vielmehr durch Kontingenz in einem anderen Sinn ersetzt; genauer gesagt ist er reicher als die Nase der Kleopatra: Negation einer ersten Antriebskraft der Geschichte (wie das Produktionsverhältnis, das Politische, der Wille zur Macht) und Affirmation einer Vielzahl von Antriebskräften (besser würde man sagen: der Vielzahl von Hindernissen, die die Seiten des Polygons sind). Tausend kleine Ursachen nehmen den Platz einer Intellegibilität ein. Diese verschwindet auch deshalb, weil ein Polygon kein Schema ist: es gibt kein transhistorisches Schema für die Revolution oder für soziale Vorlieben in Sachen Literatur oder Küche. Von nun an ähnelt jedes Ereignis mehr oder weniger einer unvorhersehbaren Erfindung. Dieses Ereignis deutlich darzulegen, wird interessanter sein, als seine kleinen Ursachen aufzuzählen, und wird auf jeden Fall als Aufgabe Vorrang haben. Wenn schließlich alles Geschichte ist und es so viele verschiedene Polygone wie Revolutionen gibt, wovon könnten dann noch die Humanwissenschaften reden? Was könnten sie uns wohl noch über den griechischen Mythos lehren, was uns nicht auch die Geschichte lehrte?

# Soziale Verschiedenartigkeit der Glaubensvorstellungen und Balkanisierung der Köpfe

Das, was man nicht in Erfahrung bringen darf, weiß man nicht (was auch die aufrichtige Blindheit so vieler Eltern und Ehemänner ausmacht), und man zweifelt auch nicht an dem, was andere glauben, wenn sie zu respektieren sind: die Verhältnisse zwischen Wahrheiten sind Machtverhältnisse. Daher kommt das, was man Unaufrichtigkeit nennt.

Man unterschied zwei Bereiche: die Götter und die Heroen; denn die Fabel, und ganz allgemein die Funktion des Fabulierens, war unbekannt, statt dessen beurteilte man die Mythen nach ihrem Inhalt. Die Kritik der heroischen Geschlechter bestand darin, die Heroen in einfache Menschen umzuwandeln und ihre Geschlechterfolge dem anzugleichen, was man die menschliche Geschlechterfolge nannte, das heißt der Geschichte nach dem trojanischen Krieg. Die erste Handlung dieser Kritik bestand darin, die sichtbaren Eingriffe der Götter in die Geschichte zu eliminieren. Die Existenz dieser Götter selbst wurde jedoch nicht im mindesten in Frage gestellt; aber heutzutage bleiben die Götter meistens den Blicken der Menschen verborgen: So war es auch schon vor dem trojanischen Krieg, und die Wunderwelt Homers ist nichts als Erfindung und Leichtgläubigkeit. Wohl gab es eine Kritik religiöser Glaubensvorstellungen, die aber sehr unterschiedlich war: einige Denker leugneten schlicht und einfach die Existenz jedes nur möglichen Gottes oder auch die Existenz aller Götter, an die geglaubt wurde; die überwiegende Mehrheit der Philosophen und auch die Gebildeten kritisierten dagegen weniger die Götter, sondern suchten vielmehr nach einer Idee, die der göttlichen Majestät würdig war: Die Religionskritik bestand darin, die Vorstellung von den Göttern überhaupt zu retten, indem man sie von allem Aberglauben reinigte; und die Kritik der heroischen Mythen rettete die Heroen, indem sie diese so wahrscheinlich machte wie einfache Menschen.

Beide Kritiken waren voneinander unabhängig, und die frömmsten Menschen wären die ersten gewesen aus der sogenannten heroischen Epoche die kindischen Erfindungen, die Wunder und die Schlachten der Götter auszumerzen, die Homer in der *Ilias* erzählt, niemand dachte auch nur daran, die Infamie zu stürzen und aus der Kritik der Heroen eine Kriegsmaschinerie oder eine Guerilla von Anspielungen gegen die Religion zu machen. Deshalb folgendes Paradox: Es hat genügend Köpfe gegeben, die nicht an die Existenz der Götter geglaubt haben, aber niemals hat jemand Zweifel an der Existenz der Heroen erhoben. Und zwar aus folgendem Grund: Die Heroen sind nur Menschen gewesen, die die Leichtgläubigkeit mit den Zügen des Wunderbaren ausstaffiert hat, und wie könnte man daran zweifeln, daß menschliche Wesen existieren und existiert haben? Dagegen war nicht jeder bereit, an die Wirklichkeit der Götter zu glauben, denn man sieht sie ja nicht mit eigenen Augen. Daraus folgt, daß während der Epoche, die wir untersuchen und die sich über fast ein Jahrtausend erstreckt, vom 5. Jahrhundert vor unserer Zeitrechnung bis zum 4. Jahrhundert danach, absolut niemand, Christen eingeschlossen, den geringsten Zweifel an der Geschichtlichkeit des Äneas, Romulus, Theseus, Herkules, Achilles und selbst des Dionysos geäußert hat; vielmehr hat alle Welt diese Geschichtlichkeit bestätigt. Später werden wir die Voraussetzungen für diese lang andauernde Gläubigkeit darlegen; zuerst werden wir beschreiben, welche Griechen an was während dieser neun Jahrhunderte glaubten.

Im Volk gab es eine Menge folkloristischen Aberglaubens, der sich manchmal auch in dem wiederfand, was man damals schon die Mythologie nannte. In den sozialen Klassen, in denen gelesen wurde, fand diese Mythologie völligen Glauben, wie auch zur Zeit Pindars: Das breite Publikum glaubte an die Realität der Zentauren und unterzog die Legenden des Herakles oder des Dionysos keinerlei Kritik; die Einfalt der Leser der *Goldenen Legende* wird dieselbe sein, und zwar aus denselben Gründen; sie werden an die Wunder des heiligen Nikolaus und an die Legende der heiligen Katharina (diese »Minerva der Papisten«, wie die Protestanten sie nennen werden) aus Folgsamkeit gegenüber den Worten anderer glauben, wegen des Fehlens einer systematischen Alltagserfahrung und wegen ihrer ehrerbietigen und erbaulichen Geisteshaltung. Die Gelehrten schließlich unternahmen die historische Kritik an den Mythen mit dem Erfolg, den wir schon kennen. Das soziologisch merkwürdige Resultat ist folgendes: Die Einfalt des Publikums und die Kritik der Gelehrten fochten keinen Kampf für den Triumph der Aufklärung aus, und erstere wurde kulturell auch nicht abgewertet; die Folge war eine friedliche Koexistenz im Feld der symbolischen Machtverhältnisse, die von jedem Individuum – wenn es zum Clan der Gebildeten gehörte – verinnerlicht wurde, was in ihm selbst zwar einerseits Halbglauben, Zweifel und Widersprüche produzierte, ihm andererseits aber erlaubte, auf mehreren Klaviaturen zu spielen. Daher rührt im besonderen der »ideologische« oder besser der rhetorische Gebrauch der Mythologie.

Im *Satyricon* des Petronius erzählt ein reicher und naiver Emporkömmling, er habe mit eigenen Augen eine Sibylle gesehen, magisch verkleinert in eine Flasche eingeschlossen, wie man es von einem Geist aus *1001 Nacht* erzählt; im *Griesgram* des Menandros gäbe ein Menschenfeind alles her, um die magischen Utensilien des Heros Perseus zu besitzen: die Kappe, die unsichtbar machen soll, und die Maske der Medusa, die es ihm ermöglichen sollte, alle, die ihn ärgern, in Statuen zu verwandeln; er spricht nicht in Gleichnissen; er glaubt an alle diese Wunder. In derselben Epoche fragten sich die Gelehrten aus den höheren Ständen, die berühmte Schriftsteller waren, wie Plinius der Jüngere, genauso ernsthaft, ob man an die Geister glauben sollte, wie man sich dies – so sagte man mir – in England zur Zeit Shakespeares fragen wird.

Man kann nicht bestreiten, daß die Griechen so lange an die Mythologie geglaubt haben, wie ihre Ammen oder Mütter sie ihnen erzählt haben. »Während sie schlief, wurde Ariadne von dem hinterlistigen Theseus auf der Insel Dia zurückgelassen; deine Amme hat dir gewiß davon erzählt, denn in solchen Dingen wissen sie Bescheid, die Frauen dieses Standes, und sie sparen nicht an Tränen beim Erzählen; ich brauche dir also nicht zu sagen, mein Kind, daß das Theseus ist, den das Boot hinwegträgt, und daß das Dionysos ist, den man am Ufer sieht . . .«[56] Wir behaupten, daß der »Glaube an die Mythen in der Annahme nicht authentischer und erfundener Ereignisse besteht, wie unter anderem auch alle jene Mythen, die über Kronos erzählt werden; tatsächlich aber fanden diese bei vielen Glauben«.[57]

Aber welche Mythen erzählten die Ammen den Kindern? Ganz gewiß sprachen sie von den Göttern, denn Frömmigkeit und Aberglaube verlangten dies; sie machten ihnen Angst mit dem schwarzen Mann und den Lamien; zu ihrem eigenen Vergnügen erzählten sie ihnen sentimentale Geschichten von Ariadne oder

Psyche, und dabei weinten sie. Aber lehrten sie sie auch die großen mythischen Zyklen, Theben, Ödipus, die Argonauten? Mußten der kleine Junge oder das kleine Mädchen[58] nicht auf die Fuchtel des Grammatikers warten, um die großen Mythen kennenzulernen?[59]

Es muß auch noch ein Wort über einen berühmten, aber noch wenig untersuchten Text gesagt werden, zum *Heroikos* des Philostrat; ein schwieriger Text, denn die Stilisierung, die Phantasie und die vergangenheitsverherrlichende und patriotische Ideologie, wie so oft in der zweiten Sophistik verbreitet, vermischen sich mit der zeitgenössischen Realität. Philostrat hat die Bekanntschaft eines armen Bauern[60] gemacht, der nicht weit vom Grabmal des Heros Protesilaos seine Weingärten bestellt; einen Teil seiner Felder läßt der Winzer brachliegen (er bestellt sie selbst, er hat sie seinen Sklaven, die ihm zu wenig Gewinn brachten, weggenommen), weil diese Felder vom vorherigen Besitzer dem Heros geweiht wurden, dem der Geist des Heros Protesilaos erschienen war. Dieses Gespenst erscheint auch unserem Winzer und den Bauern der Nachbarschaft, ebenso wie die Geister der Achäer, die mit Protesilaos zur Belagerung Trojas aufgebrochen waren: Manchmal sieht man ihre ineinanderfließenden Schatten in der Ebene tanzen. Anstatt Furcht zu erregen, ist das Gespenst des Helden sehr beliebt; den Bauern gibt er gute Ratschläge, ist ein Omen für Regen und gutes Wetter; die Landleute tragen diesem Heros ihre Wünsche vor, sie ritzen ihr Gebet in die unkenntlich gewordene Statue[61], die sein Grabmal überragt; denn Protesilaos heilt alle Krankheiten. Er unterstützt auch die Verliebten, die sich um die Gunst eines Jünglings bemühen; dafür aber ist er jedem Ehebruch gegenüber unnachsichtig, weil er Sinn für Moral hat. Wie man sieht, ist diese Geschichte eines Heroenkultes auch eine Gespenstergeschichte.[62] Der Dialog fährt fort mit einer homerischen Phantasie, wie man sie in jener Zeit so schätzte, in der der Winzer eine große Zahl noch unbekannter Einzelheiten über den trojanischen Krieg und seine Helden enthüllt; diese Einzelheiten weiß er von seinem Freund Protesilaos persönlich; dieser Teil des Dialogs ist der bei weitem umfangreichste und in den Augen Philostrats auch der wichtigste. Man hat den Eindruck, als habe Philostrat Kenntnis von einem alten bäuerlichen Aberglauben gehabt, der sich um eine alte ländliche Kultstätte rankt und als habe er diesen in Beziehung zur klassischen und schulmäßig gewordenen Mythologie gebracht; so taucht er seine Leser, seine Landsleute, in ein Hellenentum jenseits aller Zeit, das von Lukian oder Longos, in jenes ewige Griechenland, welches dem nationalistischen Klassizismus seiner Zeit so lieb und teuer war und in dem der hellenische Patriotismus gegen die römische Vorherrschaft aufbegehrte. Ganz gewiß haben die Bauern, die ihm als Vorlage gedient haben, nichts vom trojanischen Krieg gewußt; dagegen will man gerne glauben, daß sich ihre einfältige Verehrung um ein altes Grabmal des Protesilaos drehte; aber was wußten sie noch über den Heros, dem sie noch immer diesen Namen gaben?

Das Volk hatte seine Legenden, in denen von gewissen Mythen die Rede war; es gab auch Heroen, wie den Herakles, deren Namen und Natur jeder kannte, wenn nicht sogar die Einzelheiten ihrer Abenteuer; andere, ganz klassische Legenden waren durch die Lieder bekannt.[63] Ganz bestimmt aber bekam jedermann durch mündliche Literatur und Ikonographie Kenntnis von der Existenz und der Art einer fiktiven mythologischen Welt, deren Geschmack man selbst dann auf der Zunge hatte, wenn man die näheren Umstände nicht kannte. Die Einzelheiten waren nur denjenigen bekannt, die zur Schule gegangen waren. Aber war das bis auf geringfügige Unterschiede nicht immer so gewesen? Glaubt man denn wahrhaftig, das klassische Athen sei eine große bürgerliche Gemeinschaft gewesen, in der alle nur noch eins waren; in der das Theater die Einheit der Herzen besiegelte und kein normaler Bürger bei den Fragen nach Iokaste und der Rückkehr der Herakliden durchgefallen wäre?

Das Wesen eines Mythos besteht nicht darin, daß alle ihn kennen, sondern daß man glaubt, er sei allen bekannt und er sei würdig, es zu sein; deshalb kannte man ihn auch im allgemeinen nicht. In der *Poetik*[64] findet man einige weitreichende Sätze; es ist durchaus nicht notwendig, sagt Aristoteles, sich beim Schreiben einer Tragödie an die geheiligten Mythen zu halten: »Es wäre auch lächerlich, sich darum zu bemühen, da ja selbst die bekannten Stoffe nur wenigen bekannt sind und dennoch alle erfreuen.« Das Athener Publikum verfügte über globale Kenntnisse einer mythischen Welt, in der sich die Tragödien abspielten, die Einzelheiten der Fabeln selbst aber waren ihm nicht bekannt; deshalb brauchte es auch nicht das geringste von der Ödipuslegende zu wissen, um der *Antigone* oder den *Phönizierinnen* folgen zu können: der tragische Dichter trug Sorge, seinem Publikum alles beizubringen; ganz so, als hätte er seine Intrige selbst erfunden. Doch stellte sich der Dichter nicht über sein Publikum, denn der Mythos galt ja als bekannt; er wußte darüber nicht mehr als die anderen, er schrieb keine gelehrte Literatur.

In der Zeit des Hellenismus wird alles ganz anders: die Literatur versteht sich selbst als gelehrt; nicht daß sie sich zum ersten Mal einer Elite vorbehält (Pindar und Aischylos waren nicht gerade volkstümliche Schriftsteller), aber sie verlangt von ihrem Publikum eine kulturelle Anstrengung, die Laien ausschließend; die Mythen räumen den Platz für genau das, was wir noch heute die Mythologie nennen und was bis ins 18. Jahrhundert überleben wird. Das Volk behielt seine Märchen und seinen Aberglauben bei, aber die Mythologie entfernte sich von ihm, seitdem sie zur Lehre geworden war: In den Augen des Volkes hatte sie das Prestige eines Wissens der Elite[65], an dem sich der Rang eines Mannes messen ließ.

In der Epoche des Hellenismus, in der die Literatur zu einer spezifischen Tätigkeit geworden ist, die Autoren und Leser um ihrer selbst willen pflegen, wird die Mythologie zu einer Fachrichtung, die man bald in der Schule lernen wird. Dennoch wird sie nicht zu einer toten Sache, im Gegenteil: sie bleibt eines der wesentlichen Elemente der Kultur und hört nicht auf, ein Stein des Anstoßes für die Gebildeten zu sein. Kallimachos sammelte seltene Lesarten der großen Legenden und lokalen Mythen, nicht aus Frivolität (nichts ist weniger frivol als der Alexandrinismus), sondern aus der Ehrerbietung des Patrioten; man hat sogar vermutet, daß er und seine Gesinnungsgenossen die griechische Welt mit dem ausdrücklichen Vorsatz durchstreiften, solche Legenden zu sammeln.[66] Vier Jahrhunderte später hat Pausanias Griechenland bereist und die Bibliotheken mit derselben Begeisterung durchstöbert. War sie einmal in den Büchern, begann die Mythologie zu wachsen; aber die Veröffentlichungen paßten sich dem Zeitgeschmack an: Die neue unterhaltsame Legendenliteratur[67] pflegte mit besonderer Vorliebe die Metamorphosen und den Katasterismus; noch zur Zeit Catulls, der *Ciris* und Ovids wird man sich ihnen widmen. Endlich wird dank der Grammatiker und Rhetoriker die Fabel in Lehrbüchern zusammengefaßt und erfährt dadurch eine Kodifizierung, die sie grundsätzlich vereinfacht, den großen Zyklen eine offizielle Lesart gibt und die

Varianten in Vergessenheit geraten läßt. Aus ebendieser, für das Studium der Klassiker bestimmten schulischen Vulgata bildet sich jene Mythologie heraus, die man bei einem Lukian findet; sie ist es, die man den Kollegschülern des klassischen Europa beibringen wird. Blieb noch der ernste Teil der Angelegenheit übrig: Was sollte man von dieser Masse an Berichten halten? Hier gibt es zwei Schulen, die man zu Unrecht unter dem allzu neuzeitlichen Begriff des rationalen Umganges mit dem Mythos zusammenfaßt; auf der einen Seite die Leichtgläubigen wie Diodor, aber auch Ephemerios; auf der anderen Seite die Gelehrten.

Es gab in der Tat ein leichtgläubiges, aber kultiviertes Publikum, das ein Wunderbares neuer Art verlangte; dieses Wunderbare sollte sich nicht mehr jenseits von wahr und falsch in einer zeitlosen Vergangenheit abspielen: man verlangte, daß es »wissenschaftlich« oder besser historisch sei. Denn man konnte nicht mehr in der bisherigen Weise an das Wunderbare glauben; der Grund dafür liegt, wie ich meine, nicht in der Aufklärung der Sophisten, sondern im Erfolg des historischen Genres; um sich verkaufen zu lassen, muß sich der Mythos von nun an als Geschichte ausgeben, was dieser Mystifikation den trügerischen Anschein einer Rationalisierung gibt; daher rührt auch der fälschlich widersprüchliche Eindruck von Timaios, der einer der großen Lieferanten des Genres war: Timaios hat eine Geschichte geschrieben »voll von Träumen, Wundern, unglaublichen Berichten, kurz, gröbster Aberglauben und Ammenmärchen«[68]; der gleiche Timaios gibt eine rationale Deutung der Mythen.

Viele Historiker, schreibt Diodor[69], »haben die Geschichte der legendären Zeiten wie eine Schwierigkeit vermieden«; ihm selbst wird es zu einer Herzensangelegenheit, diese Lücke zu füllen. Zeus war ein König, Sohn eines gewissen Kronos, der über den gesamten westlichen Erdkreis herrschte; dieser Zeus war wahrhaftig Herrscher der Welt; diesen Zeus darf man freilich nicht mit einem seiner Namensvettern verwechseln[70], der bloß König von Kreta war und zehn Söhne hatte, die man Kureten nannte. Es ist derselbe Diodor[71], der hundert Seiten weiter die imaginären Reisen des Ephemerios zu den wunderbaren Inseln für bare Münze nimmt; über eine dieser Inseln sollen Uranos, Kronos und Zeus als Könige gedient haben, die man wegen ihrer Wohltaten vergöttlichte; daß man sie »bei uns« für Götter hält, ist durch zahlreiche, in der Landessprache gravierte Inschriften bewiesen.

Hat Ephemerios irgendeine religiöse oder sogar politische Demystifikation als Fiktion getarnt? Oder ist es nicht wahrscheinlicher, daß er seinen Lesern moderne Gründe liefern will, an die Mythen und das Wunderbare zu glauben? Den Fabeldichtern gegenüber war die Nachsicht schier unerschöpflich. Den Geschichten, die man bei den Geschichtsschreibern las, maß man keine allzu große Bedeutung bei, selbst wenn sie nicht zugaben, mythographiert zu haben, denn man wußte, so sagt Strabon[72], daß sie kein anderes Ziel verfolgten, als zu unterhalten und durch wunderbare Einfälle zu überraschen. Nur das Wunderbare der hellenistischen Zeit ist rationalistisch gefärbt, so daß die Modernen aus einer Fehleinschätzung heraus geneigt sind, darin den Kampf für die Wahrheit und die Aufklärung zu begrüßen.

Tatsächlich aber gab es Leser, für die die Forderung nach Wahrheit existierte, und andere, für die das nicht der Fall war. Eine Passage bei Diodor wird uns den Sachverhalt klarmachen. Es ist nicht einfach, sagt dieser Geschichtsschreiber, die Geschichte der mythischen Zeiten zu erzählen, und sei es nur auf Grund der Ungenauigkeit der Chronologie; wegen dieser Ungenauigkeiten nehmen viele Leser die mythische Geschichte nicht ernst.[73] Hinzu kommt, daß die Ereignisse dieser weit zurückliegenden Zeit zu vergangen und zu unwahrscheinlich sind, als daß es leicht fiele, an sie zu glauben.[74] Was tun? Die Taten des Herakles sind ebenso glorreich wie übermenschlich; »entweder schweigt man über diese Heldentaten und der Ruhm der Götter wird dadurch geschmälert, oder aber man erzählt sie alle und wird keinen Glauben finden; denn gewisse Leser verlangen unbilligerweise von den alten Legenden dieselbe Genauigkeit wie von den Ereignissen unserer Zeit. Sie beurteilen die Taten, die sie in Frage stellen, nach den heutigen Verhältnissen, und stellen sich die Kraft des Herakles am Beispiel der geringen Körperkräfte der heutigen Menschen vor.« Diese Leser, die Herakles am falschen Prinzip der Aktualität messen, begehen auch den Fehler, sich zu wünschen, daß sich die Dinge auf der Bühne genauso abspielen wie auf der Straße; das bezeugt einen Mangel an Respekt für den Heros. »Was die legendäre Geschichte betrifft, so soll man nicht unerbittlich die Wahrheit verlangen, denn alles geschieht wie im Theater; dort glauben wir auch nicht an die Existenz von halb menschlichen, halb tierischen Zentauren, und auch nicht an einen Geryon mit drei Körpern, und dennoch erfreuen wir uns an diesen Fabeln, und indem wir Beifall klatschen, ehren wir den Gott. Herakles hat sein ganzes Leben damit verbracht, die Erde bewohnbar zu machen: es wäre schändlich, verlören die Menschen die Erinnerung an ihren gemeinsamen Wohltäter und machten ihm sein Lob streitig.«

Dies ist ein Text, der in seiner geschickten Einfalt entlarvend ist. Man erahnt nicht die friedliche Koexistenz zweier Wahrheitsprogramme, von denen das eine kritisch und das andere respektvoll war.[75] Dieser Konflikt hatte die Parteigänger des letzteren von der Spontaneität zur Treue sich selbst gegenüber überwechseln lassen; von nun an besaßen sie »Überzeugungen«, und dafür verlangten sie Respekt; die Idee der Wahrheit wurde zweitrangig: skandalös war die Respektlosigkeit, und was Skandal erregte, mußte falsch sein. Wenn alles Gute auch wahr war, konnte wahr nur sein, was gut war. Diodor, der sich seinem Publikum verkauft, spielt hier den Hans Dampf in allen Gassen; es gelingt ihm, die Dinge sowohl mit den Augen des einen als auch des anderen Lagers zu sehen, und er vermittelt denen, die rechtschaffen denken, den Eindruck, er habe sie mit dem Standpunkt der Kritiker versöhnt, und er gehöre selbst eigentlich zum Lager der rechtschaffen Denkenden. Er scheint unaufrichtig zu sein, weil er den auf Respekt beruhenden Glauben der einen in der kritischen Sprache der anderen ausdrückt. Was uns zumindest beweist, daß die Gläubigen immer zahlreich waren: In der modernisierten Version waren Herkules und Bacchus nicht mehr göttliche Gestalten, sondern Götter, die Menschen waren oder vergöttlichte Menschen, denen die Menschheit die Zivilisation verdankte. Und in der Tat machte von Zeit zu Zeit ein sensationeller Zwischenfall[76] deutlich, daß die Masse und die Eliten fortfuhren, an dieses halb göttliche Wunderbare zu glauben.

Die Zeugnisse decken sich: Die Mehrheit des Publikums glaubte an die Kronoslegenden, sagt Sextus-Empiricus; es glaubt, was die Tragödien über Prometheus, Niobe und Theseus erzählen, schreiben Artemidor und Pausanias. Warum auch nicht? Die Gelehrten glaubten doch auch an Theseus: Die Masse beschränkte sich darauf, den Mythos nicht zu bereinigen. Wie im archaischen Zeitalter ging also in ihren Augen der Vergangenheit der Menschheit eine Zeit voller Wunder, eine ganz andere Welt, voraus: wirklich in sich selbst, aber unwirklich im Vergleich zu unserer. Wenn eine Person des Plautus[77], der das Geld ausgegangen ist, erklärt: »Ich werde den Achilles bitten, mir das Gold zu geben, das er als Lösegeld für Hektor bekam«, so nennt er im Scherz die phantastische Möglichkeit, sich Gold zu verschaffen. In dieser Zivilisation nahm man jenseits eines zeitlich sehr nahen Horizontes nichts mehr wahr: Mit Epikur fragte man sich, ob die Welt ein oder zwei Jahrtausende alt war, oder mit Aristoteles und Platon, ob sie nicht ewig war, aber von immer wiederkehrenden Katastrophen verwüstet wurde, nach denen immer wieder alles von vorne anfing, was wiederum darauf hinauslief, so zu denken wie Epikur. Weil der Lebensrhythmus unserer Welt so kurz bemessen ist, hat die Welt beträchtliche Entwicklungen durchlaufen können; das homerische Zeitalter, die Geschlechter der Heroen waren in den Augen dieser antiken Zivilisation die Antike. Wenn Vergil das archaische Karthago schildern will, so wie es elf Jahrhunderte vor seiner Zeit gewesen sein soll, so gibt er ihm einen homerischen Charakter; nichts hat weniger mit Flaubert zu tun als die Stadt der Dido . . .

Schon Herodot stellte die Geschlechter der Heroen den Geschlechtern der Menschen gegenüber. Sehr viel später, als Cicero sich von einem philosophischen Unsterblichkeitstraum bezaubern lassen will und diesem Traum das Aussehen einer Idylle der elysischen Gefilde gibt[78], wird ihn der Gedanke freuen, daß seine Seele, dort auf den gelehrten Wiesen, mit dem weisen Ulysses und dem scharfsinnigen Sisyphos sprechen wird; wenn die Träumerei des Cicero weniger märchenhaft gewesen wäre, hätte er sich wohl eher vorgenommen, mit den Gestalten der römischen Geschichte zu reden, mit Scipio, Cato und Marcellus, deren Andenken er vier Seiten weiter beschwört. Ein Gelehrter aus derselben Zeit hatte dieses Problem in eine didaktische Klarheit gefaßt: Nach Varro[79] reicht das dunkle Zeitalter von Deukalion bis zur Sintflut; von der Sintflut bis zur ersten Olympiade (seit der die Chronologie gesichert ist) erstreckte sich das mythische Zeitalter, »das so heißt, weil es darüber viele Fabeln gibt«; von der ersten Olympiade 776 n. Chr. bis zur Zeit des Varro und des Cicero erstreckt sich das historische Zeitalter, für das »die Ereignisse wahrheitsgemäß in historischen Büchern berichtet werden«.

Wie man sieht, sind die Gelehrten keineswegs bereit, sich irgend etwas erzählen zu lassen: sie stellen aber, was zunächst paradox erscheint, eher die Götter in Frage als die Heroen. Zum Beispiel

Cicero. In Politik und Moral gleicht er deutlich einem Victor Cousin und zeigt eine starke Begabung, das zu glauben, was seinen Interessen entgegenkommt. Demgegenüber ist sein religiöses Temperament freilich ziemlich abgekühlt; was diese Dinge angeht, so ist er nicht in der Lage, etwas zu predigen, an was er nur mit Mühe glauben kann; jeder Leser seiner Abhandlung über die Natur der Götter wird zugeben, daß er nicht so recht an sie glaubt und daß er nicht einmal aus politischen Motiven den Versuch unternimmt, einen vom Gegenteil zu überzeugen. An ihm wird sichtbar, daß sich in Religionsfragen die Individuen damals wie heute in verschiedene Lager aufteilten. Waren Castor und Pollux tatsächlich auf einem Weg in der Umgebung Roms einem gewissen Vatinius erschienen? Darüber diskutierten altmodische Frömmler und Skeptiker.[80]

Auch über die Fabel war man geteilter Meinung: Nach Cicero ist die Freundschaft zwischen Theseus und Peirithoos, wie auch ihr Abstieg in die Hölle, eine bloße Erfindung, eine *fabula ficta*. Verschonen wir unsere Leser mit rigiden Betrachtungen über das Klasseninteresse der Religion und der Mythologie. Denn derselbe Cicero, der nicht an die Erscheinung Castors und seines Bruders glaubt, wie auch gewiß nicht einmal an Castors Existenz und der dies auch nicht verheimlicht, der erkennt rundheraus die Geschichtlichkeit des Äneas und des Romulus an, die ohnehin erst im 19. Jahrhundert in Zweifel gezogen wurde.

Zweites Paradox: Fast alles, was man über diese Personen erzählt, ist bloße Fabel, aber die Gesamtheit dieser Nullen ergibt eine positive Summe: Theseus hat wirklich und wahrhaftig existiert. In seiner Abhandlung *Über die Gesetze* plaudert Cicero von der ersten Seite an in angenehm scherzendem Ton über die angebliche Erscheinung des Romulus nach dessen Tod und über die Gespräche des guten Königs Numa mit seiner Nymphe Egeria: In seiner *Republik*[81] glaubt er auch nicht, daß Romulus ein Sohn des Gottes Mars sei, der eine Vestalin geschwängert habe: eine ehrwürdige Fabel, gewiß, aber dennoch nur eine Fabel; auch glaubt er nicht an die Apotheose des Gründers von Rom; die posthume Verherrlichung des Romulus ist nur eine fromme Legende für naive Zeiten. Und dennoch ist Romulus eine authentische historische Gestalt, und das eigentlich Merkwürdige an seiner Gotterhebung, meint Cicero, ist die Tatsache, daß sie mitten im historischen Zeitalter erfunden wurde, nämlich nach der siebten Olympiade. Von Romulus bis zu Numa stellt Cicero bis auf ihre Existenz selbst alles in Zweifel. Genauer gesagt handelt es sich dabei um ein drittes Paradox: Bald scheinen die Gelehrten über die Fabel in ihrer Gesamtheit sehr skeptisch zu denken und fertigen sie in wenigen knappen Worten ab, dann scheinen sie wieder ganz gläubig geworden zu sein, und diese Rückkehr zur Gläubigkeit geschieht immer dann, wenn sie angesichts irgendeiner Episode der Fabel als ernstzunehmende und verantwortliche Denker gelten wollen. Unaufrichtigkeit? Halbglauben? Nein, sondern eher ein Pendeln zwischen zwei Kriterien der Wahrheit, wovon das eine das Wunderbare verwarf und das andere davon überzeugte, daß man unmöglich radikal lügen konnte.

Ist die Fabel wahr oder falsch? Sie ist verdächtig; deshalb auch dieser Anfall schlechter Laune: das sind doch nur Ammenmärchen. Die verschiedenen Städte, schreibt ein Rhetor[82], verdanken ihren Ursprung entweder einem Gott, einem Heros oder einem Menschen, der ihr Gründer war. »Von diesen verschiedenen Ätiologien sind die göttlichen und heroischen legendär *(mythôdes)*, die menschlichen glaubwürdiger.« Das Wort Mythos hat seit der archaischen Epoche seinen Wert verändert; wenn ein Autor für einen Bericht keine Verantwortung mehr übernehmen will und in indirekter Rede mitteilt: »Ein Mythos sagt, daß . . .«, so hat er nicht mehr den Anspruch, eine Nachricht, die in der Luft liegt, allgemein bekannt zu machen: er wäscht sich die Hände in Unschuld und läßt jeden denken, was er will. »Mythos« ist zu einem leicht anrüchigen Wort geworden und bezeichnet eine verdächtige Überlieferung. Ein Text setzt ein Datum: Isokrates[83] empfand eines Tages das tugendhafte Bedürfnis, dagegen zu protestieren, daß eine Legende nur auf Ungläubigkeit stieß: »Zeus«, so schreibt er, »zeugte Herakles und Tantalus, wie die Mythen es berichten und alle es glauben«; dieser ungeschickte Eifer verrät ein schlechtes Gewissen. Weil er nicht mehr wußte, was er denken sollte, läßt der Geschichtsschreiber Ephoros seine Geschichte erst mit dem Bericht von der Rückkehr der Herakliden[84] beginnen und weigerte sich, weiter zurückzugehen; uns scheint das noch ein ordentliches Stück legendärer Vergangenheit zu sein. Schätzte Ephoros also noch ältere Berichte als falsch ein? Wahrscheinlicher ist, daß er sich nicht zutraute, die Wahrheit herauszufinden und es deshalb vorzog, sich zurückzuhalten.

Tatsächlich aber muß es ihm sehr schwer gefallen sein, dem Hang der alten Geschichtsschreiber, die Tradition in ihrer Gesamtheit als Vulgata zu akzeptieren, nicht nachzugeben.

Ephoros wird auf Zustimmung verzichten, aber er und seinesgleichen werden sich auch jeglicher Verurteilung enthalten; genau hier beginnt die zweite Bewegung, von der wir gesprochen haben: die Rückkehr zur Gläubigkeit auf dem Wege einer methodischen Kritik. In jeder Legende gibt es einen wahren Kern, folgerichtig werden sie vorsichtiger, wenn sie vom insgesamt Verdächtigen zum Detail und zum einzelnen Mythos übergehen. Sie zweifeln die Mythen in ihrer Gesamtheit an, aber niemand hat je den historischen Kern irgendeiner Legende geleugnet; sobald es aber nicht mehr darum geht, einen globalen Zweifel anzubringen, sondern eine Aussage über einen bestimmten Punkt zu treffen und sein Wort als verantwortlicher Mann des Geistes zu geben, fängt der Geschichtsschreiber wieder an zu glauben. Er macht es sich zum Anliegen, auszuwählen und den wahren Kern zu finden.

Doch seien wir auf der Hut: Wenn Cicero in seiner *De re publica* oder Titus-Livius in seinem Vorwort eingestehen, daß die Ereignisse, »die der Gründung Roms vorausgegangen sind«, nur bekannt sind »in Gestalt überhöhter Legenden, die allenfalls für Dichter etwas taugen, nicht jedoch in Form unverdorbener Denkmäler weitergegeben werden«, so sehen sie nicht die moderne historische Kritik voraus, geben keinen Vorgeschmack auf Beaufort, Niebuhr oder Dumézil, denunzieren auch nicht die allgemeine Ungewißheit über die vier Jahrhunderte nach der Gründung Roms und das Fehlen aller zeitgenössischen Dokumente aus jener Epoche: sie beklagen sich, daß jene Dokumente, die sich auf einen noch früheren Zeitraum beziehen, nicht gesichert seien; denn diese Dokumente existieren, es sind Überlieferungen, aber sie sind verdächtig. Nicht deshalb etwa, weil sie viel jünger als die Tatsachen sind, sondern weil sich die Leichtgläubigkeit hineingemengt hat. Cicero und Titus-Livius wollen sich dagegen nicht verantwortlich zeigen für die göttliche Geburt des Romulus oder das Wunder der in Nymphen verwandelten Schiffe des Äneas.

Die Kenntnis legendärer Zeiten wird also aus einem Modus des Wissens schöpfen, mit dem wir sehr vertraut sind, der die Alten jedoch in arge Bedrängnis brachte, wenn es um die Geschichte ging: die Kritik, die mutmaßliche Erkenntnis, die wissenschaftliche Hypothese; die Vermutung, die Eikasis, tritt an die Stelle des Vertrauens in die Überlieferung. Ihre Grundlage lautet: die Vergangenheit ist der Gegenwart ähnlich. So hatte auch schon das Fundament ausgesehen, auf dem Thukydides, der mehr erfahren wollte als die Tradition, seine geniale, aber vollkommen falsche und willkürliche Rekonstruktion der frühesten Zeit Griechenlands errichtet hatte.

Da dieses Prinzip es gleichzeitig gestattet, den Mythos von seinen Wundern zu reinigen, wird es von nun an möglich sein, an alle Legenden zu glauben, und genau das haben die größten Köpfe dieser außerordentlich großen Zeit getan. Aristoteles z. B. weiß sehr genau, was er sagt, und wenn er sagen will »man erzählt, daß . . .« oder »wie man glaubt . . .«, dann sagt er es; er unterscheidet den Mythos von dem, was nicht mythisch ist.[85] Aber wir haben gesehen, daß er nicht an der Geschichtlichkeit des Theseus zweifelt und eine rationale Version der Minotauruslegende erzählt.[86] Auch Thukydides[87], der die Geschichtlichkeit des Minos ebenfalls nicht in Zweifel zog, glaubte an die Geschichtlichkeit des Hellen, des ersten Königs der Hellenen, und rekonstruierte die wahre politische Rolle, die Itys, Pandion, Prokne und Philomela (die der Legende nach in Vögel verwandelt wurden) gespielt hatten; freilich weigert er sich, seine Meinung über die Zyklopen und die monströsen Lestrygonen darzulegen: darüber denke jeder, wie es ihm beliebt oder was die Dichter dazu sagen![88] Denn es ist schon etwas anderes, wenn man glaubte, daß es in der Vergangenheit bereits Könige gegeben haben soll, als wenn man glaubt, daß es Monster gab, die es heute nicht mehr gibt. Für das darauffolgende Jahrtausend standen die Prinzipien einer Kritik der Überlieferung schon bereit: sie finden sich schon bei Platon.[89]

So kann also Strabon als würdiger Vertreter der Wissenschaft das Wahre vom Falschen trennen; Dionysos und Herakles haben gelebt, sie waren berühmte Reisende, Geographen, so daß die Legende behauptet hat, sie hätten im Triumph die ganze Welt durchreist; Odysseus hat gelebt, aber hat nicht alle die Reisen gemacht, die ihm Homer zuschreibt, der sie nur erfunden hat, um seinen Lesern nützliche geographische Kenntnisse zu vermitteln; was Jason, das Schiff Argo und Aietes betrifft, so »stimmt alle Welt darin überein, an sie zu glauben« und sogar noch, »daß

Homer mit den historischen Tatsachen übereinstimmt«: die Fiktion beginnt mit der Behauptung des Dichters, die Argonauten hätten den Ozean erreicht. Andere berühmte Reisende, Theseus und Peirithoos, haben die Welt so weit durchforscht, daß die Legende behauptet hat, sie seien bis zur Hölle gelangt.[90]

Auch die nicht-konformistischen Köpfe denken nicht anders als dieser stoische Gelehrte. Für den Epikureer Lukrez[91], einen großen Feind der Fabel, besteht kein Zweifel an den Kriegen um Troja und Theben: es sind die ältesten uns bekannten Ereignisse. Zum Schluß der große Polybios.[92] Wenn er sich einer offiziellen Version gegenübersieht, berichtet er ohne Kommentar: »Der erste König der Achäer war ein Sohn des Orest, Tisamenos, der aus Sparta verbannt wurde, als die Herakliden zurückkehrten.« Wenn er jedoch einen unwichtigen Mythos erzählt, stellt er seine abweichende Meinung heraus: jenes zerfallene Gemäuer im Land der Achäer »ist von Herakles erbaut worden, wie die Mythen sagen«; aber wenn es um seine Verantwortung als Geschichtsschreiber geht, unterzieht er die Mythen den bewährten kritischen Methoden und kann behaupten, daß »Äol in der Meerenge von Messina die Richtung anzeigte, dort wo die Durchfahrt wegen einer doppelten Strömung und eines dadurch bewirkten Rückflusses besonders schwierig ist; man hat also erzählt, daß er der Verwalter der Winde sei, man hat ihn für den König der Winde gehalten; wie auch Danaos, der die Technik der Zisternen lehrte, die man in Argos sieht, oder Atreus, der die rückläufige Bewegung der Sonne lehrte, als Könige, Seher und Auguren beschrieben wurden.«

Als Gegenstand naiver Leichtgläubigkeit, zögernden Skeptizismus und gewagter Mutmaßungen ist der Mythos zu etwas geworden, worüber man nur nach tausend Vorsichtsmaßnahmen reden kann. Aber diese Vorsichtsmaßnahmen waren ziemlich ausgetüftelt. Wenn sie auf die Einzelheiten einer Legende eingehen, scheinen die Schriftsteller der hellenistischen und römischen Epoche unentschlossen zu sein; oft lehnen sie es ab, sich in ihrem eigenen Namen zu äußern; »man sagt, daß . . .« schreiben sie, oder »dem Mythos zufolge«; doch einen Satz später äußern sie sich ganz entschieden über einen besonderen Punkt der Legende. Diese Wechsel zwischen Kühnheit und Zurückhaltung verdanken nichts dem Zufall; sie folgen drei Regeln: sich nicht über das Wunderbare und das Übernatürliche zu äußern; einen geschichtlichen Kern vorauszusetzen; und sich bei den Einzelheiten zurückzuhalten. Ein Beispiel schon wird dies zeigen. Als Apion die Flucht des Pompeius nach Brindisi und Durazzo – nachdem Caesar den Rubikon überschritten hat – erzählt, nützt er die Gelegenheit, über den Ursprung der Stadt Durazzo, des antiken Dyrrachium am Ionischen Meer, zu berichten. Die Stadt verdankt ihren Namen dem Dyrrachos, Sohn einer Prinzessin und, »wie man sagt, des Neptun«; dieser Dyrrachos, so behauptet Apion, »hatte Herkules zum Verbündeten« in einem Krieg, den er gegen seine Brüder, die Prinzen, führte, weshalb der Heros wie ein Gott vom Volk verehrt wurde; die Einheimischen »sagen, daß während der Schlacht Herkules irrtümlich den Ionios tötete, den Sohn seines Verbündeten Dyrrachos, und daß er anschließend den Leichnam ins Meer warf, damit es den Namen dieses Unglücklichen tragen sollte«. Apion glaubt an Herkules und an den Krieg, er glaubt nicht an die Vaterschaft Neptuns und überläßt die Verantwortung für die Anekdote ganz den Einheimischen.

Bei den Gelehrten wechselte die kritische Gläubigkeit, um sich so auszudrücken, mit einem globalen Skeptizismus ab, und sie war der unreflektierten Gläubigkeit der weniger Gelehrten sehr nah; die drei Einstellungen tolerierten sich, und die Gläubigkeit des Volkes wurde kulturell nicht abwertend beurteilt. Diese friedliche Koexistenz widersprüchlicher Glaubensvorstellungen hatte eine merkwürdige soziologische Wirkung: Jedes Individuum verinnerlichte den Widerspruch und dachte vom Mythos als nicht zu vereinbarende Dinge, zumindest für einen Logiker; das Individuum selbst aber litt nicht unter diesen Widersprüchen, ganz im Gegenteil: sie alle dienten verschiedenen Zwecken.

Nehmen wir zum Beispiel einen philosophischen Kopf ersten Ranges, den Mediziner Galenus.[93] Glaubt er oder glaubt er nicht an die Realität der Zentauren? Es kommt darauf an.

Wenn er sich als Wissenschaftler äußert und seine persönlichen Theorien darlegt, spricht er von den Zentauren in Begriffen, die implizieren, daß jene wundersamen Wesen für ihn und seine auserwählten Leser kaum von Interesse sind; die Medizin, sagt er, lehrt vernünftige Erkenntnisse und »Theoreme«; die erste Bedingung für ein gutes Theorem besteht darin, daß es unter die Wahrnehmung fällt; »denn wenn das Theorem nicht auf seine Wirklichkeit geprüft werden kann, wie z. B. folgendes: *die Galle eines Zentauren lindert den Schlagfuß*, so ist es zu nichts nutze, weil es sich unserer Wahrnehmung entzieht«; Zentauren gibt es nicht, zumindest hat noch niemand einen gesehen.

Die Zentauren gehörten zu einem wunderbaren Bestiarium, das es mit dem unseres Mittelalters aufnehmen konnte, und man ahnt, daß die Realität dieses Bestiariums manchen Anlaß zu Ärgernis und Peinlichkeit gegeben hat. Galenus hält die Ernsthaftigkeit, mit der die Stoiker die poetischen Fiktionen unter die Lupe nahmen, für kindisch, genauso wie auch ihre Verbissenheit, allem, was die Dichter über die Götter sagen, einen allegorischen Sinn zu geben; ginge man auf diesem Weg weiter, fügt er, Platon nachahmend, hinzu, so würde man »die Idee der Zentauren, der Chimären zwar richtigstellen, worauf dann die Horden der Gorgonen, der Pegasusse und anderer absurder und unmöglicher Wesen über uns hereinbrechen würden; wenn man, ohne an ihre Realität zu glauben, versuchte, sie im Namen einer etwas bäuerlichen Weisheit auf die Wahrscheinlichkeit zurückzuführen, so verschwendete man viele Mühe für nichts«. Wenn niemand zur Zeit des Galenus die Zentaurenlegenden wörtlich genommen hätte, warum hätten dann die Philosophen ernsthaft darüber reden sollen und versucht, sie auf die Wahrscheinlichkeit zurückzuführen? Wenn niemand daran geglaubt hätte, warum mußte Galenus ausdrücklich die hervorheben, die nicht daran glaubten? Aus diesem Grund kämpft Galenus auch ausführlich in seinem großen Werk über die Zwecke der Teile des Organismus gegen die Vorstellung an, es könne gemischte Naturen geben wie die Zentauren; er hätte dies nicht tun können, ohne sich lächerlich zu machen, wenn die Zentauren nicht ihre Gläubigen gehabt hätten.

Aber wenn derselbe Galenus nicht mehr versucht, seine Ideen durchzusetzen, sondern lieber neue Schüler hinzuzugewinnen, so scheint er ins Lager der Gläubigen überzuwechseln; nachdem er auf hundert Seiten die gesamte Heilkunde mit der festen Absicht dargestellt hat, den besten Eindruck von dieser Wissenschaft zu vermitteln, berichtet er über ihren vornehmen Ursprung; die Griechen, sagt er, schreiben die Entdeckung der verschiedenen Künste den Söhnen der Götter oder den Vertrauten der Götter zu; Apollo hat seinen Sohn Äskulap die Medizin gelehrt. Vor ihm waren die Menschen nur im Besitz beschränkter Kenntnisse über einige Heilmittel, der einfacheren, »und darin bestand in Griechenland das gesamte Wissen des Zentauren Chiron und der Heroen, deren Erziehung er übernahm«.

Diese einem Zentauren zugeschriebene historische Rolle ist sicherlich nur sprachlicher Pomp und Konvention: ohne allen Zweifel handelt es sich um das, was die Antike Rhetorik nannte, und die Rhetorik war eher die Kunst zu gewinnen, als die Kunst, recht zu haben; um zu gewinnen, d. h. um zu überzeugen, mußte man von dem ausgehen, was die Leute glaubten, aber ganz bestimmt durfte man die Geschworenen nicht bei ihren Widerhäkchen packen und ihnen sagen, sie täuschten sich in allem und müßten dringend ihre Sicht der Dinge ändern, damit der Angeklagte freigesprochen würde. Paris ist eine Messe wert, und ein neuer Schüler wiegt einen Zentauren auf. Nun wäre es sehr verführerisch, die Rhetorik als eine interessegebundene Haltung der Philosophie entgegenzusetzen; ich will damit nicht sagen, daß die Rhetorik keine philosophische Würde hat; ich meine vielmehr, daß beide, Philosophie und Wahrheit, ein Interesse verfolgen; es ist nicht wahr, daß die Intellektuellen lügen, wenn sie ein Interesse verfolgen, und die Wahrheit sagen, wenn kein Interesse im Spiel ist. Es lag ganz im Interesse des Galenus, die Wahrheit über die Zentauren zu sagen, ihre Existenz zu leugnen, wenn er seinen Vorteil weniger im Gewinn neuer Schüler als im Sieg seiner persönlichen Ideen bei seinen Schülern sah. Denn von Augenblick zu Augenblick verfolgen die Forscher andere Kriegsziele und haben andere Strategien; das trifft auf uns alle zu, selbst wenn wir unsere Eifersüchteleien für heilige Entrüstung halten und eine sehr hohe Meinung von unserer ethischen und wissenschaftlichen Interesselosigkeit haben, und unsere Schüler mit uns. Wir führen Krieg um das, was Jean-Claude Passeron die Teilung des symbolischen Beefsteaks nennt, und unsere Strategien sind ebenso mannigfaltig wie die der Nationen und Parteien; seine Positionen beibehalten, eine Liga für gegenseitigen Beistand, eine Liga zu Eroberungszwecken gründen, herrschen ohne zu regieren, die *Pax Romana* stiften, sich ein Königreich erobern, sein Gehege verteidigen, jungfräuliches Land suchen, eine Monroe-Doktrin aufstellen, ein Netz aus *public relations* knüpfen, um eine Gruppe wechselseitigen Beistands zu kontrollieren . . .

Aber weil sich diese Politik der Ideen oft selber unbekannt bleibt, verinnerlicht sie sich; so fällt es zum Beispiel schwer, nicht doch ein wenig an die fremden Dogmen zu glauben, mit denen man ein offensives oder defensives Bündnis eingegangen ist. Denn was man glaubt, stimmt man mit dem ab, was man sagt. So daß man am Ende nicht mehr weiß, was man wirklich denkt. In dem Augenblick also, als sich Galenus auf den Glauben des Volkes an die Zentauren berief, mußte er sich mangels Zynismus in einem Strudel vornehmer und nachsichtiger Schönrednerei verfangen haben und nicht mehr allzu genau gewußt haben, was er darüber dachte. So entstehen die Modalitäten des schwankenden Glaubens, jener Fähigkeit, gleichzeitig an unvereinbare Wahrheiten zu glauben, wodurch die Epochen der geistigen Verwirrung gekennzeichnet sind: die Balkanisierung des symbolischen Feldes spiegelt sich in jedem Gehirn wider. Dieser Konfusionismus entspricht einer Bündnispolitik zwischen Sekten. Was die Mythen angeht, so haben die Griechen tausend Jahre lang in diesem Zustand gelebt. Von dem Moment an, wo man Überzeugung und Zustimmung finden will, muß man fremde Ideen, falls sie Macht haben, respektieren, und man muß ein wenig über sie nachdenken. Nun wissen wir aber, daß die Gelehrten die Vorstellungen des Volkes über die Mythen respektierten und sich selbst zwischen zwei Prinzipien aufgeteilt hatten: zwischen der Ablehnung des Wunderbaren und der Überzeugung, daß in den Legenden ein wahrer Kern stecke; daher ihr konfuses Bewußtsein.

Aristoteles oder Polybios, die beide so mißtrauisch gegenüber den Fabeln waren, haben nicht aus Konformismus oder politischem Kalkül an die Geschichtlichkeit des Theseus und des Äol, des Königs der Winde, geglaubt; sie haben auch nicht versucht, die Mythen abzuwerten, sondern nur, sie zu verbessern. Warum verbessern? Weil alles, was nicht hier und jetzt existiert, nicht wert ist, daß man an es glaubt. Warum aber lehnten sie dann nicht die Mythen in ihrer Gesamtheit ab? Weil die Griechen niemals angenommen haben, daß das Fabulieren aus reinen Lügen bestehen könnte; die antike Problematik des Mythos wird, wie wir noch sehen werden, von zwei Dogmen eingegrenzt, die keine Bewußtheit – weil sie selbstverständlich waren – über sich erlangten: niemand vermag von Anfang an oder durch und durch zu lügen, denn die Erkenntnis ist nur ein Spiegel, und der Spiegel verschmilzt mit dem, was er widerspiegelt, so daß das Medium nicht mehr von der Botschaft unterschieden werden kann.

## Im Rahmen dieser Soziologie ein implizites Wahrheitsprogramm

Die Machtverhältnisse, ob symbolisch oder nicht, sind nicht unveränderbar; sie haben ohne Zweifel den arbiträren Charakter analogischer Formationen, aber auf andere Art und Weise: ihr transhistorischer Anschein ist eine analogische Illusion. Ihre Soziologie ist in den Grenzen eines zufälligen und historischen Programms eingeschrieben.

Die Mythen zu kritisieren hieß nicht, ihre Falschheit zu beweisen, sondern vielmehr, ihren wahren Kern wiederzuentdecken. Denn diese Wahrheit war mit Lügen zugeschüttet worden. »Zu allen Zeiten hat es sich so verhalten, daß die Gebäude der Fiktionen, die man auf einem wahren Grund errichtete, die Leute davon abhielt, an die Tatsachen zu glauben, die sich früher ereignet haben oder die selbst heute noch geschehen; diejenigen, die es lieben, Mythifikationen zu hören, werden gleichfalls ihre eigenen Hirngespinste hinzufügen; indem sie die Wahrheit aber so mit Lügen vermischen, schaden sie dieser.«[94] Aber woher kommen diese Lügen, und wozu dienen sie? Das ist etwas, was sich die Griechen nicht oft gefragt haben, weil ja an einer Lüge nichts Positives war: sie ist ein Nicht-Sein und weiter nichts. Sie fragten sich weniger, warum einige gelogen hatten, als vielmehr, warum andere geglaubt hatten; erst bei den Modernen, von Fontenelle bis Cassirer, Bergson und Lévi-Strauss, wird das Problem des Mythos zum Problem seiner Genese. Für die Griechen bot diese Genese keine Schwierigkeit: In ihrem Kern sind die Mythen authentische historische Überlieferungen; denn wie könnte man über etwas sprechen, was es nicht gibt? Man kann die Wahrheit verändern, aber von nichts zu sprechen, ist unmöglich. Was diesen Punkt angeht, so fragen sich die Modernen eher, ob man über nichts sprechen kann, ohne irgendein Interesse zu verfolgen; selbst Bergson[95], der der Idee des interesselosen Fabulierens ihre ganze Tragweite beigemessen hat, geht zunächst davon aus, daß das Fabulieren zuallererst eine vitale Funktion hat: nur wird diese Funktion gestört und läuft oft ins Leere. Ohne allen Zweifel war Fontenelle der erste, der es gesagt hat[96]: die Fabeln haben keinen wahren Kern und sind nicht einmal

Allegorien: »Laßt uns also in den Fabeln nichts anderes suchen als die Geschichte der Irrtümer des menschlichen Geistes.«

Die Griechen suchten eine Wahrheit hinter den Lügen; sie fragten sich, an wem der Fehler lag: an der Einfalt, der Naivität, an der *Euetheia*[97], wie das dafür gebräuchliche Wort hieß. Aus Einfalt schenkt man dem, was »sich an Falschem dem historischen Kern beimischt«[98], Glauben, und diese falschen Vorstellungen, die sich mit dem Mythos vermengt haben, heißen *Mythôdes*.[99] Die Einfalt ist in Wahrheit für die Lügen verantwortlich: es gäbe weniger Geschichtenerfinder, wenn es weniger Naive gäbe.[100] Die *antiqua credulitas* macht verständlich, warum die Mehrzahl der Mythen auf frühere Zeiten zurückgeht.[101] Der Mythos ist Überlieferung wahrer Tatsachen unter Hinzufügung von Legenden, die sich mit der Zeit vermehren: je älter eine Überlieferung ist, um so mehr wird sie von *Mythôdes* verstellt und um so unglaubwürdiger wird sie.[102]

Im Gegensatz dazu wird bei den Modernen der Mythos zum Bericht eines bedeutenden Ereignisses, daher auch sein legendärer Aspekt. Dieses Ereignis wird nicht so sehr durch zufällig hinzugefügte Elemente verändert, als durch seine epische Vergrößerung; denn die Seele des Volkes macht die großen Taten der Nation noch größer; die Legende hat ihren Ursprung im Genius der Völker, der sich der Fabel bedient, wenn er sagen will, was wirklich wahr ist; am wahrsten ist in den Legenden genau das, was am wunderbarsten ist: darin äußert sich die Rührung der Volksseele. Zu Recht oder zu Unrecht glauben Alte und Moderne an die Geschichtlichkeit des trojanischen Krieges, aber aus entgegengesetzten Gründen; wir glauben wegen seines Wunderbaren daran, sie glaubten trotz seines Wunderbaren daran. Für die Griechen hat der trojanische Krieg stattgefunden, weil ein Krieg nichts Wunderbares an sich hat: Wenn man von Homer das Wunderbare abzieht, bleibt dieser Krieg übrig. Für die Modernen ist der trojanische Krieg wahr wegen des Wunderbaren, womit ihn Homer ausstattet: Nur ein authentisches Ereignis, das die Seele der Nation aufgewühlt hat, gebiert das Epos und die Legende.

Für die Griechen ist eine mythische Überlieferung *trotz* ihres Wunderbaren wahr; Origines formuliert das sehr treffend[103]: die historischen Ereignisse können nicht als Gegenstand eines Beweises dienen, selbst dann nicht, wenn sie authentisch sind; z. B.

wäre unmöglich der Nachweis zu führen, daß der trojanische Krieg wirklich stattgefunden hat, wenn irgend jemand dies leugnete, weil der Bericht über diesen Krieg Unwahrscheinlichkeiten enthält wie die, daß Achilles Sohn einer Göttin war, Äneas Sohn der Aphrodite und Sarpedon ein Sohn des Zeus; der Beweis fiele noch schwerer, weil wir behindert würden durch »all die mythischen Erfindungen, die unentwirrbar mit dem allgemeinverbreiteten Glauben, es habe tatsächlich einen trojanische Krieg gegeben, vermengt sind«; setzen wir außerdem voraus, fährt Origines fort, daß jemand sich »weigere, an Ödipus, Iokaste, Eteokles und Polyneikes zu glauben, weil diese Geschichte mit der Sphinx, jenem halbmenschlichen Ungeheuer, vermischt worden ist: von da an wäre jeder Beweis unmöglich; dasselbe wird man von den Epigonen sagen, auch wenn ihre Geschichte kein fiktives Element enthält, dasselbe auch über die Rückkehr der Herakliden und über tausend andere Geschichten«. Also haben die Mythen einen wahren Kern, und wenn die Geschichtlichkeit der Kriege um Troja und Theben, die von jedermann anerkannt wurde, nicht beweisbar ist, dann deshalb, weil überhaupt kein Ereignis bewiesen werden kann.

Wenn der Mythos indessen neben Falschem auch Wahres enthält, dann ist es nicht so dringlich, die Psychologie des Geschichtenerzählers zu erklären, als zu lernen, sich vor dem Falschen in acht zu nehmen: Das Opfer ist interessanter als der Täter; die Griechen haben immer gedacht, daß die Wissenschaften vom Menschen eher normativ als deskriptiv seien, oder besser, sie haben nicht einmal daran gedacht, einen Unterschied zu machen[104]: ihrer Meinung nach lag das Ziel einer Wissenschaft vom Mythos nicht darin, den Irrtum zu verstehen, sondern zu lernen, wie man ihn vermeidet. Anstatt sich zu fragen, ob der Mythos den Ritus erklärt, ob er durch seine Struktur die des menschlichen Geistes enthüllt, ob er ein funktionelles oder verrückt gewordenes Dichten ist etc., ist es nützlicher, Denkpolizist zu spielen: man wird die Naivität der Menschen denunzieren und die Spreu vom Weizen trennen.

Und wenn die Polizei schon einmal da ist, eilt es nicht so sehr, die Motive des Fälschers zu verstehen, als vielmehr seine Identität festzustellen. Wer ist der Verfasser der Mythologie? Wer hat diese Menge unwahrscheinlicher, schlimmer noch, unanständiger Legenden erfunden, woraus die Ammenkinder falsche Vorstellungen von den Göttern saugen? Wer hat den Göttern ein Benehmen angedichtet, das ihrer Heiligkeit so wenig würdig ist? Nun ja, allzuviel wußte man darüber nicht: den Namen des Erfinders der Mythologie kannte man nicht; weil jedoch ein Schuldiger gefunden werden mußte, so fand man ihn in Homer, Hesiod und anderen Dichtern[105], »denn diese sind es, darüber besteht kein Zweifel, von denen die Menschen die Lügengeschichten haben«: zumindest einige Mythen haben sie geprägt. Und wer hat denn die Lügen erfunden, wenn nicht die Fachleute der lügnerischen Erfindung? Selbst wenn diese Erfindungen einen höheren allegorischen Sinn besäßen, so wären sie pädagogisch deshalb nicht weniger gefährlich. Genau deswegen jagt man dann Homer aus der Stadt[106]; wie man sieht, ist Homer hier nicht der Dichter, den wir kennen: er ist nicht der Verfasser der *Ilias*, sondern man verdächtigt ihn, der Verfasser der gesamten Mythologie zu sein. Platon regelt nicht das Verhältnis von Staat und schöner Literatur, sondern das von Staat und kollektivem Bewußtsein; seine Position erklärt sich nicht aus der griechischen Vorstellung, daß jeder Dichter Mythen prägt, sondern aus der Vorstellung, daß alle Mythen von Dichtern erfunden worden sind.[107]

Rationalistisch, mehr noch als rationalistisch: Darf man allen Ernstes glauben, die Dichter hätten die Mythologie zum Spaß erfunden? Sollte es möglich sein, daß die Einbildungskraft wirklich so belanglos wäre? Es ist nicht genug, wenn man mit Platon sagt, die Mythen hätten einen erzieherischen Wert, sofern man die richtigen auswählt: Strabon[108] meint, jeder Mythos verfolge eine belehrende Absicht, und der Dichter habe nicht zu Unterhaltungszwecken die Odyssee geschrieben, sondern um Geographie zu unterrichten. Auf die rationalistische Verurteilung des Imaginären als etwas Falsches antwortet die Apologie des mit einer verborgenen Vernunft übereinstimmenden Imaginären. Denn lügen konnte man ja nicht.

Es ist also unmöglich, daß ein Mythos ganz mythisch wäre. Die Griechen konnten die Fabeln in Einzelheiten kritisieren, aber sie konnten sie nicht vernachlässigen. Der einzige Streitpunkt lag darin zu entscheiden, ob die Mythologie nur in Teilen wahr sei oder in ihrer Gesamtheit. Die Reisen des Ulysses sind eine Lehrstunde in Geographie, in der alles mit der Wahrheit übereinstimmt; und die Legende der Minerva, die dem Kopf des Jupiter entsprungen ist, ist nach Chrysippos ein Beweis dafür, daß die

Sprache alle Fertigkeiten hervorbringt und ihr Sitz der Kopf ist. Der Mythos ist wahrhaftig, aber im bildlichen Sinn; er ist keine mit Lügen vermengte historische Wahrheit; er ist hohe philosophische Lehre und durch und durch wahr, jedoch nur unter der Bedingung, daß man ihn nicht buchstäblich auffaßt, sondern in ihm eine Allegorie sieht. Folglich gibt es zwei Schulen: die Kritik der Legenden durch die Historiker und die allegorische Interpretation der Legenden durch die Mehrzahl der Philosophen, darunter die Stoiker[109]; herauskommen wird dabei die allegorische Interpretation der Bibel, der ein fünfzehnhundert Jahre dauernder Triumph bestimmt sein wird.

Der Grund für den stoischen Allegorismus war derselbe wie für den biblischen Allegorismus: der in Frage kommende Text galt als eine wirkliche Autorität; alles, was Homer oder die anderen Dichter gesagt hatten, war Beweis. Dieser Aspekt des griechischen Denkens bedarf einer näheren Erörterung. Um etwas zu beweisen oder jemanden von einer gewissen Wahrheit zu überzeugen, standen einem Denker drei Wege zur Verfügung: eine sogenannte strenge Beweisführung entwickeln, das Herz des Hörers durch die Rhetorik erreichen, sich auf die Autorität Homers oder eines anderen antiken Dichters berufen. Die Stoiker, schreibt Galenus[110] in gereiztem Ton, sind Virtuosen in Fragen der Logik, aber sobald es darum geht, die Logik praktisch auf ein gegebenes Problem anzuwenden, taugen sie nichts mehr und flüchten sich in die leerste aller möglichen Argumentationsweisen: sie häufen Zitate der Dichter, als seien es Beweise.

Strenge Beweisführung? Als eifriger Leser der *Zweiten Analytik* ist Galenus[111] nur mit der syllogistischen (er geht so weit zu sagen: geometrischen) Form der Beweisführung vertraut; ich bin mir nicht sicher, ob er seine Ansprüche in *De usu partium* eingelöst hat, worin er die Zweckgebundenheit aller Organe des menschlichen Körpers anhand der Analogie mit den von Menschen gebauten Maschinen beweist. Der Anspruch auf wissenschaftliche Strenge und sogar Deduktion nach aristotelischem Ideal reduziert sich gewöhnlich auf eine ethische Grundhaltung (man will nüchtern sein, man wird nicht irgend etwas Beliebiges sagen) und auf eine bestimmte Haltung dem anderen gegenüber: man wird Beweisführung und Überredung unterscheiden und sich weigern, nach Art der Rhetorik auf die Sensibilität des Lesers Einfluß zu nehmen. Gewiß, die Kunst der Rhetorik lieferte auch den Rednern und den Predigern allgemeine oder nicht-allgemeine, typisierte Diskurse, Argumentationsmodelle, Topoi, die sie bloß noch weiterzuentwickeln brauchten; dennoch war es der Rhetorik immer eigentümlich, den Anschein der Technik und der Kälte zurückzuweisen, um durch Mitteilung ihrer Begeisterung zu überreden, um durch Anmut oder durch mitreißende Bewegung und manchmal durch packende Spannung der Nerven zu überzeugen. Diese Kunst der Laienprediger galt als ein vollkommen legitimer Modus der Überredung, oder besser, das Publikum hing entweder diesem Modus oder dem vorhergehenden an.

Aber es existierte auch noch ein dritter Modus der Überzeugung, zumindest bei den Begründern des Stoizismus: sich auf das Zeugnis der Dichter berufen, vor allem auf das Homers. Galenus[112] ist verärgert, wenn er sieht, wie Chrysippos so oft auf wissenschaftliche Beweisführung verzichtet und lieber die Homerzitate vermehrt, so wie es die Rhetoriker tun, die, um die Richter zu beeindrucken, soviel Zeugen wie möglich vor die Schranken zitieren. So hatte Chrysippos, als er beweisen wollte, daß die lenkende Vernunft eher im Herzen als im Gehirn ihren Sitz habe, viele Seiten mit Zitaten gefüllt wie: »Da wuchs im Herzen des Achilles der Entschluß, sein Schwert zu ziehen.« Ich weiß nicht, ob man die wahre Natur dieses Beweises durch die Poesie bei den Stoikern erkannt hat; die Stoiker selbst scheinen dazu keine Theorie entwickelt zu haben; aber ihre Praxis konstituiert eine implizite Theorie.

Das Ansehen Homers[113] als Klassiker, oder genauer als nationales Erkennungszeichen des ganzen Griechentums, wie auch das Prestige der Poesie überhaupt spielen dabei keine wichtige Rolle: Chrysippos ist nicht Heidegger; außer auf Homer hat er sich noch auf eine Vielzahl anderer Dichter berufen, selbst auf Tragödiendichter, wobei er aber vergaß, daß die Tragiker ihren Personen eher das in den Mund legen, was die Rolle vorschreibt, als das, was wahr ist.[114] Und außer der Poesie beriefen sich Chrysippos und die anderen Stoiker auf die Mythen, deren allegorische Interpretation sie systematisch betrieben hatten.

Dennoch meinten sie nicht, daß Mythos und Poesie eine offenbarte Weisheit überlieferten; denn oft beriefen sie sich gleichermaßen auf Sprichwörter und auf Etymologien: Der »etymologische« Sinn war in ihren Augen der »authentische« Sinn, der »wahre« Sinn (dies ist die Bedeutung des Wortes »Etymon«);

deshalb sahen sie in der Poesie auch nicht den privilegierten Weg zur Wahrheit. Was hatten Poesie, Mythen, Etymologien und Sprichwörter gemeinsam? Waren sie eine Art Beweis auf Grund eines allgemeinen Einverständnisses? Nein, weil sonst die Prosa ebenso zwingend gewesen wäre, oder ganz einfach irgendein Satz aus dem Munde eines Passanten. War es das Alter dieser Zeugnisse? Nein, weil auch Euripides unterstützend zitiert wurde.

Die Erklärung dafür liegt meiner Meinung nach darin, daß die Poesie sich auf derselben Seite befindet wie das Wörterbuch, der Mythos und die stehenden Redewendungen: Anstatt ihre Autorität auf den Genius des Dichters zu stützen, ist sie – trotz der Existenz des Dichters – eine Art Sprechen ohne Autor; sie hat keinen Sprecher, sie ist das, was »sich sagt«; also ist es ihr auch unmöglich zu lügen, weil nur ein Sprecher dies könnte. Die Prosa hat einen Sprecher, der entweder die Wahrheit sagt oder lügt oder sich täuscht. Aber die Poesie hat ebensowenig einen Verfasser wie das Wörterbuch; sie ist dem Mythos ähnlich, und der tiefere Grund, weshalb die Griechen sagten, es gehöre zur Definition des Dichters, Mythen zu erzählen, leitet sich vielleicht weniger aus der Häufigkeit der mythologischen Anspielungen in den poetischen Werken her, als aus der Tatsache, daß Mythos und Poesie ihre Autorität aus sich selber schöpften; der Mund des Dichters tut die Wahrheit auf genauso natürliche Weise kund wie der Mund der Kinder: sie taten nichts anderes, als die Dinge selbst widerzuspiegeln. Sie gaben der Wahrheit auf genauso natürliche Weise Ausdruck, wie eine Quelle fließt, und sie hätten nicht das widerspiegeln können, was nicht existiert; so daß man vermuten darf, daß sowohl für Chrysippos als auch für Antisthenes gilt, daß nicht über das gesprochen werden kann, was nicht existiert.[115] Die Poesie ist wie ein Spiegel unbewußt und wahrhaftig, und weil sie unbewußt widerspiegelt, wurde Chrysippos nie müde, die Zeugnisse der Dichter anzuhäufen: Wenn in seinen Augen die Dichter bewußte Denker gewesen wären, die die Verantwortung für eine Lehre übernommen hätten, so hätte ein einziges Zitat ausgereicht – worauf Galenus ihn auch aufmerksam gemacht hat; aber die Dichter sagen die Wahrheit, ohne an sie zu denken: Chrysippos wird, ganz verzaubert, nicht müde, immer wieder aufzuzeigen, wie aus dem Untergrund, auf dem seine eigene Philosophie ruht, überall die Quellen der Wahrheit hervorsprudeln.

Weil die Stoiker im voraus sicher sind, daß Mythen und Poesie die

Wahrheit sagen, brauchte man sie nur noch auf die Folter zu spannen, um sie dieser Wahrheit anzupassen: die Allegorie wird dieses Prokrustesbett sein. Vor nichts werden sie zurückschrekken. Eines schönen Tages zeigte man dem Chrysippos ein Gemälde, auf welchem die schmutzige Phantasie der *Ciceroni* eine angenehme Behandlung, die man auf ehrliche Weise nicht benennen kann, erkennen wollte, die Juno dem Jupiter angedeihen ließ; Chrysippos gelang es, darin eine Allegorie der Materie zu erkennen, die die spermatische Vernunft aufsaugt, um den Kosmos zu zeugen.

Für den Philosophen war der Mythos also eine Allegorie der philosophischen Wahrheiten; für die Geschichtsschreiber war er eine leichte Deformation historischer Wahrheiten; nebenbei bemerkt, sowohl die eine als auch die andere Auffassung findet man bei Platon wieder. Doch überschlagen wir dieses Kapitel, vor dem selbst die kühnsten Kommentatoren zurückschrecken würden; bald prägt Platon seine eigenen Mythen, die sich der Idee annähern, und bald begegnen ihm auf seinem Weg, wie wir es weiter oben schon kurz angedeutet haben, einige dieser historischen griechischen Mythen, die er dann derselben Art von Kritik unterzieht wie zeitgenössische Geschichtsschreiber. Immerhin entsprach bei Platon die philosophische Allegorie, diese Halbwahrheit, zugleich der Teilhabe des Sinnlichen an der Wahrheit der Ideen wie auch der Unmöglichkeit einer strengen Theorie des Sinnlichen. Wie haben die Stoiker begründet, daß die Dichter mittels der Allegorie die Wahrheit sprachen? Um die Wahrheit in einem Rätsel zu zeigen und zugleich zu verbergen? Wegen irgendeiner altertümlichen Einfältigkeit? Vielleicht haben diese Denker überhaupt nicht an diese Frage gedacht: für die Griechen verschwindet das Medium hinter der Botschaft.

Allegorien oder wenig veränderte Überlieferungen, im allgemeinen schenkte man den Mythen Glauben, so daß selbst ein Aristoteles[116], der sonst kaum dazu neigt, sich mit leichtfertiger Kritik abzugeben, es mitten in der *Metaphysik* für angemessen hält, in einem Ton beißender Ironie die Legenden über Nektar und Ambrosia, die Elixiere der Unsterblichkeit, zu erörtern. Selbst diejenigen, die den Mythen mißtrauten, wagten es nicht, sie in ihrem Kern in Frage zu stellen, daher auch ihre Verlegenheit; deshalb sieht es oft so aus, als glaubten sie nur zur Hälfte an die Legenden, oder glaubten daran zu glauben ... Aber gibt es so etwas wie partielle Modalitäten des Glaubens? Schwankten sie nicht eher zwischen zwei Wahrheitsprogrammen? Es war nicht ihr Glaube, der geteilt war, sondern der Mythos, der in ihren Augen halb verdorben war, denn er war von zwei Wahrheiten abhängig: eine Kritik des Unwahrscheinlichen oder des Unwürdigen, die den Inhalt betraf, und ein Rationalismus der Einbildungskraft, nach dem es unmöglich war, daß das Beinhaltende nichts enthielt und man ins Leere phantasierte. Der Mythos vermengte also immer das Wahre mit dem Falschen; die Lüge hatte den Zweck, die Wahrheit[117] auszuschmücken, um sie mundgerechter zu machen, oder aber sie sprach die Wahrheit durch Rätsel und Allegorie aus, oder sie hatte sich auf dem wahren Kern abgelagert. Aber von Anfang an zu lügen, das war unmöglich. Der Mythos wird entweder irgendeine nützliche Lehre überliefern, eine physikalische oder theologische Doktrin unter dem Schleier der Allegorie[118], oder die Erinnerung an Ereignisse aus einer längst vergangenen Zeit. Wie Plutarch[119] sagt, sind Wahrheit und Mythos aufeinander bezogen wie Sonne und Regenbogen, der das Licht in einer gebrochenen Vielfalt verflüchtigt.

Was uns an dieser Sache interessiert, ist der Mythos als historische Überlieferung. Denn weil die Form des Mythos selbst nie in Frage gestellt wurde, hat sich die antike Kritik nach ihrem Inhalt unterschieden: von den mythischen Göttern eine frommere Lesart geben, die Heroen in historische Gestalten verwandeln. Denn tatsächlich überliefern uns die Legenden Anekdoten und Berichte über die großen Gestalten der heroischen Zeit; sie sind ebenfalls Quellen der Geschichte – und was ist die Geschichte? Sie ist die Politik von früher. Man wird also dem Mythos eine politische Richtung geben. Die Griechen werden nicht die letzten sein, die dies tun, und Machiavelli wird es ebenso halten: Moses ist in seinen Augen ein Fürst gewesen, der einen Thron zu erobern hatte, was ihn weitaus verdienter als die macht, die nur die Mühe hatten, eine Erbschaft anzutreten: Dieses Verdienst hat er jedoch mit Kyros, Romulus und Theseus gemeinsam, die auch die Macht eroberten, und »wenngleich man sich über Moses kein Urteil erlauben darf, da er nur vollführt hat, was Gott ihm auftrug«, so wird man dennoch eingestehen müssen, daß seine Methoden »nicht sehr verschieden scheinen« von denen anderer Fürsten; »jeder, der die Bibel mit seinem gesunden Menschenverstand liest, wird sehen, daß Moses, um die Befolgung der Gesetzestafeln zu gewährleisten, gezwungen war, eine große Zahl von Menschen zu töten«. Es hätte nicht der Bibel bedurft, damit Machiavelli diese politische Lesart des Moses liefern konnte; es hätte ausgereicht, die *Jüdischen Altertümer* des Flavius Josephus zu lesen, der dem Moses dieselbe Behandlung angedeihen läßt wie schon Thukydides oder Aristoteles dem Theseus oder Minos.[120] Und dies wahrscheinlich mit demselben heimlichen Gefühl, daß man sich keine kindischen Vorstellungen über die Fürsten machen sollte: Die bedeutende und erhabene Angelegenheit, die man Politik nennt, ist nichts für naive Gemüter. Nun ist aber nichts so einfältig wie die Legende; sie betrachtet die Fürsten mit Kinderaugen; da gibt es nur Liebschaften mit den Göttern, außergewöhnliche Heldentaten und Wunder, wie geschaffen, um alte Weiber zu verzücken. Wie kann man dem Text der ältesten Geschichte seinen politischen Ernst zurückerstatten?

Der Zufall will es, daß diese Sache möglich ist; denn wenn die unwahrscheinlichen Kindereien ganz offensichtlich falsch sind, so ist andererseits das Falsche nur das Wahre, das entstellt worden ist. Also ist es möglich, den wahren Text der Geschichte wieder zu erstellen, und wie wir gesehen haben, haben Polybios und Aristoteles den ursprünglichen Sinn des Äol oder des Minotaurus wiedergefunden; doch der größte Meister der Korrekturen ist Palaiphatos gewesen. Seine Prinzipien sind sehr gesund: wenn sie nicht gebildet sind, glauben die Menschen alles, was man ihnen erzählt, nur die Weisen glauben an gar nichts; darin aber haben sie unrecht, denn alles, worüber man spricht, hat auch existiert (wie sonst könnte man darüber reden?); doch muß man sicher der Regel folgen, daß nur möglich ist, was heute noch existiert.[121]

Um vom Mythos zur Geschichte zu gelangen, wird es vollauf genügen, die Irrtümer richtigzustellen, die oft nichts weiter sind als einfache Wortverwechslungen. Zentauren, von denen die Dichter sprachen, sind unmöglich, denn hätten diese hybriden Wesen existiert, so gäbe es sie noch heute; ein kurzes Nachdenken zeigt, woher die Legende stammt: um die wilden Stiere zu töten, hat sich jemand ausgedacht, aufs Pferd zu steigen und sie mit dem Wurfspeer *(Kento)* zu durchbohren. Auch Dädalus stellte keine lebenden und sich bewegenden Statuen her, doch hat er einen Stil gehabt, der leichter und lebendiger als der seiner Rivalen war. Pelops hat nie geflügelte Pferde besessen, aber er hatte ein Schiff, auf das geflügelte Pferde gemalt waren. So stellen wir fest, daß Palaiphatos nicht einen Augenblick die Geschichtlichkeit des Dädalus, des Pelops und auch nicht die des Äol (den er wie Polybios erklärt) in Frage stellt. Er gibt auch zu, daß in jenen weit zurückliegenden Zeiten die Götter sich unter die Menschen mischten; Athene und Apollo legten Hand an bei der Folter des Marsyas, und Apollo hat Hyazinth wirklich geliebt; doch kindisch wäre es zu glauben, der Gott habe den Namen seines Lieblings auf die Blütenblätter einer Blume geschrieben. Die Wahrheit ist, daß Apollo nichts weiter tat, als dieser Blume den Namen des schönen Jünglings zu geben.

Man sieht, wie weit Palaiphatos den optimistischen Rationalismus treibt; der Text der Wahrheit ist nicht unwiderruflich verloren, und zwar aus folgendem Grund: unmöglich wäre es, *ex nihilo* zu lügen, man kann nur die Wahrheit entstellen. Dieser Gedanke des Palaiphatos verliert seine Absonderlichkeit, wenn man bedenkt, daß ihm eben diese den Griechen so teure Vorstellung zugrunde liegt, wie auch jene, daß das Problem, den ursprünglichen Text wiederzufinden, ziemlich eng definiert ist, weil es viele Irrtümer gibt, aber nur eine wahre Bedeutung.

Und wie soll man diese wahre Bedeutung wiederfinden? Indem man gegen den Strom schwimmt. Es existiert nämlich tatsächlich bei den Menschen eine Neigung zur Entstellung, die über alle Hindernisse hinweggeht, die die Beziehungen zwischen den Wörtern und den Dingen konstituieren; sie nehmen ein Wort für eine Sache, ein Wort für ein anderes, ein Gemälde für die Realität, eine Sache für eine Idee. Erst angesichts der Mythenkritik, wie sie seit Hekate praktiziert wurde, sieht man, wie originell Palaiphatos ist: Für ihn hat der Mythos keine fremden Hinzufügungen erhalten, sondern Veränderungen erfahren. Deshalb auch ist Palaiphatos der einzige, der weiterhin die Intervention der Götter gelten läßt: Er mißt die mythische Vergangenheit nicht an der gegenwärtigen Realität, in der die Götter nicht mehr eingreifen, sondern er untersucht den Mythos an sich und findet ihn durch Sinnentstellungen oder durch unfreiwillige Kalauer karikiert. Anstatt ihm das Übernatürliche zu nehmen, berichtigt er die semiologischen Deformationen.

Der Mythos ist eine Kopie der Vergangenheit, und diese Kopie zeichnet sich weniger durch Interpolationen als durch Veränderungen aus. Palaiphatos ist nicht der Meinung, daß der Mythos als Vehikel der Geschichte Erinnerungen an Könige, Gründerväter und Seeherren überliefere; so sind auch die einzigen Mythen, die er kritisiert, private Anekdoten, vermischte Nachrichten von einst, die durch semiotische Verzerrungen fälschlicherweise wunderbar erscheinen: ein Kalauer bringt einen Mythos zur Welt. So reduzierte Palaiphatos die Legende der Pandora (dabei ist nicht wichtig, wie er das tut) auf die Anekdote einer reichen Dame, die es liebte, sich zu schminken.

Nachrichten aus aller Welt, deren Erinnerung sich bis heute bewahrt hat, auf Grund des Wunderbaren, das sich auf ihnen abgelagert hat. Aber das sagen wir, das sagten nicht die Griechen; die Griechen haben sich nie die Frage gestellt, wie und warum die Traditionen überliefert wurden. Sie waren da: mehr brauchten sie nicht. Die Griechen sind keinen Augenblick lang erstaunt, daß der Widerschein der Vergangenheit unter ihnen weilt; Mythen sammeln sie überall. Und wie sind diese Meteoriten bis zu ihnen gelangt? Darüber denken sie nicht nach; sie sehen nicht das Medium und nehmen nur die Botschaft wahr. Und wundern sich auch nicht, daß die Vergangenheit eine Erinnerung hinterlassen hat; denn es versteht sich von selbst, daß jedes Ding seinen Widerschein hat wie jeder Körper seinen Schatten. Die Erklärung des Mythos ist die historische Wirklichkeit, die er widerspiegelt, denn eine Kopie erklärt sich durch ihre Vorlage. Sie fragen sich nicht, wie diese Spiegelungen so viele Jahrhunderte haben durchqueren können, auf welchen Wegen und mit welchen Absichten. Ebenso erklären sich im *Kratylos* die Worte durch die Dinge, die sie schildern; die Zeit ist darauf beschränkt, die Worte zu verändern, und diese Veränderungen haben kaum verdient, daß man sie Geschichte nennt: sie gehorchen keinen phonetischen Gesetzen, sie sind zufällig und unwesentlich; sie weisen keinerlei Regelmäßigkeiten auf und sind ohne alle Bedeutung. Auch wird man kaum annehmen, daß der Mythos die Wahrheit aus positiven Gründen, zu Zwecken der Begeisterung und der nationalen Rührung, verzerrt hat; der Grund für diese Veränderungen ist ausschließlich negativ, er liegt im Fehlen eines kritischen Verstandes. Die Griechen haben nie so etwas gehabt wie eine Wissenschaft vom Mythos, sondern lediglich eine Wissenschaft der Geschichte, die durch die Mythen überliefert wurde.

Denn der Modus der Überlieferung zählt nicht; das Sprechen ist nur ein Spiegel: unter Sprache verstanden die Griechen den Mythos, das Lexikon, oder besser die Etymologie, die Poesie, die

Sprichwörter, kurz alles, was »sich sagt« und von ganz allein spricht (weil wir nichts anderes tun als zu wiederholen). Wenn dem so ist, wie könnte dann die Sprache von nichts sprechen? Wir wissen, was für ein gewichtiges Problem das Nichts für die griechische Philosophie bis zu Platon war: dies ist ein anderes Symptom jenes »Diskurses« des Spiegels, den wir eben im Problem des Mythos wiedergefunden haben. Um sich zu täuschen, zu lügen oder ins Leere zu reden, muß man von dem sprechen, was nicht ist; das, was nicht ist, muß also sein, damit man darüber sprechen kann, aber was für ein Nichts ist das, das nicht nichts ist? Platon entschloß sich, das Kap zu umschiffen, »unseren Vater Parmenides« zu töten und in einem Gewaltstreich, der ebenso entscheidend war wie der, durch den die griechischen Mathematiker die Existenz nicht-zählbarer Zahlen (jene berühmten Irrationalen) anerkannten, zuzugeben, daß das Nicht-Sein ist. Wir wundern uns, warum man sich so große Mühe hat machen müssen; doch wenn die Sprache ein Spiegel ist, wird die Schwierigkeit verständlich: Wie könnte ein Spiegel einen Gegenstand spiegeln, der nicht ist? Etwas widerzuspiegeln, was nicht da ist, läuft darauf hinaus, nicht widerzuspiegeln; umgekehrt, wenn der Spiegel einen Gegenstand widerspiegelt, dann muß der Gegenstand existieren: also kann der Mythos nicht von nichts reden. Woraus folgt: schon im voraus können wir sicher sein, daß noch der einfältigste Mythos einen wahren Kern hat; und wenn wir uns mit Palaiphatos fragen, wo die Irrtümer, die man in ihm entdeckt, denn eigentlich herstammen, so werden wir feststellen, daß die Irrtümer nur schlichte Reproduktionsfehler sind: das Original war authentisch, aber indem es gespiegelt wurde, hat man ein Wort für das andere genommen, ein Ding für ein Wort usw. . .

Das Nichts widerspiegeln heißt, nicht widerspiegeln; den Nebel widerspiegeln heißt gleichfalls, alles unklar und verwirrend widerspiegeln: Wenn der Gegenstand verschwommen ist, ist der Spiegel es auch. Die Stufen des Wissens sind also denen des Seins parallel; der ganze Platonismus steckt darin. Der junge Aristoteles wird sich noch in folgendes Problem verstricken: das Prinzip, nach dem alles vergänglich ist, muß also selbst vergänglich sein; aber wenn dieses Prinzip zugrunde geht, dann hören die Dinge auf, zugrunde zu gehen . . . Was man über die Dinge sagt, teilt das Schicksal der Dinge; eine Wissenschaft der Verwirrung wäre also selber verwirrte Wissenschaft, eine arme Wissenschaft der

Mutmaßungen. Dagegen wird eine Wissenschaft vornehm sein, wenn die Dinge, die sie widerspiegelt, selbst erhaben sind.

»Was die Mythen anbetrifft«, schreibt Platon, »da wir nicht wissen, wie sich die alten Begebenheiten in Wahrheit verhalten, bilden wir die Unwahrheit der Wahrheit so genau als möglich nach.«[122] Platon meint das nicht ironisch; die Unwahrheit, wir wissen es schon, ist nur Ungenauigkeit, also stellen wir diese ungenaue Tradition richtig, und wir werden das wiederfinden, was die Wahrheit zu sein scheint; modern ausgedrückt, wir formulieren wahrscheinliche historische Hypothesen. Ihrem mythischen Zeitalter gegenüber hatten die Griechen zwei Einstellungen: die Einfalt, die glauben will, um sich verzaubern zu lassen, und jenes nüchterne Regime permanenten Aufschubs, das man wissenschaftliche Hypothese nennt; aber niemals mehr haben sie jene ruhige Gewißheit wiedergewonnen, mit der sie, sobald es sich um die eigentlich historische Epoche handelte, den Historikern, ihren Vorläufern, die sie wiederholen, aufs Wort glauben. So gut es eben ging, versuchten sie, dem Zustand wissenschaftlichen Zweifelns, den sie gegenüber dem Mythos beibehielten, Ausdruck zu geben, indem sie sagten, daß die heroische Epoche zu weit zurückliege, als daß man ihre Umrisse noch in voller Gewißheit erkennen könne.[123]

## Wie kann man dem Mythos seine ätiologische Wahrheit wiedergeben?

Um den Mythos zu reinigen und ihn zu einer ausschließlich historischen Überlieferung zu machen, reicht es aus, all das, wovon sich nichts Gleichwertiges in unserer Epoche feststellen läßt, zu eliminieren: »Gegenüber den *Mythôdes* bin ich sehr ungläubig, und zwar, weil ich noch nie jemanden gesehen habe, der es mit seinen eigenen Augen bestätigen könnte; der eine sagt, ein anderer habe es ihm erzählt, der zweite, daß er dieser Meinung sei, und der dritte vergißt alles, sobald ein Dichter zu reden anfängt.«[124] Halten wir uns also an die Realitäten von heute, die ausreichend belegt sind. Ihr sagt mir, daß Herkules, der ein Sterblicher war, zum Gott wurde? »So tut mir also auch den Gefallen, und erklärt mir, wie etwas, das früher möglich war, heute nicht mehr möglich ist.«[125] Die heutigen Dinge sind das Maß für das, was natürlicherweise möglich ist. »Man sagt, daß die Heroen zehn Ellen groß waren; dies ist eine bezaubernde Mythologie, aber sie ist lügnerisch und unglaubwürdig, wenn man die Natur betrachtet, deren Maß die Menschen von heute sind.«[126] Um den Mythos auf die Geschichte zurückzuführen, sind zwei Operationen notwendig; Palaiphatos hat sich damit zufriedengegeben, die Überlieferungen um das zu bereinigen, was darin physisch und unglaubwürdig war: bleibt allein übrig, das herauszustreichen, was historisch unmöglich ist, wie die Koexistenz von Göttern und Sterblichen; denn in unserem historischen Zeitalter haben die Götter sich weit von den Menschen zurückgezogen. Die stürmische Entwicklung des Pausanias, aus dem wir die meisten unserer Beispiele nehmen werden, spielt sich zwischen diesen beiden Operationen ab.

Die Natur, sagen die Epikureer, hat wenn auch keine Gesetze, die diese oder jene Sache zwingend machten, so doch Verpflichtungen oder *Foedera,* die ihr gewisse Dinge untersagen, darunter ganz besonders, die Grenzen zwischen den lebenden Arten zu verwischen. Also kann es in ihnen auch keine Metamorphosen geben; man erzählt, daß an den Ufern des Po ein Musiker König des Landes wurde und daß nach seinem Tode der Wille Apollos ihn in einen Schwan verwandelte. »Was mich betrifft«, schreibt

Pausanias[127], »so glaube ich in der Tat, daß ein Musiker König dieses Landes war; aber daß ein Mensch zum Vogel werde, dies ist in meinen Augen gar nicht glaubwürdig.« Monster kann es erst recht nicht geben. Was soll man mit dem Zerberus anfangen? Auf dem Tenea zeigte man die Grotte, durch welche Herakles den Höllenhund auf die Erde zurückgebracht hatte; unglücklicherweise, sagt Pausanias, »gibt es in dieser Höhle keinen Weg, der unter die Erde führte, und glauben soll man auch nicht, daß die Götter eine Art unterirdische Behausung hätten, wo sie die Seelen aufbewahrten«. Es ist Hekataios von Milet, der eine »wahrscheinliche Erklärung« fand: der »Hund« aus der Hölle war in Wirklichkeit eine Riesenschlange, deren Gift tödlich war und die von Herakles getötet wurde.[128] Die Gelehrten glaubten nicht an Ungeheuer, Pferdezentauren, Schimären und Scylla[129], und Lukrez[130] hat diesen Skeptizismus mit Hilfe der epikureischen Physik bekräftigt. Und deshalb glaubte auch niemand mehr an die Gigantomachie; daß die Götter schlangenfüßige Riesen bekämpft haben sollen, ist eine Vorstellung, die ihrer Majestät nicht würdig und biologisch unmöglich ist.[131]

Pausanias ist ein neuer Palaiphatos. Aber er ist nicht nur das; Homer, der die Götter zeigte, wie sie sich im heroischen Zeitalter unter die Menschen gemischt hatten, gab stillschweigend zu, daß sie es seitdem nicht mehr tun. Aber weil die Geschichte von einst der Geschichte von heute gleicht, dürfen sie es auch damals im heroischen Zeitalter nicht getan haben. Ein historischer Mythos wird ein Mythos ohne Götter sein. Es war im goldenen Zeitalter, als die Götter, die Menschen und die wilden Tiere vertraulich miteinander Umgang hatten; aber seitdem die Welt wirklich geworden ist, halten sich die Götter verborgen; eine Kommunikation ist nicht mehr möglich[132]: »Leider«, schließt Pausanias, »werden heute die Menschen, deren Verderbtheit so gewachsen ist, nicht mehr in Götter verwandelt, es sei denn in der eitlen Rhetorik, mit der man dem Herrscher schmeichelt.«[133]

Von nun an konnte man mit Artemidor[134] eine Art Klassifizierung der Mythen nach ihrer kulturellen Würde vornehmen. Einige Überlieferungen sind wahrscheinlich, sowohl historisch als auch nach den Gesetzen der Natur, so daß sie wahr sind. Überlieferungen, die das Eingreifen der Götter schildern, die aber physisch plausibel bleiben, »sind im Kern nicht wahr, aber werden von der Menge im voraus für wahr gehalten«, wie z. B. »die

Berichte, die von Prometheus, Niobe und anderen Helden der Tragödie handeln«. Dafür aber haben die Legenden, die den Naturgesetzen widersprechen, wie die »Gigantomachie, jene Krieger, die aus Drachenzähnen geboren werden in Kolchis und in Theben, und andere Legenden dieser Art, ... keinerlei Rechtfertigung und sind voll Albernheiten und Ungereimtem«. Wahre, wahrscheinliche und unwahrscheinliche Mythen; in die Geschichtsschreibung finden nur die ersteren Einlaß, aber die anderen gelten in der Allgemeinbildung als zulässig: Aus ihnen kann man die Sujets der Tragödien nehmen, und man kann sie auch als rhetorische *Exempla*[135] zitieren, genauso wie sich auch die modernen Psychologen und Philosophen auf Beispiele aus Romanen berufen; diese *Exempla*, sagen Quintilian und Dion, finden zwar keinen Glauben, doch als Argumente werden sie akzeptiert. Wenn man einen falschen, aber wahrscheinlichen Mythos träumt, so rät Artemidor, den Traum in seiner direkten Bedeutung zu interpretieren; doch wenn man einen ungereimten Mythos träumt, werden alle Hoffnungen, die man hegen könnte, vergeblich sein.

Der Geschichtsschreiber jedoch ist es sich selbst schuldig, die Götter aus dem mythischen Zeitalter zu entfernen. Weder Cicero noch Titus-Livius haben geglaubt, daß Mars der Vater des Romulus gewesen sei, und auch Pausanias glaubt nicht, daß Orpheus' Mutter eine Nymphe war.[136] Deshalb behagte das, was wir den Ephemerismus nennen, so sehr den Denkern jener Zeit; es ist zwar unmöglich, an den Gott Herkules zu glauben[137], aber es ist ein Zeichen eines gesunden historischen Bewußtseins, Herkules, Bacchus und die Dioskuren für große Männer zu halten, die man aus Dankbarkeit für Götter oder Gottessöhne hielt.[138] Pausanias, der eher ein Fachmann in Sachen Mythologie als ein wirklicher Geschichtsschreiber ist, berichtet zwar meistens, ohne mit der Wimper zu zucken, den Großteil der Mythen, die man ihm erzählt, doch manchmal ist es selbst ihm zuviel, und er schließt die Intervention der Götter aus den Mythen aus. Aktaion wurde, so berichtet man, auf Veranlassung der Artemis von seinen Hunden zerfleischt, »ich jedoch glaube, daß die Hunde des Aktaion auch ohne göttliches Zutun tollwütig wurden und in ihrer Raserei ohne Unterschied jeden zerrissen, auf den sie trafen«[139]. Unser Mythograph geht also noch weiter als sein Kollege Palaiphatos. Dionysos hat nichts mit dem Tod des Triton zu tun, oder eines Tritonen oder der Tritonen überhaupt: Statt dessen sollte man eher eine andere Version der Legende glauben, nämlich die, die in Dionysos eine physikalische Allegorie sieht und den Sachverhalt damit erklärt, daß die Fischer von Tanagra Wein ins Meer geschüttet hatten, um einen Tritonen betrunken zu machen und ihn so leichter zu erlegen, weil er ihre Ufer unsicher gemacht hatte. Denn Tritonen gibt es, und Pausanias selbst ist ihnen begegnet: In Rom hat ihm der kaiserliche *procurator a mirabilibus* die Überreste eines Tritonen gezeigt, die in den fürstlichen Sammlungen aufbewahrt wurden.[140]

Das Kriterium der heutigen Dinge als Maß für alle Dinge ist ein gesundes Prinzip, verlangt aber einiges Fingerspitzengefühl in der Anwendung; Pausanias stellt vieles in Frage, nicht jedoch die Tritonen und auch nicht die Vögel des stymphalischen Sees, die man heute noch in Arabien sehen kann.[141] Tatsächlich dürfen die heutigen Dinge nicht daran gemessen werden, was wir von ihnen wissen[142]; ein gewisser Kleon aus Magnesia im Sipylosgebirge, Verfasser der *Paradoxa*, hatte schon darauf aufmerksam gemacht, daß diejenigen, die nichts gesehen haben, zu Unrecht gewisse Merkwürdigkeiten leugnen[143]; und auch Pausanias muß zugeben, daß bei den Opferfeiern zu Ehren des Eteokles und des Polyneikes die Flamme auf dem Altar, der den feindlichen Brüdern geweiht ist, sich auf wunderbare Weise in zwei Hälften teilt, und dieses Wunder wiederholt sich immer wieder, Pausanias hat es mit eigenen Augen gesehen.[144] Das Problem liegt also darin, die Grenzen der Realität zu erkennen; soll man glauben, daß Aristomenes, der Held der Messenier im Krieg gegen Sparta, nach seinem Tod an der Schlacht von Leuktra teilgenommen hat? Wenn die Chaldäer, die Inder und Platon zu Recht behaupten, die Seele sei unsterblich, so kann man diesen Mythos nur schwerlich zurückweisen.[145] Man entgegne nicht, die Seele könne wohl unsterblich sein und der besagte Mythos dennoch eine Erfindung; jeder Mythos gilt zunächst einmal als wahr, und dem Kritiker obliegt die Notwendigkeit, seine Falschheit zu beweisen, weil die Wahrheit nämlich der Natur gemäßer ist als die Lüge, auch unsere Philologen wiederholen immer wieder mit einer ein wenig konfusen Logik, daß der Wortlaut des Manuskripts für wahr zu gelten hat, solange er nicht unhaltbar ist . . .

Es handelt sich also keineswegs um eine erbauliche Geschichte, die wir hier erzählen, also die Geschichte von Vernunft versus

Mythos. Denn wie wir sehen werden, hat die Vernunft nicht gesiegt (das Problem des Mythos ist eher vergessen als gelöst worden), und es war auch keine gute Sache, für die sie sich geschlagen hat (das Prinzip der heutigen Dinge wurde zum Zufluchtsort für alle möglichen Vorurteile: in seinem Namen leugneten Epikur und Augustinus die Existenz der Antipoden), und schließlich war es auch nicht die Vernunft, die kämpfte, sondern bloß ein Wahrheitsprogramm, dessen Voraussetzungen merkwürdig genug sind, um uns zu entgleiten oder uns zu erstaunen, falls wir ihrer habhaft werden. Niemals hat man über das Wahre, das Falsche, den Mythos, den Aberglauben eine Gesamtübersicht, eine Evidenz, einen *index sui* gewinnen können. Thukydides[146] glaubte an die Orakel, Aristoteles an die Weissagung aus Träumen, Pausanias hörte auf seine Träume.[147]

Hat man einmal die Ungenauigkeiten der Überlieferung berichtigt, dann gelangt man zu authentischen Tatsachen. Die mündliche oder schriftliche mythologische Literatur muß mit ihren zahllosen, bekannten oder unbekannten Verfassern und ihren vielfältigen Varianten von nun an dem Melderegister Konkurrenz machen: Man wird von ihr verlangen, die chronologische, prosopographische und biographische Kohärenz der Geschichte zu besitzen. Wenn also in Athen ein Grabmal des Ödipus existiert, so muß diese Gegebenheit mit den übrigen abgestimmt werden: »Auf meine Fragen erfuhr ich, die Gebeine des Ödipus seien von Theben nach Athen geschafft worden, denn Homer«, der berichtet, daß Ödipus in Theben gestorben sei und dort begraben liege, »ließ mich an dem, was Sophokles über den Tod des Ödipus berichtet, Zweifel haben«.[148]

Die mythische Zeit kannte weder Tiefe noch Maß[149]: Genausogut könnte man sich fragen, ob Klein-Däumlings Abenteuer vor oder nach Aschenputtel stattgefunden hätten. Trotzdem besaßen die Heroen, diese Personen von vornehmer Geburt, einen Stammbaum; es kam auch vor, daß eine Weissagung einem Helden verkündete, daß der Fluch, der auf seiner Familie lastete, fünf oder zehn Generationen nach ihm seine Kraft verlöre.[150] Folglich konnten die Mythographen schon sehr früh eine Chronologie der mythischen Geschlechterfolge aufstellen: vorbei die Zeit, wo man nur sagen konnte: »Es war einmal ein König und eine Nymphe.« Von nun an konnte man über die triumphieren, die an den Legenden zweifelten, weil sie keine Chronologie[151] besaßen; und dank der Synchronismen[152] gelang es, die wahren von den falschen zu unterscheiden; schon Isokrates konnte Busiris von den Verleumdungen eines Redners reinwaschen, indem er bewies, daß Busiris sechs Jahrhunderte von jenem Herakles gelebt hatte, der ihn, wie behauptet wurde, wegen gewisser Verbrechen bestraft hatte.[153] Die Prosopographie wurde nicht weniger kohärent: man erörterte und zerredete die Homonymien (Pausanias behauptet, daß jener Telamon, dessen Grabmal man in Pheneos findet, nicht der Vater des Ajax sei, sondern ein Unbekannter gleichen Namens).[154] Auch mußten gewisse Ereignisse verdoppelt werden. Weil der älteste olympische Sieg, an den man sich erinnerte, auf das Jahr 776 zurückging, war man zu dem Schluß gekommen, daß dies auch das Gründungsjahr der Spiele sei; aber weil man auch wußte, daß Apollo den Hermes und den Ares im Wettkampf besiegt hatte, so mußte man sich einen allerersten olympischen Wettkampf ausdenken, der in sehr zurückliegenden Zeiten ausgetragen worden war, dann in Vergessenheit geraten war und im Jahre 776 neu begründet wurde – eine Erfindung irgendeines Geschichtsschreibers in der Art Diodors oder eines Philologen, für den die Texte die Wirklichkeit selbst sind; Strabon und Pausanias glauben ihrerseits keinen Augenblick daran[155]; sie haben von den Göttern eine nicht gar so kindische Vorstellung.

Bleibt noch, daß diese Besessenheit, streng chronologisch zu sein, signifikant ist. Die Gesetze des historischen Genres verlangten und verlangen noch heute, daß man die Ereignisse berichtet, indem man ihr Datum angibt, wenn möglich auf den Tag genau. Weshalb diese oft so überflüssige Genauigkeit? Weil die Chronologie das Auge der Geschichte ist und es ermöglicht, Hypothesen zu prüfen oder zu verwerfen? Es stimmt, daß sie das erlaubt, aber nicht deswegen mißt man ihr solchen Wert bei; die Chronologie, wie auch die Geographie und die Prosopographie, genügt sich zunächst einmal selbst in jenem Wahrheitsprogramm, in dem Raum und Zeit bekannte Größen sind, wenn man dem, was sie enthalten, Menschen, Ereignisse und Orte, einen Platz zuweisen kann. Dies ist eine der einfältigsten Auffassungen der Geschichte; wenn man ein Gemälde zu genießen vermag, ist man ein Ästhet, wenn man darüber hinaus noch das Entstehungsdatum kennt, ist man ein Kunsthistoriker: man weiß, worin die Vergangenheit des Gemäldes besteht. Aus den heroischen Genealogien leiteten die

Griechen eine historische Chronologie ab, und die mythische Zeit, die der unseren homogen geworden war, ging ihr voraus – bis zu dem schicksalhaften Jahr um 1200, dem Jahr des trojanischen Krieges, mit dem die eigentlich menschliche Geschichte beginnt.[156]

Was mußte man wissen, um die Geschichte des heroischen Zeitalters zu kennen? Genealogien: die Gründung von Patras, um eines unter hundert Beispielen zu wählen, war das Werk von Patreus, Sohn des Preugenes und Enkel des Agenor, der der Stadt den Namen gab; dieser Agenor hatte Areus zum Vater, ein Sohn des Ampys, selbst ein Sohn des Pelias, Sohn des Aigenetes, Sohn des Dereites, Sohn des Harpalos, Sohn des Amyklas, Sohn des Lakedaimon.[157] Die vollständige Kenntnis der Vergangenheit beschränkte sich auf die Kenntnis der vollständigen Liste der Könige und Archetypen, ohne dabei die sie verbindenden Verwandtschaftsverhältnisse außer acht zu lassen; so beherrschte man die Verkettungsfäden der Zeit. Überall webten lokale Dichter und Historiker an diesem Faden; der Mythos, dieses Man-Sagt ohne Verfasser, das sich mit der Wahrheit verwechselt, wurde neu interpretiert als historische oder kulturelle Erinnerung, die, angefangen bei Augenzeugen von Generation zu Generation weitergegeben wurde. Wollte man etwas über die Anfänge einer Stadt erfahren, so mußte man die Leute des Landes befragen. Der Grammatiker Apion, der wissen wollte, welches Spiel die Freier der Penelope spielten, als sie vor der Tür zum *Megaron* mit Spielmarken saßen, erkundigte sich danach bei einem Bürger Ithakas.[158] Pausanias tut dasselbe: Stadt für Stadt hat er Griechenland besichtigt, und in jeder Stadt hat er sich an die Notabeln gewandt, die sich für die lokalen Ursprünge interessierten und oft auch ein Exemplar von einem unbekannten Geschichtsschreiber besaßen; beide zusammen, die Gelehrten und die Bücher, sind das, was Pausanias die »Exegeten der Altertümer« nennt, die man zu Unrecht für *Ciceroni* oder Sakristane gehalten hat.[159] In den meisten Fällen nennt uns Pausanias keine Namen: Wir wissen, daß ein Geschichtsschreiber der Antike keine Anmerkungen unter seine Seiten setzt . . .

Aber warum war der Faden der Zeit genealogisch? Weil die Mythen die Biographien von Heroen erzählten, von Königen und Archetypen; diese alte mündliche Literatur sprach nur von Ursprüngen, Gründungen, Kriegstaten, Familiendramen, in denen die handelnden Personen Fürsten waren. Wir haben gesehen, daß man die Archetypen, Hellen oder Pelasgos, als alte Könige auffaßte, wenn man den Mythos selbst als historische Überlieferung interpretierte; die Geschichte einer Stadt war die Geschichte ihrer königlichen Familie; auch die Heroen waren Persönlichkeiten aus Fürstengeschlechtern. Daraus schloß man, »daß es damals überall in Griechenland nur Könige und keine freien Städte gab«.[160] Die pathetisch mythische Literatur der Familiendramen wurde ebenfalls als seriöse Geschichte verkleidet; in der archaischen Geschichte von Achaia[161] gibt es ebenso viele Palastrevolutionen wie bei den Seleukiden und Lagiden; unter der Feder des Pausanias wird der Krieg der Sieben gegen Theben zu einer Art peleponnesischer Krieg und »zum denkwürdigsten der Kriege überhaupt, den die Griechen während des heroischen Zeitalters gegeneinander geführt haben«, wie unser Autor schreibt, wobei er einfältig Thukydides nachahmt[162]; Argos und Theben hatten beide in ganz Hellas Städte, die ihre Verbündeten waren; der Konflikt gliederte sich in mehrere Abschnitte, Belagerungen, Bewegungskriege, Entscheidungsschlachten.

So hat sich im Laufe der hellenistischen und römischen Epoche jene – von unserem Lehrer Louis Robert so meisterhaft erforschte – gewaltige lokale Historiographie gebildet, in der jede Stadt ihre Ursprünge und ihre Vorfahren erhielt, was wiederum den Politikern ermöglichte, sich auf diese legendären Verwandtschaften zu berufen, wenn sie ein Bündnis schließen wollten oder kleine und auch große Dienste erwarteten; Verwandtschaften, mit denen man oft nicht rechnet: zwischen Lanuvium und Kentoripa, Sparta und Jerusalem, Rom und Ilion.[163] Es handelt sich, dies darf man wohl behaupten, um eine Geschichtsschreibung der Fälscher, in der alles aus winzigkleinen Hinweisen und aus der Imagination des Autors erfunden wurde; auch die modernen Zeiten hatten bis in die jüngste Vergangenheit eine dynastische oder regionale Geschichtsschreibung, die nicht weniger imaginär war.[164]

Begrüßen wir in dieser Ideologie der Ursprünge nicht den Drang zur Metaphysik; es handelte sich nicht um eine in die Irre gegangene Suche, die in weit zurückliegenden Zeiten die Tiefe einer Begründung ausfindig machen wollte. Die Ätiologie beruhte auf nichts weiter als auf dem Bedürfnis nach einer politischen Identität.

Das eigentlich Merkwürdige an dieser lokalen Geschichtsschreibung war, daß sie sich auf die Ursprünge beschränkte: Sie erzählte nicht das Leben der Stadt, die kollektiven Erinnerungen, die großen Augenblicke. Über all das wußte man Bescheid, sobald man in Erfahrung gebracht hatte, wann und unter welchen Umständen die Stadt gegründet worden war; war sie einmal geboren, blieb der Stadt nur noch übrig, ihr Leben zu leben, das aller Voraussicht nach genauso aussah, wie das Leben einer Stadt eben aussieht. All dies zählte nicht: in dem Augenblick, wo der Geschichtsschreiber die Gründungsgeschichte der Stadt erzählt hatte, war die Stadt in Raum und Zeit an ihrem Platz festgeheftet; sie hatte ihre Kennkarte.

Diese Kenntnis der Identitäten durch Etikettierung war den Alten vertraut. Einige Grabinschriften identifizieren auf diese Weise den Verstorbenen, und Vergil ahmt dies in zwei schönen Versen über den Tod des Kriegers Eolus nach: »In diesen Grenzen also hat sich dein Leben abgespielt, Sterblicher; ein hohes Haus am Fuß des Ida, ein hohes Haus in Lyrnessos, und im laurentinischen Land ein Grabmal«; und so lautet der Grabspruch des Vergil: »Mantua hat mir des Tages Licht geschenkt, Kalabrien hat es mir genommen.« Und auch im Petit Larousse von 1908 lese ich parallel dazu folgende Zeilen: »Zichy (Eugen), ungarischer Politiker und Weltreisender, geboren 1837 in Zichyfalva; Ziegler (Claude), französischer Maler, geboren in London (1804–1856).«

So wird dank der Ätiologie selbst die kleinste griechische Stadt ihre Persönlichkeit haben; sie wird eine moralische Person sein, vollberechtigtes Mitglied in der Gesellschaft der Städte. Sie wird einem Mann zu vergleichen sein, einem wirklichen Mann von freier Geburt; solche Städte »sind von Geburt an frei und haben nicht als Sklaven angefangen«, schreibt Menandros der Rhetor[165] in seiner Abhandlung über Prunkreden, in denen die Redner eine Stadt vor ihren Bewohnern lobten.

## Der Mythos in seiner Verwendung als »Holzsprache«

Die Behauptung, daß folglich der Mythos zu einer politischen Ideologie geworden sei, ist nicht einmal falsch, doch bringt sie nicht viel Neues. Ein Detail führt uns über diese Allgemeinheiten hinaus: es scheint so, als hätten die Griechen selbst nicht allzuoft an ihre politischen Mythen geglaubt und als hätten sie als erste darüber gelacht, wenn sie sie in einer Zeremonie zur Schau stellten. Die Griechen machten einen zeremoniellen Gebrauch von der Ätiologie; denn tatsächlich war der Mythos zu einer rhetorischen Wahrheit geworden. Man darf also vermuten, daß sie nicht so sehr Ungläubigkeit im eigentlichen Sinn des Wortes empfanden als vielmehr ein Gefühl der Konventionalität und des Spottes gegenüber dem überkommenen Charakter dieser Mythologie. Deshalb auch eine besondere Modalität des Glaubens: der Inhalt der Prunkreden wurde nicht als wahr empfunden, aber ebensowenig als falsch, sondern als verbal. Die Verantwortung für diese »Holzsprache« liegt nicht bei der politischen Macht, sondern bei einer dieser Epoche eigentümlichen Institution, nämlich bei der Rhetorik. Die Betroffenen erhoben dennoch keine Einwände, denn sie wußten, wie man den Wortlaut von der guten Absicht unterschied: wenn es schon nicht wahr war, so war es doch eine gute Erfindung.

Die Griechen hatten eine alte Vorliebe für das *bene trovato*, das eine Idee des jungen Nietzsche unterstreicht: es gibt keine Lüge, wenn dem Lügner das Interesse an der Lüge fehlt[166]; man könnte auch dann nicht lügen, wenn man über die Werte vielleicht mehr Gutes sagte, als sie strenggenommen verdienten. Der homerische Hymnus zu Ehren des Hermes illustriert diesen frommen Eifer auf humoristische Weise, der Dichter erzählt, daß der Gott Hermes, ein Wunderkind mit tausend Tücken, kaum daß er aus dem Leib seiner Mutter geschlüpft war, die Kunst des Liedes erfand; die erste Komposition dieses privilegierten Zeugen war eine Schilderung der Liebe zwischen seinem Vater und seiner Mutter. Die Pilgerschar, die zum erstenmal die Rezitation dieses Hymnus hörte, muß sich als eine Art öffentlicher Komplize gefühlt haben und hat sicherlich aus ganzem Herzen Beifall geklatscht; niemand hat sich von dieser erfindungsreichen Fiktion täuschen lassen, aber von Hermes hatte man nichts anderes erwartet, und dem Dichter war man dafür dankbar, daß er diese Legende erfunden hatte.

Denn diese Pilger waren ehrenwerte Leute; sie achteten die Werte. Es sind die seriösen Leute, die verantwortungsbewußten Charaktere, die in einem höheren Sinn tatsächlich den folgenden Gewissensfall entscheiden: kann man wirklich jemanden, der mit Eifer für die gute Sache schwärmt – für das Gute, das auch das Wahre ist – ohne Pedanterie verurteilen, weil seine Gründe nicht buchstäblich wahr zu nennen sind? Wäre es nicht besser, diesen kleinen, nur verbalen Irrtum einfach zu übersehen? Eine solche Indifferenz der Wahrhaftigkeit gegenüber, sobald die wahren Werte gesichert scheinen, charakterisiert eine ganze Reihe historisch unterschiedlicher Verhaltensweisen. In Griechenland treffen diese verbalen Verhaltensweisen, in denen die Sprache weniger informiert als eine Funktion auszuüben, in den internationalen Beziehungen aufeinander; in der Innenpolitik wurden sie von einer literarischen Gattung dargestellt; von den Lobreden auf die Stadt, die man vor ihren Bürgern hielt.

Im Jahre 480 hielten die Griechen am Tag nach ihrem Triumph über die Perser bei Salamis eine Versammlung ab; der endgültige Sieg war in Sicht, und Athen, das ganz Hellas vor den Barbaren gerettet hatte, trat schon als hegemoniale Stadt auf; es hatte die Macht dazu und redete auch die Sprache. Als eine andere Stadt die Kühnheit besaß, ihre alten Privilegien dieser neuen Vorherrschaft entgegenzuhalten, antworteten die Athener, daß ihre eigenen Rechte genauso weit zurückgingen: Athen war einst siegreich gewesen zu Zeiten der Herakliden, des thebanischen Krieges und der Invasion der Amazonen[167]; jeder verstand die Bedeutung dieser Reden, und Athen entschied die Sache zu seinen Gunsten. Die mythischen Titel hatten dazu gedient, die Machtverhältnisse zu bezeichnen, indem sie rechtfertigten, was außerdem der Pflicht enthob, sie beim Namen zu nennen. Ideologische Tarnung? Es handelt sich bei diesem Verhältnis nicht um eine Überlagerung, wie z. B. ein Deckel in bezug auf das, was er zudeckt; es ist das Verhältnis zwischen dem Papiergeld der Worte und den Goldreserven der Macht. In Schmeichelei verpackte Drohungen? Nicht nur das: indem man erhabene Gründe anführte, anstatt seine Kräfte spielen zu lassen, legte man dem anderen nahe, sich aus freien Stücken und ehrenhaften Gründen zu unterwerfen, ohne dabei das Gesicht zu verlieren. Die Ideologie ist keine Dublette: wie ein Zahn greift sie in den Mechanismus. Die Titel mythischen Ruhms waren, wie auch die legendären Verwandtschaften zwischen den Völkern[168], das Salem aleikum der internationalen Gesellschaft; jede Stadt bestand gegenüber ihren Partnern auf ihren legendären Ursprüngen, und alle hüteten sich, diese in Frage zu stellen; dies war eine Art und Weise, sich als Person zu behaupten. Die Gesellschaft der Städte setzte sich aus vornehmen Personen zusammen, die alle untereinander durch Verwandtschaftsverhältnisse verbunden waren; wenn man diese Fiktionen als Glaubensartikel akzeptierte, dann machte man deutlich, daß man den Regeln des internationalen Zusammenlebens zivilisierter Städte zustimmte.

Merkwürdig ist, daß die Unterstreichung jeder einzelnen Stadtpersönlichkeit ebenso wie die Individuation durch Etikettierung in der Innenpolitik gleichermaßen eine wichtige Rolle spielte; man wäre in der Tat überrascht gewesen, mit welchem Vergnügen die Bürger den Lobreden auf ihre Stadt lauschten; tausend Jahre lang, bis zum Ausklang der Antike, waren diese Lobreden in Mode. In Griechenland redete man von mythischen Ursprüngen und Stadtverwandtschaften, wie man aus denselben Gründen in den Salons des Faubourg Saint-Germain über Genealogie redete.[169] Ob Einheimischer oder aus einer fremden Stadt zugereist, der Redner feierte die Ursprünge der Stadt, und dies war nicht das kleinste Lob, das er ihr zollte; mit allergrößtem Vergnügen hörten die Bürger ihm zu. »Wenn ich höre«, sagt Sokrates[170] ironisch, »wie sie die Toten aus dem letzten Krieg feiern und mit ihnen zugleich unsere Ahnen, unsere Stadt und uns selbst, fühle ich mich erhabener und vortrefflicher, und jeder der Zuhörer verspürt das gleiche Gefühl, so daß der ganze Staatskörper gestärkt daraus hervorgeht und ich drei ganze Tage brauche, um mich von dieser Aufregung zu erholen.«

In den Lächerlichkeiten, den Verklemmungen, den kleinen Ironien des Alltags treten schwerwiegende Prozesse an die Oberfläche. Alle Städte, große und kleine, hatten ihre Ursprünge, und jede konnte man preisen; in den Handbüchern der Rhetorik fanden sich Anweisungen genug, um an jedem noch so verfallenen Gemäuer noch irgend etwas Lobenswertes zu entdecken. Aus diesem Grund zielten die Lobreden auch weniger auf die

Erhöhung einer einzelnen Stadt über alle anderen ab als vielmehr auf die Anerkennung der Stadt in ihrer Würde als Person. Und diese Lobrede war eher an die Individuen als an die Gruppe gerichtet; wenn die Lobrede vor versammelter Bürgerschaft angestimmt wurde, so war es nicht die Gruppe, die sich selbst verherrlichte, wie in Nürnberg: das Lob der Stadt ließ jeden Bürger fühlen, nicht daß die Kraft des Kollektivs ihn trug, sondern daß über seine Verdienste hinaus ihm eine andere persönliche Würde zukam, nämlich Bürger einer Stadt zu sein. Die Verherrlichung der Gruppe war Verherrlichung des Einzelwesens, so als hätte man den Adel vor der Versammlung der Adligen gelobt. Es handelte sich nicht um einen patriotischen Stolz; das Individuum war stolz, aber nicht, weil es lieber dieser oder jener Stadt angehörte, sondern weil es den Stand des Bürgers allen anderen vorzog. Denn die Stadtmitgliedschaft galt nicht als universell verbreitet, als eine Art Nullpunkt der Individualität wie heutzutage, wo man Franzose oder Deutscher ist, weil es unmöglich ist, nicht etwas zu sein: Und wenn die ganze Welt in Städten wohnte, man wäre dennoch stolz darauf, Bürger einer Stadt zu sein. Um zu erklären warum, müßte man im verborgenen Teil des Eisbergs der antiken Politik suchen; sagen wir zunächst nur soviel, daß die Stadt keine »Bevölkerung« war. Sie war nicht die menschliche Fauna, die der Zufall der Geburten in den Grenzen dieses oder jenen territoralen Raumes hervorgebracht hat: Jede Stadt verstand sich selbst als eine Art Körperschaft, wie die Korporationen im Ancien Régime oder die Orden der Notare und Mediziner. Welch seltsames Privileg in diesem Hellas oder im Römischen Reich, wo jeder – oder fast jeder – freie Mann Bürger einer Stadt war; man versteht, daß der Widerspruch eines universellen Privilegs einiges Unbehagen im Unbewußten der Betroffenen ausgelöst hat; diese unbestimmte Qual provozierte eine lebhafte Freude, wenn im Laufe einer Lobrede eine Seite des Widerspruchs zugunsten der anderen gefeiert wurde.

Denn wir besitzen die Fähigkeit, gefühlsmäßig auf Widersprüche zu reagieren, über die wir uns nicht ganz im klaren sind. Weil wir nicht genau wissen warum, empfinden wir gelegentlich diese Hemmung, die man auch Sinn für das Lächerliche nennt. Die Griechen waren die ersten, die sich über ihre Vorliebe für Lobreden auf die Stadt lustig machten: »Was seid ihr Athener doch für ein Volk von Einfaltspinseln; denn wenn die Abgesandten der unterworfenen Städte euch betrügen wollten, dann nannten sie euch das strahlende Athen, und ihr, wenn ihr das hörtet, saßet da auf spitzen Hintern.« Bei einem anderen komischen Dichter[171] erinnert ein Mädchenhändler, der Schwierigkeiten mit einem Kunden hat, die Geschworenen daran, daß sich ihr Urteilsspruch den Gründern ihrer Stadt, nämlich Herkules und Asklepios, würdig erweisen müsse. Das Unbehagen und der Zweifel können auch aus einer Funktionsstörung entstehen. Auf dem Felde der Diplomatie fand die Anrufung der großen Vorfahren aus guten Gründen statt, wenn die eigentlich substantiellen Interessen nicht zur Debatte standen; sie wurde lächerlich und verbal[172], wenn diese Interessen existierten und es an der Zeit war, über Geschäftliches zu reden.

Eine andere Quelle des Skeptizismus war die Präsenz der Rhetorik als einer sich selbst bewußten Technik; die Leute damals hatten in der Schule die Kunst gelernt, Glauben zu produzieren oder Phrasen zu dreschen, ohne selbst daran zu glauben.[173] Manchmal trieben sie ihre Unaufrichtigkeit bis zum Didaktismus: In seiner *Panathenäischen Festrede* verlangt Isokrates[174], man solle die Beweise athenischen Großmuts und Größe »noch weit vor dem trojanischen Krieg« suchen, und fügt dann hinzu, daß »dies angemessen wäre, obgleich es sich bei diesen Beweisen nur um *Mythôdes* handelte«; wie kann der Rhetor nur so ungeschickt sein, seinen eigenen Behauptungen so zu widersprechen? Weil er gleichzeitig ein Lehrer der Rhetorik ist und jede Wirkung seiner Rede zur Belehrung seiner Leser kommentiert.

Eine weitere Quelle war die Nicht-Professionalität des Geschichtsschreibers. Weiter oben haben wir schon gesehen, daß Autoren wie Diodor sich mit dem Namen des Geschichtsschreibers schmückten, deren Absicht vor allem darin bestand, ihre Leser zu zerstreuen oder ihnen Unterhaltungsstoff für ihre frommen Überzeugungen zu liefern, und auch »seriöse«, ja sogar »pragmatische« Geschichtsschreiber, die für sich in Anspruch nahmen, den Politikern instruktive Lehren zu erteilen, nannten sich so. Wenn man ihnen glauben darf. Tatsächlich war es eher ihre Absicht, den Staatsmännern der Zukunft interessante Geschichten zu erzählen, die insofern instruktiv waren, als sie die Kollegen der politischen Zunft in Szene setzten; denn der Schuster hört gerne über Schuhe reden. Soviel zum *ktema ea aei* des Thukydides und seinen Lektionen in Geschichte. So gab es also seriöse Geschichtsbücher; es gab auch viele, die es nicht waren, aber das schlimmste war, daß es kein äußeres Erkennungszeichen gab, das die ersteren von den letzteren unterschied: das Publikum konnte nur von Fall zu Fall entscheiden. Wie man sieht, hatte die Nicht-Professionalisierung verheerende Folgen. Sagen wir dazu gleich, daß der heutige Professionalismus der Universität andere Folgen nach sich zieht, die nicht weniger pervers sind, obwohl die Soziologen dieser Universität, wen wundert's, sie nicht so deutlich zu unterscheiden scheinen. Bleibt, daß die Unmöglichkeit, das Schlechteste vom Besten zu unterscheiden, die Moral der Leser verdarb, in den Köpfen Verwirrung stiftete und einen heimtückischen Skeptizismus nährte. Für die Geschichtsschreiber jener Zeit war es also notwendig, alle Tendenzen eines ziemlich gemischten Publikums geschickt zu benutzen; wenn im Titus-Livius oder in *De re publica* steht, Rom sei als Stadt bedeutend genug, so daß auch die Fabeln, mit denen sie ihre Ursprünge verschönerte, Respekt verdienten, dann wird keine ideologische Indoktrination betrieben, im Gegenteil: als tüchtige Reportage-historiker überlassen sie es großmütig den verschiedenen Tendenzen ihrer Leser, sich für die jeweils bevorzugte Version der Tatsachen zu entscheiden; halten aber auch nicht damit hinter dem Berg, daß sie ihrerseits kein Wort von den Fabeln glauben.

Man sieht, wie weit die antike Einfalt von der Diktatur der Ideologie oder von erbaulichem Geschwätz entfernt war. Die Funktion hatte sich sehr wohl ihr Organ geschaffen, nämlich die »Holzsprache« der Ätiologie oder der Rhetorik, doch warf keine politische oder religiöse Macht ihr Gewicht in diese Schale. Im Vergleich zu den christlichen oder marxistischen Jahrhunderten weht durch die Antike oft ein Hauch von Voltaire; zwei Auguren können sich nicht treffen, ohne übereinander zu lächeln, schreibt Cicero; ich fühle, wie ich ein Gott werde, sagte ein im Sterben liegender Kaiser.

Dies wirft aber ein allgemeines Problem auf. Wie die Dorzé, die davon ausgehen, daß der Leopard die Fastentage einhält, und daß man zugleich alle Tage vor ihm auf der Hut sein muß, so glauben die Griechen und glauben auch nicht an ihre Mythen; sie glauben an sie, aber sie benützen sie und hören mit dem Glauben auf, wenn sie kein Interesse mehr daran haben. Zu ihrer Entlastung muß hinzugefügt werden, daß es am Glauben lag, wenn sie so unzuverlässig glaubten, und nicht daran, daß sie ihn zu ihrem

Vorteil benutzten: Der Mythos war nichts weiter als der Aberglaube von Halbgebildeten, den die Gelehrten in Frage stellten. Dennoch ist die Koexistenz widersprüchlicher Wahrheiten in ein und demselben Kopf nicht weniger eine universale Tatsache. Der Zauberer bei Lévi-Strauss glaubt an seine Magie und geht zynisch mit ihr um; nach Bergson greift der Magier nur dann zur Magie, wenn gesicherte technische Anweisungen fehlen; die Griechen wenden sich an Pythia und wissen, daß diese Prophetin manchmal Propaganda für die Perser oder Makedonier macht; die Römer manipulieren ihre Staatsreligion zu politischen Zwecken, sie werfen die heiligen Hühner ins Wasser, wenn sie nicht die Zukunft nach Wunsch sagen, und alle Völker geben ihren Orakeln oder statistischen Erhebungen einen gewissen Schliff, damit sie bestätigt bekommen, was sie gerne glauben möchten. Hilf dir selbst, dann hilft dir Gott; das Paradies, ja – aber so spät wie möglich. Wie könnte man hier nicht in Versuchung geraten, von Ideologie zu sprechen?

Wenn wir gleichzeitig an sich ausschließende Dinge glauben können, dann wohl deshalb, weil in bestimmten Fällen die Kenntnis, die wir von einem Gegenstand haben, durch besondere Interessen verfälscht wird. Denn es gibt natürlich Dinge, die über der Sphäre der Realität eingeschrieben sind, und das natürliche Licht des Geistes spiegelt sie uns wider; manchmal erreicht uns der reflektierte Strahl direkt, manchmal wird er abgelenkt durch Phantasie oder Leidenschaft, wie man im Großen Jahrhundert gesagt hat, oder durch Autorität und Interessen, wie man heute sagt; so daß einem Gegenstand zwei Spiegelungen entsprechen, wobei die zweite verfälscht ist. Die Ideologie ist ein *tertium quid* neben der Wahrheit und den unvermeidlichen und zufälligen Pannen dieser Wahrheit, die auch Irrtümer heißen; es ist ein konstanter und gezielter Irrtum. Daß dieses Schema an die alte Vorstellung von Versuchung und Verderben erinnert, macht es noch plausibler: Der eigene Vorteil, das Geld sind imstande, das aufrechteste Bewußtsein zu beugen.

Der Begriff der Ideologie ist ein lobenswerter und verfehlter Versuch, auf die Legende einer interesselosen Erkenntnis zu antworten, nach deren Begriffen ein natürliches Licht des Verstandes existierte, das ein autonomes Vermögen wäre, unterschieden von den Interessen des praktischen Lebens. Unglücklicherweise endet dieser Versuch mit einem schlechten Kompromiß:

Die Ideologie vermengt zwei unvereinbare Auffassungen der Erkenntnis, die der Widerspiegelung und des Eingriffs. Auf den ersten Blick kaum frappierend, erweist sich dieser Widerspruch als radikal, wenn man einen Moment darüber nachdenkt. Die Erkenntnis kann nicht manchmal korrekt und manchmal fehlgeleitet sein; wenn Kräfte wie das Klasseninteresse und die Macht sie umlenken, wenn sie falsch ist, dann sind dieselben Kräfte auch am Werk, wenn sie die Wahrheit spricht: sie ist das Produkt dieser Kräfte, sie ist nicht die Widerspiegelung ihres Gegenstandes.

Man würde besser anerkennen, daß jede Erkenntnis interessegeleitet ist und daß Wahrheit und Interesse zwei verschiedene Wörter für ein und dieselbe Sache sind; denn die Praxis denkt, was sie tut. Wahrheit und Interesse wollte man nur unterscheiden, um zu versuchen, die Grenzen der Wahrheit zu klären: Man glaubte, daß sie durch den Einfluß der Interessen begrenzt würde. Dann vergißt man aber, daß die Interessen selber beschränkt sind (in jeder Epoche schreiben sie sich innerhalb der historischen Grenzen ein, sie sind in ihrem wilden Interessiertsein willkürlich) und mit den ihnen korrespondierenden Wahrheiten die Grenzen gemeinsam haben: sie besetzen die Horizonte, die die Zufälle der Geschichte den verschiedenen Programmen zuweisen.

Wäre dem nicht so, würde man es nämlich paradox finden, daß die Interessen zu Opfern ihrer eigenen Ideologie werden können. Vergäße man, daß Praktiken und Interessen begrenzt und *selten* sind, hielte man den Imperialismus Athens und den Imperialismus Hitlers für zwei Beispiele des ewigen Imperialismus, und der hitlersche Rassismus wäre nichts weiter als ein ideologisches Feigenblatt, zwar ein buntgeschecktes, aber spielt das eine Rolle? Wenn die einzige Funktion des Rassismus darin bestünde, den Totalitarismus oder den Faschismus zu rechtfertigen, dann wäre er nur ein Aberglauben oder ein falscher Schein. Dann wird man erstaunt feststellen müssen, daß sich Hitler durch seinen Rassismus manchmal den Erfolg seines totalitären Imperialismus verdorben hat. Die Wahrheit ist einfacher: Hitler beschränkte sich darauf, seine rassistischen Ideen in die Praxis umzusetzen, denn sie waren es, die ihn interessierten; Jackel und Trevor-Ropor haben gezeigt, daß sein Kriegsziel wirklich die Vernichtung der Juden und die Wiederaufnahme der germanischen Kolonisation der slawischen Länder war. Russen, Juden und Bolschewiken waren für ihn dasselbe, und er hatte nicht damit gerechnet, daß sein Sieg über die letzteren durch die grausame Verfolgung der beiden ersteren fraglich werden könnte ... Interesse haben allein reicht nicht aus, um vernünftig zu sein; selbst die Klasseninteressen sind Kinder des Zufalls.

Weil Interessen und Wahrheiten weder aus »der« Realität stammen, noch aus einer mächtigen Infrastruktur, sondern beide zusammen durch Zufallsprogramme begrenzt sind, hieße es, ihnen zuviel der Ehre zu erweisen, nähme man an, ihr gelegentlicher Widerspruch könnte störend wirken: Es gibt keine kontradiktorischen Wahrheiten in ein und demselben Kopf, sondern nur verschiedene Programme, von denen jedes verschiedene Wahrheiten und Interessen einschließt, selbst wenn diese Wahrheiten denselben Namen tragen. Ich kenne einen Arzt, der, obwohl Homöopath aus Passion, dennoch die Weisheit besitzt, Antibiotika zu verordnen, wenn die Krankheit schwer ist: Die Homöopathie hebt er sich für harmlose oder für hoffnungslose Fälle auf; er handelt ganz aus gutem Glauben, dafür kann ich garantieren: einerseits hat er Lust, sich für alternative Heilmethoden zu begeistern, andererseits ist er der Überzeugung, daß das gemeinsame Interesse des Arztes und des Kranken die Heilung der Krankheit ist; diese beiden Programme widersprechen sich nicht, noch haben sie etwas gemeinsam, und der scheinbare Widerspruch besteht nur dann, wenn man die entsprechenden Wahrheiten wörtlich nimmt, daß man nämlich Homöopath ist oder nicht.

Doch stehen die Wahrheiten nicht wie Sterne am Firmament geschrieben; sie sind das kleine Lichtscheibchen, das am Ende des Fernrohrs eines Programms erscheint, d. h. zwei verschiedene Programme entsprechen auch zwei verschiedenen Wahrheiten, selbst wenn ihr Name derselbe ist.

Das ist nicht ohne Interesse für die Geschichte der Glaubensüberzeugungen. Unser Geist spannt sich nicht selbst auf die Folter, wenn er, sich anscheinend widersprechend, unvermittelt auf ein anderes Wahrheits- und Interessenprogramm umschaltet, wie er es ohne Unterlaß tut; das ist keine Ideologie: das ist die alltäglichste Art unseres Daseins. Ein Römer, der aus politischen Gründen die Staatsreligion manipuliert, kann genauso aufrichtig sein wie mein Freund, der Homöopath; wenn er unaufrichtig ist, dann insofern, als er an eines seiner zwei Programme nicht glaubt, obwohl er es anwendet, nicht jedoch, weil er an kontradiktorische Wahrheiten glaubt. Die Unaufrichtigkeit findet sich im übrigen nicht immer dort, wo man sie vermutet; unser Römer kann aufrichtig fromm sein; wenn er religiöse Bedenken anführt, an die er kaum glaubt, um eine Wahlversammlung aufzulösen, in der das Volk die schlechte Wahl zu treffen droht, beweist das nicht, daß er nicht an seine Götter glaubt, sondern eher, daß er nicht an die Staatsreligion glaubt, die er für einen nützlichen von Menschen erfundenen Betrug hält. Noch wahrscheinlicher ist, daß er glaubt, alle Werte zugleich verteidigen zu müssen, Religion und Vaterland, und daß ein Zweck niemals schlecht ist, wenn er die gute Sache stützt.

Unser Alltagsleben besteht aus einer Vielzahl verschiedener Programme, und der Eindruck alltäglicher Mittelmäßigkeit entsteht aus ebendieser Vielfalt, die bei gewissen neurotischen Skrupeln als Heuchelei empfunden wird; unablässig gehen wir von einem Programm zum anderen über, so wie man im Radio die Wellenlänge wechselt, aber wir tun es, ohne es zu wissen. Die Religion ist nur ein einziges dieser Programme und wirkt sich kaum auf die anderen aus.

Wie Paul Pruyser in seiner *Dynamic Psychology of Religion* schreibt, nimmt die Religion im Laufe eines Tages nur den geringsten Raum im Denken eines religiösen Menschen ein, aber dasselbe ließe sich auch von einem Sportler, einem politischen Aktivisten oder einem Dichter sagen. Sie beansprucht nur ein schmales Band, aber das beansprucht sie intensiv und aufrichtig. Der Verfasser dieser Zeilen hat lange Zeit zu den Religionswissenschaftlern ein nicht gerade ungetrübtes Verhältnis gehabt: Es schien ihm, als machten sie sich ein allzu monolithisches Bild von ihrem Gegenstand – wo doch das Denken kein Stein ist – und als schrieben sie der Religion eine tatsächliche Vorherrschaft über die anderen Praktiken zu, die genauso groß ist wie die Bedeutung, die die Religion in der Theorie hat. Und das, obwohl der Alltag diese edlen Illusionen widerlegt: Die Religion, die Politik, die Poesie mögen gut und gerne die wichtigsten Dinge sein, die es in dieser oder der anderen Welt gibt, dennoch nehmen sie einen bescheidenen Platz in der Praxis ein, und sie dulden um so leichter, darin Widerspruch zu finden, als sie für Widerspruch gewöhnlich unempfindlich sind. Deshalb sind sie nicht weniger aufrichtig und intensiv: Die metaphysische Wichtigkeit und die individuelle Aufrichtigkeit einer Wahrheit messen sich nicht an ihrer schmalen Bandbreite; deshalb sprechen wir von den Wahrheiten im Plural und hoffen, daß die Geschichte der Religionen daraus einigen Nutzen zieht.

Man fühlt sich beim Studium religiöser oder auch anderer Glaubensüberzeugungen wohler, wenn man versteht, daß die Wahrheit in der Mehrzahl existiert und analogisch ist. Diese Analogie des Wahren bewirkt, daß die Heterogenität der Programme unbemerkt bleibt: wir befinden uns immer im Wahren, selbst wenn wir, ohne es zu merken, die Wellenlänge wechseln; unsere Aufrichtigkeit ist vollkommen, sobald wir die Imperative und den Gebrauch der Wahrheit von vor fünf Minuten vergessen haben, um die der neuen Wahrheit anzunehmen.

Die verschiedenen Wahrheiten sind in unseren Augen alle wahr, aber wir denken sie nicht mit demselben Teil unseres Kopfes. In *Das Heilige* analysiert Rudolf Otto beiläufig die Angst vor Gespenstern. Oder genauer, würden wir die Gespenster mit demselben Geist denken können, mit dem wir die Tatsachen der Körperwelt denken, würden sie uns keine Angst machen, zumindest nicht in derselben Weise. Wir würde uns vor ihnen fürchten wie vor einem Revolver oder einem bissigen Hund; die Angst vor Gespenstern dagegen ist die Angst vor dem Eindringen einer anderen Welt. Was mich betrifft, so halte ich die Gespenster für reine Fiktionen, aber deshalb spüre ich nicht weniger ihre Wahrheit: Ich habe vor ihnen eine fast neurotische Angst, und die Monate, die ich damit verbracht habe, den Nachlaß eines verstorbenen Freundes zu sichten und zu ordnen, waren für mich ein langer Alptraum. Selbst in dem Augenblick, wo ich diese Sätze in meine Schreibmaschine tippe, sträuben sich mir die Haare im Nacken vor Entsetzen. Nichts würde mich mehr beruhigen als die Gewißheit, daß die Gespenster »wirklich« existieren; sie wären dann ein Phänomen wie alles andere auch, das man mit geeigneten Instrumenten, mit Kamera oder Geigerzähler untersuchen könnte. Die Science-fiction beruhigt mich deshalb auch auf angenehme Weise, statt mir Angst einzujagen.

Ist das Phänomenologie? Nein: das ist Geschichte, und zwar zweifach. Man verdankt Husserl sicherlich in *Erfahrung und Urteil* eine suggestive Beschreibung dessen, was er die Welt des Imaginären nennt: Der Raum und die Zeit der Märchen gehören nicht in die Welt, die er die Welt der wirklichen Erfahrung nennt, und die Individuation bleibt dort unvollendet; Zeus ist nur eine Märchenfigur ohne einen wirklichen zivilrechtlichen Status, und es wäre absurd zu fragen, ob Zeus die Danae früher oder später als die Leda verführt hat.

Nur nimmt Husserl auf sehr klassische Weise an, es gäbe einen transhistorischen Boden der Wahrheit. Doch erstens erweist es sich als wenig historisch, zwischen Erfahrung und einer Welt des Imaginären, deren Wahrheit nicht nur anders, sondern geringer sein soll, zu unterscheiden; und zweitens sind Zahl und Struktur der erfahrbaren oder imaginären Welten keine anthropologische Konstante, sondern verändern sich mit der Geschichte. Konstant an der Wahrheit ist nur ihr Anspruch zu sein, und dieser Anspruch ist rein formal; was sie an Normen beinhaltet, hängt von den Gesellschaften ab, oder besser, in jeder Gesellschaft gibt es mehrere Wahrheiten, von denen jede einzelne, um verschieden zu sein, so wahr ist wie jede andere. Was heißt imaginär? Das Imaginäre ist die Wirklichkeit der anderen, genauso wie nach Raymond Aron die Ideologien die Ideen der anderen sind. »Imaginär« ist im Unterschied zu »Bild« (image) kein Wort aus der Psychologie oder Anthropologie, sondern ein dogmatisches Urteil über bestimmte Glaubensvorstellungen anderer. Wenn wir also nicht über die Existenz Gottes oder die der Götter dogmatisieren wollen, müssen wir uns auf die Feststellung beschränken, daß die Griechen ihre Götter für wahr hielten, obwohl für sie die Götter in einer Raum-Zeit lebten, die auf geheimnisvolle Weise anders als die ihrer Gläubigen war; dieser Glaube der Griechen verpflichtet uns nicht, an ihre Götter zu glauben, aber er sagt einiges aus über das, was die Wahrheit für die Menschen ist.

Sartre sagte, das Imaginäre sei ein *Analogon* des Wirklichen; man könnte auch sagen, daß das Imaginäre der Name ist, den wir gewissen Wahrheiten geben, und daß alle Wahrheiten untereinander analogisch sind. Die verschiedenen Welten der Wahrheit sind selber historische Gegenstände und nicht Konstanten der Psyche. Alfred Schütz hat eine philosophische Liste dieser Welten aufzustellen versucht; in den *Gesammelten Aufsätzen* kann man seine Untersuchungen nachlesen, deren Überschriften allein beredt genug sind: »Über die mannigfaltigen Wirklichkeiten« und »Don Quixote und das Problem der Realität«. Wenn ein Historiker sie liest, ist er ein wenig enttäuscht: die vielen Realitäten, welche Schütz in der Psyche ausfindig macht, sind dieselben, an die unser

Jahrhundert glaubt, aber ein bißchen verblaßt und verschwommen, was ihnen eine Aura von Ewigkeit verleiht. Diese Phänomenologie ist Zeitgeschichte, die sich dessen nicht bewußt ist, und vergeblich würde man in ihr nach einem Platz für die mythischen Glaubenswahrheiten der Griechen suchen.

Nichtsdestoweniger kommt Schütz das Verdienst zu, die Pluralität unserer Welten bekräftigt zu haben, die von den Religionshistorikern zuweilen verkannt wird. Betrachten wir eine andere dieser »Holzsprachen«, die bei den Alten als Ideologie gedient hat: die Vergöttlichung der Herrscher: Die Ägypter hielten ihren Pharao für einen Gott, die Griechen und Römer vergöttlichten ihre toten und lebenden Kaiser, und man erinnert sich, daß Pausanias in diesen Apotheosen nichts als »eitle Schmeichelei« sah. Hat man wirklich daran geglaubt? Eine Tatsache macht deutlich, wie weit die Duplizität unserer selbst geht: Aus der Zeit, in der die Kaiser Götter waren, haben die Archäologen zehntausende Votivtafeln gefunden, die den verschiedensten Göttern für Heilung, glückliche Heimkehr usw. geweiht waren, doch ist kein einziges Votivbild einem Kaiser gewidmet; wenn die Gläubigen einen wirklichen Gott brauchten, wendeten sie sich nicht an den Kaiser. Und doch finden sich nicht weniger schlagende Beweise dafür, daß dieselben Gläubigen den Herrscher für eine mehr als menschliche Persönlichkeit hielten, für eine Art Magier, der Wunderdinge vollbringt.

Es ist müßig, mit aller Gewalt entscheiden zu wollen, welches »das« wahre Denken jener Leute war, und ebenso nutzlos ist es, die Widersprüchlichkeit dieser Gedanken auflösen zu wollen, indem man die einen der volkstümlichen Religion zuschreibt und die anderen einer gesellschaftlich privilegierten Klasse. Die Gläubigen sahen in ihrem allmächtigen Herrn nicht einen gewöhnlichen Menschen, und die offizielle Hyperbel, die aus einem Sterblichen einen Gott machte, war im Geiste wahr: sie entsprach ihrer kindlichen Verehrung, und auf den Flügeln dieses Wortüberschwangs empfanden sie das Gefühl der Abhängigkeit noch stärker; das Fehlen eines Votivbildes beweist jedoch, daß sie die Hyperbel nicht wörtlich nahmen. Und sie wußten auch, daß ihr erhabener Herr zugleich ein armer Mensch war, wie man auch in Versailles den Großen König verehrte und bei der geringsten Kleinigkeit über ihn herzog. G. Posener hat gezeigt, daß in den altägyptischen Volkssagen der Pharao nur ein banaler und manchmal sogar lächerlicher Potentat ist. Dennoch haben in diesem selben Ägypten Intellektuelle und Theologen eine pharaonische Theologie entwickelt, in der der Pharao nicht allein durch eine einfache Hyperbel oder durch eine metonymische Übertragung vergöttlicht wurde: Diese Doktrin »ist eine geistige Entdekkung gewesen, die Frucht metaphysischer und theologischer Überlegungen«, schreibt François Daumas, der sie in einer widersprüchlichen und einfallsreichen Formulierung als verbale Realität charakterisiert; warum nicht? Die Verfassungstexte des 19. und 20. Jahrhunderts, die Erklärung der Menschenrechte oder der offizielle Marxismus sind nicht weniger real und nicht weniger verbal. Dagegen ist in Rom und in Griechenland die Göttlichkeit der Kaiser niemals Gegenstand einer offiziellen Lehre gewesen, und der Skeptizismus des Pausanias wurde von den Intellektuellen geteilt und selbst von den Kaisern, die manchmal die ersten waren, die über ihre Göttlichkeit lachten.

Bei all dem handelt es sich sehr wohl um Geschichte, weil, ob imaginär oder nicht, Mythen, Apotheosen oder Erklärung der Menschenrechte nichtsdestoweniger historische Kräfte gewesen sind und weil eine imaginäre Welt, in der die Götter Sterbliche, Männer oder Frauen, sein können, mit einem Datum versehen ist: sie ist älter als das Christentum. Geschichte ist es auch aus einem dritten Grund: weil diese Wahrheiten nur Kräfte umkleiden, Praktiken sind und nicht Licht des Verstandes. Wenn die Menschen von einem allmächtigen Menschen abhängen, behandeln sie ihn praktisch als Mensch und sehen in ihm aus der Kammerdienerperspektive den gewöhnlichen Sterblichen, aber sie behandeln ihn auch praktisch als ihren Herrn und sehen folglich auch einen Gott in ihm. Die für die Logik so schockierende Pluralität der Wahrheiten ist die normale Konsequenz aus der Pluralität der Kräfte. Das denkende Schilfrohr rühmte sich demütig, seine schwache und reine Wahrheit den rohen Kräften entgegenzusetzen, wo doch diese Wahrheit selbst eine jener Kräfte ist; das Denken gehört zum unendlich vervielfältigten Monismus des Willens zur Macht. Kräfte aller Arten: politische Macht, professionelle Autorität des Wissens, Sozialisation und Dressur. Und eben weil das Denken eine Kraft ist, unterscheidet es sich von der Praxis nicht so wie die Seele vom Körper: sie ist ein Teil von ihr; Marx hat von Ideologie gesprochen, um zu verdeutlichen, daß das Denken Handeln ist und nicht reines Verstandeslicht, aber als

Materialist der alten Schule hat er die Seele wieder an den Körper gefesselt, anstatt sie erst gar nicht davon zu unterscheiden und die Praxis in ihrer Gesamtheit zu behandeln; was wiederum die Historiker in die Pflicht dialektischer Übungen genommen hat (die Seele reagiert auf den Körper), um dieses Gestammel zu beheben.

Die Wahrheit wird von Kräften balkanisiert und von Kräften blockiert. Den Herrscher zu lieben und anzubeten sind ohnmächtige Anstrengungen, die Niederlage der Unterwerfung umzukehren: »Weil ich ihn liebe, wird er mir kein Leid antun.« (Ein deutscher Freund hat mir erzählt, daß sein Vater Hitler gewählt hatte, um sich zu beruhigen: Wenn ich, der ich Jude bin, ihm meine Stimme gebe, so heißt das doch, daß er im Grunde genauso denkt wie ich). Und wenn der Kaiser sich anbeten ließ oder, was häufiger der Fall war, seine Anbetung zuließ, so war das eine »Information der Drohung«: Er ist anbetungswürdig, daß also niemand es wage, seine Autorität zu bestreiten. Die ägyptischen Theologen, die eine richtige Ideologie des Gott-Königs entwickelt hatten, mußten ohne Zweifel irgendein Interesse daran gehabt haben, und wäre es nur das gewesen, sich einen herrlichen Roman zu gönnen. Unter unserem Ancien Régime glaubte man – weil man an die Güte des Königs glauben wollte –, daß das ganze Übel von den Ministern käme; wenn nicht, dann müßte man endgültig verzweifeln, weil man nicht hoffen konnte, den König so zu verjagen, wie man einen einfachen Minister feuert. Wie man sieht, ist die Kausalität immer aktiv, selbst bei dem angeblich Verursachten: der Herr zwingt dem Knecht nicht eine Ideologie auf, es genügt ihm, sich mächtiger zu erweisen als dieser; der Knecht wird tun, was in seiner Macht steht, um zu reagieren, und sei es, daß er sich eine imaginäre Wahrheit schafft. Der Knecht geht zu dem über, was Leon Festinger, ein lehrreicher Psychologe, weil schon gewitzt geboren, eine Reduktion der Dissonanz nennt.

Um Psychologie handelt es sich tatsächlich, denn die Widersprüchlichkeit von Verhaltensweisen läßt sich oft beobachten und verrät die Bewegung unterschwelliger Kräfte; schlechtes Gewissen und Unaufrichtigkeit oder auch Pharisäertum steigen an die Oberfläche; das Alltagsleben ist voll davon. Eine anekdotische Psychologie wird mir erlauben, es im Modus minor schneller abzuschließen. Weil die Kräfte die Wahrheit der Wahrheiten sind, wissen wir nur das, was man uns wissen läßt: unsere Unwissenheit über das, was wir nicht wissen dürfen, ist aufrichtig. »Gestehen Sie nie«, hat Proust dem Verfasser des *Corydon* geraten; so wird niemandem auffallen, was ins Auge springt, denn die Justiz der Salons nimmt nur Geständnisse entgegen und verstößt den, der sich zum Inquisitor seinesgleichen macht. Die betrogenen Ehemänner sind ebenfalls blind, weil sie ohne die Spur eines Beweises nicht das Recht haben, ihre Frau zu verdächtigen; ihnen bleibt nur das Nichtwissen, solange ihnen keine Tatsache in die Augen springt. Aber ihr Nichtwissen ist so groß, daß man ihr Schweigen hören kann.

Im *Tristan* des alten Béroul gibt es eine Episode, die träumen macht. Isolde hat den König Marc verlassen und ist mit Tristan in den Wald geflohen. Nach drei Jahren wachen die beiden Liebenden eines Morgens auf, ohne noch irgend etwas für einander zu empfinden: der Liebestrank, an dessen immerwährende Wirkung Béroul nicht glaubt, hat seine Kraft verloren; Tristan beschließt, daß es am weisesten wäre, wenn Isolde zu ihrem Mann zurückkehrte. Er gibt sie also Marc zurück und fordert jeden zum Zweikampf heraus, der es wagen sollte zu behaupten, er hätte jemals Isolde berührt; niemand hob den Handschuh auf, und die Ehre der Königin war unangefochten. Was haben sich Béroul oder sein Publikum dabei gedacht? Nichts kann hier den Text und seine unauslotbare Einfalt ersetzen.

Béroul spürt wohl, daß Marc als eifersüchtiger Verliebter alles wußte, daß er aber als Gatte und als König nicht das Recht zu wissen hatte. Bei Marc und bei Béroul spielt sich dieser Konflikt im Bewußtsein ab, oder besser auf einem Niveau gerade unterhalb des Bewußtseins, wo wir ganz genau wissen, was uns nicht bewußt werden darf: betrogene Ehemänner oder blinde Eltern sehen, wie ganz aus der Ferne etwas näherkommt, was sie nicht sehen dürfen, und der Klang angsterfüllter, zorniger Stimmen und die Schnelligkeit, mit der sie reagieren, läßt keinen Zweifel mehr bestehen, daß sie selbst nicht wissen, wie klar sie alles sehen. Von Verblendung über Unaufrichtigkeit bis zum Wortschwall übertriebener Höflichkeiten sind alle psychologischen Abstufungen denkbar; seit Isokrates verhielt es sich bei den Griechen im Bereich des Mythos genauso: Platon verrät einen unbequemen Bewußtseinsstand, wenn er im VII. Buch der *Gesetze* erklärt, daß er aus zwei Gründen die Frauen für das Kriegshandwerk tauglich halte: »Einerseits glaube ich an einen Mythos, den man erzählt«, den Mythos der Amazonen, »und andererseits weiß ich« (so steht es dort), daß die Frauen vom Volke der Sauromaten sich im Bogenschießen üben. Das bedeutet, daß die psychologischen Anekdoten eine Sache sind und die konstituierende Einbildungskraft eine andere: Trotz seines schlechten Gewissens oder gerade deswegen schickt Platon den Mythos nicht in die Wüste, sondern sucht nach seinem unanfechtbaren wahren Kern, denn so lautete das Programm, dessen Gefangener er war und mit ihm alle seine Zeitgenossen.

Übrig bleibt, daß man nur weiß (oder glaubt, was dasselbe ist), was man wissen darf: die Klarsicht bleibt in diesem Kräfteverhältnis, das sich gerne als überlegene Kompetenz ausgibt, gefangen. Da gibt es verschiedene Möglichkeiten. Wir haben schon gesehen, wie wichtig es ist zu wissen, *daß die Meinungen geteilt sind,* und es endet mit der Balkanisierung eines jeden Kopfes; wenn die Respektlosigkeit nicht als heuristische Methode gepflegt wird, verdammt man nicht kurzerhand, was viele glauben, und infolgedessen verdammt man es auch nicht in Gedanken: man glaubt selbst ein wenig daran. Genauso wichtig aber ist zu *wissen, daß man wissen kann;* Raymond Ruyer hat irgendwo geschrieben, daß die Russen, um ihrerseits die Atombombe herzustellen, überhaupt nicht darauf angewiesen waren, die Amerikaner auszuspionieren; es reichte, daß sie von der Möglichkeit, die Bombe herzustellen, wußten, was sie von dem Augenblick an wußten, als sie wußten, daß die Amerikaner es geschafft hatten. Die ganze Überlegenheit der kulturellen »Erben« steckt darin. Als Kontrast das Beispiel der Autodidakten: Was entscheidend für sie ist, ist nicht, daß man ihnen gute Bücher zeigt, sondern daß dieser Ratschlag von Autodidakten wie ihnen kommt: Von da an halten sie es für möglich, diese Bücher zu verstehen, weil ihresgleichen sie verstanden haben. Ein Erbe ist jemand, der weiß, daß es kein Arkanum gibt: Er hält sich für fähig, soviel zu leisten, wie seine Eltern geleistet haben, und wenn es ein Arkanum gäbe, dann hätten es seine Eltern schon gefunden. Denn wichtig ist vor allem *zu wissen, was andere wissen,* oder im Gegenteil, zu wissen, daß es nichts mehr zu wissen gibt und daß außerhalb des kleinen Wissensbereiches, der einem selbst gehört, keine gefährliche Zone existiert, wohin nur andere, die kompetenter sind, sich wagen dürfen; wenn man glaubt, solch ein Arkanum, das nur andere kennen, existierte, dann sind Forschung und Erfindung wie gelähmt: man wagt nicht mehr, allein einen Schritt zu tun.

In einer segensreichen Vision des Sachverhaltes endet die soziale Verteilung des Wissens (jeder weiß nicht alles und jeder profitiert von der Kompetenz des anderen) mit Wirkungen, die ebenso neutral und heilsam sind wie der Warentausch auf dem vollkommenen Markt der Ökonomen; was gibt es Unschuldigeres und Uninteressierteres als die Erkenntnis der Wahrheit? Sie ist das Gegenteil brutaler Verhältnisse. Es ist wahr, daß es Kompetenz und Kompetenz gibt: im IV. Buch der *Gesetze* setzt Platon diesmal das Wissen des Sklaven des Arztes, der, ohne sie zu verstehen, die Heilverfahren anwendet, die ihm sein Herr beigebracht hat, dem wahren Sachverstand des freien Mannes – des Arztes – gegenüber, der den Grund für diese Verfahren weiß und der, weil er die freien Wissenschaften studiert hat, »entsprechend der Natur weiß«. Es ist auch wahr, daß das lange Studium unserer Ingenieure und Ärzte ihnen erlaubt, den Grund der Techniken zu verstehen, die sie anwenden werden und folglich vielleicht neue zu erfinden; es ist aber genauso wahr, wenn nicht noch wahrer, daß der wahre Wert eines solchen Studiums darin besteht, daß sie Vertrauen zu ihrer Legitimität bekommen: sie sind die Meister auf ihrem Gebiet, sie haben das Recht zu reden, die anderen dürfen nur zuhören. Sie werden nicht durch die Idee einer offiziell höheren Kompetenz gelähmt.

# Wie Pausanias seinem Programm nicht entkommen kann

Aber glaubt denn Pausanias selbst an die kultischen Mythen, die er auf jeder Seite berichtet? Man erinnert sich, daß er uns gegen Ende seines Werkes verrät, er habe manche der Göttersagen, die die Griechen ihm erzählten, für Kinderreime gehalten; dennoch hatte er sie berichtet, manchmal kritisch, wie wir wissen, oder ohne jegliche Kritik; dieser zweite Fall war der bei weitem häufigste. Akzeptierte er alles, was er nicht kritisierte und war er eine gläubige Seele; oder war er ein voltairescher Geist, der einige Mythen niederriß, um sie alle zu erschüttern? Wir werden die Untersuchung des »Problems Pausanias« wieder aufgreifen, denn sie hat den Vorteil, kompliziert zu sein und zugleich die Beschränktheit des Programms zu zeigen, in dem die seriösesten Denker ihre Auseinandersetzungen führten. Denn im letzten Teil seines Werkes verhandelt Pausanias sich selbst.

Im Interesse der Klarheit ist es vorteilhaft, mit einer Zusammenfassung unserer Schlußfolgerungen zu beginnen. Pausanias hat einen Rationalismus, der nicht der unsere ist; im übrigen ist er manchmal Geschichtsschreiber, der berichtet, was sich wirklich ereignet hat, manchmal eher Philologe, der berichtet, was gesagt wird. Weit davon entfernt, kritisch im Sinne Voltaires zu sein, beweist seine Mythenkritik vielmehr, welch hohe Vorstellung er sich von den Göttern machte; deshalb hat er auch aus Frömmigkeit die überwiegende Mehrheit der Mythen, die er berichtete, vor sich selbst verurteilt. Doch weil er eher Philologe als Historiker ist, erzählt er sie oft ausführlich, ohne sie zu beurteilen; mehr noch, er beteiligt sich an dem Spiel, sieht mit den Augen des Mythographen, unseren Philosophiehistorikern vergleichbar, die alle Dinge vom Standpunkt des Denkers aus betrachten und beurteilen, den sie gerade studieren, inklusive der mehr oder weniger kohärenten Details der Lehre des besagten Denkers. Was die legendäre Geschichte betrifft, die Genealogien, so gibt er sie getreu wieder, glaubt sie aber nur in groben Zügen; was er in seinen Notizen festhält, läßt sich ganz mit dem vergleichen, was Thukydides in seiner *Archäologie* festgehalten hat; die genealogischen und ätiologischen Erdichtungen, die nur den betrogen, der sich verzaubern lassen wollte, ärgern ihn im übrigen nicht so sehr wie die Absurditäten über die Götter. Das ist seine Haltung bis zum Ende des VII. Buches. Sie bleibt auch in den letzten drei Büchern weiterhin gültig, nachdem er in Arkadien einen Weg nach Damaskus gefunden hatte; aber von da an fragt er sich, ob es in den Legenden, über die er sich zunächst so entrüstet hat, nicht manchmal doch eine wörtliche oder allegorische Wahrheit geben könne. Nichts von all dem wird unsere Leser überraschen, doch weil Pausanias ein zurückhaltender Autor ist und einen ungezwungenen Humor hat, ist es nicht immer einfach, die Fäden zu entwirren. Pausanias hat Charakter (viel mehr als ein Strabon, zum Beispiel).

Zwei- oder dreimal ist ihm die Feder aus der Hand gefallen[175]; »lassen wir den Mythos beiseite«, schreibt er dann, und weil er sich weigert, die Fabel der Medusa zu erzählen, gibt er zwei rationale Versionen, zwischen denen er sich nicht entscheiden kann: Medusa war eine Königin, die im Krieg getötet wurde; Medusa war eine der monströsen Bestien, wie man sie nach dem Zeugnis eines karthagischen Geschichtsschreibers noch in der Sahara findet. Politische oder physische Rationalisierung der Mythen. An drei oder vier anderen Stellen macht er sich lustig[176]; in Mantinea kann man einen jetzt schon sehr betagten Hirsch besichtigen, der ein Halsband trägt, auf dem zu lesen steht: »Agapenor hat mich gefangen, als er in den trojanischen Krieg zog«; das beweist, daß Hirsche noch älter als Elefanten werden können. Humor, der auch darüber hinwegzuspielen versucht, wie außer sich Pausanias ist[177], daß die Hellenen offensichtlich ebenso naiv sind wie Barbaren. Er wird mit dem Geständnis schließen[178], daß die Fabeln seiner Meinung nach aus einer glatten und simplen Einfalt stammen, und manchmal weigert er sich, die Verantwortung dafür zu übernehmen[179]: »Ich wiederhole, was die Griechen sagen«, schreibt er dann.

Aber in der Mehrzahl der Fälle enthält er sich des Urteils: Er beschränkt sich darauf zu berichten, was die Griechen sagen, und in der Tat war dies schon seit langem ein spezifisches Wahrheitsprogramm, hinter dem Pausanias sich verstecken konnte, was auch immer seine persönliche Meinung war. Man ahnt, um was für ein Programm es sich handelte, wenn man liest, was Dionysios von Halikarnassos in seiner *Beurteilung des Thukydides* über die Geschichtsschreiber des 5. Jahrhunderts schreibt: »Sie haben nur ein Ziel, immer dasselbe: alle Menschen mit dem bekannt machen, was sie an eigentümlichen Erinnerungen der verschiedenen Städte haben sammeln können und was die Bewohner des Landes bewahrt haben oder was an Denkmälern in den Tempeln geweiht ist; sie fügten nichts hinzu und ließen nichts weg; unter diesen Erinnerungen gibt es Mythen, an die man viele Jahrhunderte geglaubt hat, wie auch romanhafte Abenteuer, die einem heute sehr kindisch vorkommen.« Diese alten Geschichtsschreiber sammelten die lokalen Überlieferungen nicht, ohne daran zu glauben, wie unsere Volkskundler, und sie sparten auch aus Respekt vor den Glaubensüberzeugungen anderer nicht an Kritik; sie betrachteten sie als Wahrheiten, aber als Wahrheiten, die weder ihnen noch irgend jemand sonst gehörten: sie gehörten den Leuten des Landes; denn die Einheimischen sind am ehesten in der Lage, die Wahrheit über sich zu erkennen, und vor allem können sie diese Wahrheit über ihre Stadt nach demselben Recht beanspruchen wie die Stadt, auf die sie sich bezieht. Es handelt sich um eine Nichteinmischungsdoktrin in die öffentlichen Wahrheiten anderer.

Noch sechs Jahrhunderte später konnte Pausanias ihre Neutralität imitieren, weil die Mythen eine hohe kulturelle Wertschätzung bewahrten und weiter bewahren werden. Die Fabel war so wenig Folklore wie die Wettkämpfe der Athleten in Olympia oder die Schauspiele zum Ergötzen der Massen anderswo[180]: es waren nationale Gebräuche. Es gibt viele mögliche Definitionen der Folklore; eine davon charakterisiert sie nicht durch innere Kriterien, sondern durch die Tatsache, daß sie aus einem Kulturkreis ausgestoßen wurde, der sich selbst für den einzig guten und wahren hält. Pausanias verwirft aber die nationalen Überlieferungen nicht, die jene Mythen waren. Er respektiert auch sein Spezialgebiet, denn seine Aufgabe hat er darin gesehen, die Merkwürdigkeiten jeder Stadt, Legenden und Monumente, zu sammeln, und es zeugt von wenig Wohlwollen und schlechtem Gewissen, sich über seine Forschungen lustig zu machen. Deshalb taucht er seine Feder in das Tintenfaß seiner Autoren und macht ihr Spiel mit. Es kommt oft vor, daß er erklärt, jene Version einer Legende sei unwahrscheinlicher als eine andere; doch wir müssen uns hüten zu glauben, er spreche da immer in seinem eigenen Namen[181]: Er spricht als Philologe, der sich in die

Perspektive seines Autors versetzt und auf ihn seine Kriterien als Autor anwendet.

Auf die rationalistische Mythenkritik folgt also eine Kritik der inneren Kohärenz. Die Einwohner von Pheneos erzählen, daß Ulysses, der seine Pferde verloren hatte, sie wiederfand, als er vorbeikam, und dem Poseidon eine Bronzestatue errichtete: es ist plausibel, an die Legende zu glauben, nicht aber an die Statue, denn zur Zeit des Ulysses konnte man noch nicht in Bronze gießen.[182] Beide Kritiken werden oft nebeneinandergestellt. Die Legende von Narziß, der aus Liebe zu seinem eigenen Spiegelbild gestorben ist und einer Blume Leben gab, die seinen Namen trägt, beweist »eine totale Naivität«, weil es nicht natürlich ist, daß ein schon so großer Junge sein Spiegelbild nicht von der Wirklichkeit unterscheiden konnte, und auch, weil es die Narzisse schon lange vorher gegeben hat: Jeder weiß, daß schon Cora mit ihr auf der Wiese gespielt hat, wo sie dann von Hades überrascht und entführt wurde.[183] Wenn derart Pausanias die Notwendigkeit innerer Kohärenz, die die Wirklichkeit beherrscht, auf den Mythos anwendet, so läßt sich daraus nicht schließen, daß er an die Geschichtlichkeit dieses Mythos glaubt: Wie viele Philologen, die nicht an die Geschichtlichkeit des Trimalchion oder der Lady Macbeth glauben, verwechseln dennoch Fiktion mit Wirklichkeit und zwingen Petronius und Shakespeare, dem Melderegister Konkurrenz zu machen.[184] Sie wollen bestimmen, in welcher Jahreszeit das Festbankett des Trimalchion stattgefunden hat, und die Widersprüche des Textes auflösen, in dem Früchte aus verschiedenen Jahreszeiten erwähnt werden; sie wollen festlegen, wie viele Kinder genau Lady Macbeth hatte. Dennoch glaubt Pausanias nicht an die Realität des Hades und die Geschichtlichkeit des Raubes der Cora; weiter oben haben wir gesehen, daß »man sich nicht vorstellen soll, die Götter hätten eine Behausung unter der Erde«.

Als Philologe akzeptiert Pausanias stillschweigend alle Legenden, die er nicht kritisiert, als Mensch jedoch lehnt er sie ab. Kallisto, Geliebte des Zeus, ist nicht in eine Sternenkonstellation verwandelt worden, denn die Arkadier zeigen ihr Grab: Das ist die Forderung nach innerer Kohärenz, und es ist der Philologe, der hier spricht. »Ich wiederhole hier nur, was die Griechen sagen«, hatte er zuerst betont: da kommt der Mensch durch, der sich von einer lachhaften und gottlosen Legende distanziert.

Zusammenfassend wird man also sagen, daß Zeus nicht mehr tat, als der Sternenkonstellation den Namen der Kallisto zu geben: Da haben wir den rationalistischen Historiker, der die Anweisungen des Philologen befolgt und eine glaubwürdige Interpretation eines Mythos gibt, an dessen Geschichtlichkeit er als Mensch nicht glaubt.[185] Pausanias' Denken ist klar und sein Stil subtil.

Pausanias glaubt aus Frömmigkeit an fast keine der Legenden, die er getreulich sammelt; wir sollten die Entmythologisierung von der Gottlosigkeit trennen. Zu jener Zeit ließ sich der Unglauben nicht an der Kritik der Mythen erkennen, wohl aber an der Kritik der Orakel: Cicero, Oinomaos und Diogenianos[186] sind ganz gewiß keine frommen Seelen; wenn sie die Orakel lächerlich machten, dann gewiß nicht in der Absicht, die Götter von Schuld freizusprechen. Pausanias aber glaubt an die Götter und sogar an ihre Wunder: Die »Epiphanie« der delphischen Gottheit anläßlich der Invasion der Galatäer ist für ihn eine unbestreitbare Tatsache.[187]

Die kleine Revolution, die bei Pausanias anläßlich seiner Nachforschungen über die arkadischen Altertümer stattgefunden hat, bestand in der Feststellung, daß bestimmte Legenden, weit davon entfernt, die Götter zu verspotten, einen höheren Sinn haben konnten.[188] Schon einmal hatte er sich der (wie man sagte) »physikalischen« Interpretation der Götter angeschlossen: Als er das Heiligtum von Aigion besichtigte, traf er dort einen Phönizier, der ihm erzählte, daß Äskulap die Luft sei und Apollo die Sonne, weil Luft und Sonne gesund machen, und er hatte dem zugestimmt.[189] Aber jetzt, wo er dabei ist, Arkadien zu studieren, faßt er darüber hinaus die Möglichkeit einer allegorischen Interpretation ins Auge, weil ja die Weisen von damals »die Angewohnheit hatten, in Rätseln zu sprechen«; die erstaunliche Geschichte, die die Arkadier über Rhea erzählten, die dem Kronos, um ihn zu täuschen, ein Fohlen vorsetzte und so Poseidon vor seinem kannibalischen Vater rettete, ist nicht notwendig ungereimt[190]: Sie hat irgendeinen tieferen physikalischen oder vielleicht auch theologischen Sinn. Dies war der erste Schritt: sich nicht mehr an den Wortlaut der Mythen zu halten.[191]

Der zweite war viel beeindruckender: auf das Prinzip der aktuellen Dinge verzichten und einräumen, daß in den mythischen Zeiten andere Bedingungen geherrscht haben können als in den heutigen. Eine arkadische Legende erzählte nämlich, daß Lykaon in einen Wolf verwandelt wurde, weil er dem Zeus einen Säugling geopfert hatte; »und dieser Bericht hat mich überzeugt«, schreibt Pausanias, »denn die Arkadier erzählen ihn seit langer Zeit, und die Wahrscheinlichkeit spricht für ihn. Wahrlich, die Menschen jener Zeit waren die Gäste der Götter und hatten Teil an ihrem Mahl, denn sie waren gerecht und fromm[192]; die Götter schickten ihnen Strafe und Belohnung, je nachdem, ob sie gut oder böse waren«; so daß man also in jenen fernen Zeiten Menschen finden konnte, die in den Kreis der Götter aufgenommen wurden. Warum auch nicht? Ein kaum abergläubischer Geist wie Epikur[193], der überzeugt war, daß die Welt nicht älter als einen Tag und gerade erst dabei war, ihren Platz zu finden (an den »Fortschritt« glaubt er nur in dieser Bedeutung), zog daraus den Schluß, daß die Welt im Laufe weniger Jahrhunderte beträchtliche Veränderungen durchgemacht hätte; also hielt er es für möglich, daß die Menschen von früher, die viel gesünder als die von heute gewesen sind, Augen hatten, die gut genug waren, um die Götter am hellichten Tag erblicken zu können, während es uns nur möglich ist, die Strahlung ihrer Atome durch den Traumkanal zu empfangen.

Wie man sieht, setzt Pausanias seine Entwicklung ausdrücklich in Beziehung zu dem, was er in Arkadien gelernt hat, und schenkt der Legende des Lykaon Glauben, weil die Überlieferung darüber weit zurückreicht[194]; sie gehört nicht zu den Einbildungen, die im nachhinein die ursprüngliche Wahrheit überdecken. Erinnern wir zunächst daran, daß Pausanias zwar frei von Aberglauben, aber nicht ohne Religion ist; außerdem hat er, indem er drei oder vier Jahrzehnte verschulter Mythologie übersprang, mit dem lokalen Leben der unbekannten Legenden wieder Fühlung aufgenommen, zwar eine über Bücher vermittelte, aber sie war keineswegs banal; er durchstöbert die Bibliotheken, und die alten Bücher bringen ihn zum Träumen. Arkadien auch: Dieses rauhe, arme und so wenig idyllische Land hatte schon durch seinen Archaismus Kallimachos zum Träumen gebracht und stand in dem Ruf, seinen ursprünglichen Glauben und seine Bräuche unverändert bewahrt zu haben. Für den Archaismus, der der Wahrheit nahekommt, ist Pausanias sehr empfänglich. Dafür gibt es einen merkwürdigen Beweis; schon in seinen Jugendschriften über Athen hatte Pausanias[195] große Stücke auf die Hymnen eines gewissen Pamphos gehalten, den die Modernen dem Hellenismus zurechnen, den Pausanias aber für noch älter als den Homer selbst hielt; so glaubt er nun, daß es bei den Arkadiern war, wo Pamphos sein Wissen herbekam. Kurz, überwältigt von der Ungereimtheit so vieler Mythen, aber als guter Grieche, der er war, dennoch nicht fähig anzunehmen, daß es möglich wäre, ganz und gar zu lügen, mußte Pausanias schließlich zugeben, daß die Mythen manchmal durch Rätsel und Allegorie und manchmal sogar buchstäblich die Wahrheit sagen, wenn sie nämlich so alt sind, daß niemand mehr sie verdächtigen konnte, durch Lügen entstellt zu sein. Spirituelle Revolution? Ich weiß nicht; vollkommen logische Entwicklung ganz gewiß.

Es ist eine Entwicklung, die auf der Linie des griechischen Denkens seit Thukydides und Platon bleibt; in seiner Frömmigkeit wie auch in seiner Unruhe bleibt Pausanias ein Klassiker, und nichts bei ihm läßt den Neuplatonismus und die zukünftige Religiosität erahnen. Dennoch ist Pausanias kein leichter Autor, und ich muß dem Leser meine Unsicherheit eingestehen: wenn auch die Fäden des komplizierten Rasters, das unser Autor webt, sich entwirren lassen, so ist demgegenüber die Entscheidung im einzelnen, ob er für sich selbst spricht oder nur als Philologe, nicht ohne Schwierigkeiten zu treffen. Da erzählen ihm die Arkadier, ja die Arkadier, daß der Kampf der Götter und der Riesen sich in ihrem Land zugetragen hat, und zwar an den Ufern des Alpheios; wird er nun an die Fabeln von den Riesen glauben, von denen Xenophon schon nicht mehr reden hören wollte? Er beruft sich auf Argumente, die er aus der Naturgeschichte holt, macht ausführliche Erörterungen[196]; spielt er ein Spiel oder glaubt er wahrhaftig daran? Ich verzichte darauf, das zu entscheiden. Ein andermal[197] zeigt man ihm in Chäronea das Zepter des Agamemnon, das Hephaistos selbst geschmiedet hat, wie die *Ilias* es erzählt: Ausführlich bespricht er diese Reliquie, grenzt anhand von Stildatierungen andere Hephaistos zugeschriebene Arbeiten aus und kommt zu dem Schluß: »Die Wahrscheinlichkeit spricht dafür, daß allein dieses Zepter ein Werk des Hephaistos ist.« Wenn diese Stelle nicht im XI. Buch zu finden wäre, würde man in ihr eine Haltung des Philologen sehen, der so tut, als ob er alles glauben würde, aber versetzt mit einem kleinen Schuß Humor; doch weil in diesen weit zurückliegenden Jahrhunderten die Götter unter den Menschen wandelten, wie uns Pausanias im VIII. Buch erzählt hat, weiß ich nicht mehr so genau, was ich davon halten soll. Ich weiß es erst recht nicht in einem dritten Fall[198], der Genealogie der arkadischen Könige, denn wenn er über die Geschichte schreibt, ist Pausanias genauso ehrlich und durchtrieben, wie wenn er über religiöse Legenden schreibt. Entschließen wir uns und geben wir zu, daß er es mit Absicht macht: Dieser Grieche, den man für einen Kompilator hielt, für einen Baedeker, hat seine Freude daran, uns in Zweifeln ertrinken zu lassen, so wie Valéry oder der selige Jean Paulhan. Besser gesagt: wie Kallimachos; denn der alexandrinische Humor bestand genau darin.

Pausanias als Historiker: Seine Methode ist dieselbe wie für die religiösen Mythen, und unsere diesbezüglichen Zweifel zuweilen auch (die Genealogie der Könige von Arkadien . . .); kann er sich auch für eine andere Litanei verbürgen, nämlich die der Könige von Achaia? In der Religion glaubt er an die Gottheiten, nicht jedoch an die Mythologie, und in der Geschichte glaubt er an die globale Authentizität des heroischen Zeitalters. Nur daß seine Globalität nicht die unsere ist, sondern die des Thukydides, wenn dieser schreibt, daß Hellen den Hellenen ihren Namen gab und daß Atreus, der ein Onkel des Eurystheus war, dem Volke schmeichelte und König wurde; authentisch sind die Hauptpersonen und die politischen Fakten. Und die Eigennamen.

In der Tat gibt es einen Abschnitt, in dem man endlich zu entdecken glaubt, was Pausanias wirklich denkt; ich muß ihn zitieren[199], um schneller zum Schluß zu kommen: »Die Boioter haben den Namen ihres Gesamtvolkes von Boiotos erhalten, der, *wie es heißt,* Sohn des Itonos und der Nymphe Melanippe war, und Enkelsohn des Amphiktyon; die Namen ihrer verschiedenen Städte leiten sich von Männern und vorwiegend von Frauen ab: Die Plataier sind von Anbeginn an, *wie mir scheint,* Ureinwohner; ihren Namen haben sie von der Plataia, die sie für eine Tochter des Flusses Asopos *halten. Es ist klar,* daß auch sie ursprünglich von Königen regiert wurden; denn überall in Griechenland gab es von altersher Königsherrschaften. Von den Königen *kennen* aber die Plataier niemand mehr außer dem Asopos und vorher noch den Kithairon, und der zweite, *sagen sie,* habe dem Gebirge, der erste dem Fluß seinen Namen gegeben. *Ich glaube* aber, daß auch Plataia, nach der die Stadt genannt ist, Tochter des Königs Asopos und nicht des Flusses Asopos war.« Wenn man etwas über die Vergangenheit einer Stadt erfahren will, fragt man die Einheimischen und hofft, daß sie sich auch an Einzelheiten erinnern können, und man hat keine Veranlassung, diese Erinnerungen in Zweifel zu ziehen, bis auf die Kindereien natürlich, die Nymphen und Flußväter, die sich ohne große Schwierigkeiten richtigstellen lassen. Titus-Livius bezweifelte die Echtheit der Liste der Könige Roms nicht (fragwürdig schienen ihm nur die bigotten Fabeln vor Romulus); warum hätte Pausanias Zweifel an der Echtheit der Königslisten von Arkadien oder gar von Achaia haben sollen?

# Einige andere Wahrheiten: Die des Fälschers, die des Philologen

Nein, er zweifelte nicht an diesen imaginären Verzeichnissen, die schon so viele zu Narren gehalten hatten, angefangen mit ihrem eigenen Erfinder. Diese Geschichtsschreibung der ehrlichen Fälscher ist so merkwürdig, daß es sich lohnt, länger bei ihr zu verweilen: Wir werden sehen, wie unmöglich es wird, zwischen dem Imaginären und dem Wirklichen zu unterscheiden, wenn man dem Problem des Fälschers nachgeht.

Unter all den bizarroiden Gedanken, die wir seit Beginn dieses Buches haben Revue passieren lassen und die zusammen das ergeben, was wir gewöhnlich den Geist des Griechentums nennen, ist jener wohl am bizarrsten, wo die Fiktion ihre brutalste Stofflichkeit gewinnt; wie soll man entscheiden, daß ein König Ampyx heißt? Warum dieser Name und nicht einer von Millionen anderen? Es hat also ein Wahrheitsprogramm gegeben, in dem es jemandem, Hesiod oder einem anderen, zugestanden wurde, er spreche die Wahrheit, wenn er die Personennamen, die ihm durch den Kopf gingen, oder die wüstesten Träumereien à la Swedenborg herunterleierte. Bei solchen Leuten ist die psychologische Einbildungskraft eine Quelle der Wahrhaftigkeit.

Diese bei einem Religionsstifter normale Haltung ist auch bei einem Historiker nichts Unverständliches. Die Historiker sind kaum mehr als rückwärtsgewandte Propheten, die mit Schüben von Phantasie ihre Vorhersagen *post eventum* ausstaffieren und beleben; so etwas nennt man die historische »Retrodiktion« oder auch »Synthese«, und dieses Vermögen der Einbildungskraft hat dreiviertel einer jeden Seite der Geschichtsschreibung verfaßt, das letzte Viertel stammt aus Dokumenten. Mehr noch. Die Geschichte ist auch ein Roman, mit Tatsachen und Personennamen, und wir haben gesehen, daß man beim Lesen alles für wahr hält, während man es liest; daß es erfunden wurde, stört erst hinterher und nur dann, wenn man zu einer Gesellschaft gehört, in der eine Vorstellung der Fiktion existiert.

Warum sollte ein Historiker nicht die Namen seiner Helden erfinden? Ein Romanschriftsteller tut das doch auch. Weder der eine noch der andere erfindet im eigentlichen Sinn des Wortes: Sie stoßen in ihrem Kopf auf einen Namen, an den sie nicht dachten. Der Mythograph, der die Liste der Könige von Arkadien erfunden hat, entdeckte genauso eine fremde Wirklichkeit in seinem Innern, die nicht aus seiner Willkür stammte und die es zuvor nicht gab; er war in dem Geisteszustand, in dem sich ein Romanschriftsteller befindet, wenn er »die Kontrolle über seine Personen verliert«. Er konnte sich dieser Wirklichkeit ganz ergeben, weil es damals noch nicht Sitte war, die Geschichtsschreiber zu fragen: »Woher wißt ihr das?«

Was den Leser betrifft . . . Man darf von einem Bericht Vergnügen oder Information erwarten; der Bericht selber kann sich für wahrhaftig oder für fiktiv ausgeben, und im ersten Fall kann man ihn glauben oder für die Lüge eines Fälschers halten; die *Ilias* gab sich über weite Strecken als historisch aus, aber weil die Leser Unterhaltung suchten, konnte der Dichter seine eigenen Erfindungen beisteuern, ohne daß irgend jemand daran Anstoß genommen hätte. Dagegen lasen die Leser des Castor – der erfindungsreiche Geschichtsschreiber der langen Reihe legendärer Könige von Argos – ihn nur, um sich zu informieren, und sie glaubten alles, anstatt im Vergnügen zu schwimmen, das weder wahr noch falsch ist. Aber genau diese Grenze zwischen Information und Unterhaltung ist selbst konventionell, und andere Gesellschaften als die unsrige haben unterhaltsame Wissenschaft betrieben. Die Mythologie als Teil der »Grammatik« oder der Gelehrsamkeit war bei den Alten eine dieser Wissenschaften. Man genoß an ihr den Bildungstaumel, die Köstlichkeiten des Dilettantismus. Wenn der Vater eines Schülers in den Texten gut bewandert war und er dem Grammatiker seines Sohnes Fangfragen stellte, wie die nach dem »Namen der Amme des Anchises oder der Stiefmutter des Anchemolus«, wie Juvenal berichtet, kümmerte er sich recht wenig um deren Geschichtlichkeit. Selbst bei uns existiert das Vergnügen an der Geschichte als Äquivalent zum Kriminalroman, und das seltsame Werk von Carcopino erweist sich unterhalb seines akademischen Anscheins größtenteils als Geschichts-Fiktion, angefangen bei seinem dicken Buch über Vergil und Ostia.

Um die Wahrheit zu sagen, so besteht das Problem darin, die Geschichts-Fiktion von der Geschichte zu unterscheiden, die sich als seriös versteht. Wird man sie nach ihrer Wahrheit beurteilen? Der ernsthafteste Wissenschaftler kann sich täuschen, und vor allem ist Fiktion nicht Irrtum. Nach ihrer Strenge? Die ist bei einem Fälscher, der, ohne es zu wissen, dem Diktat eines Wahrheitsprogramms folgt, genauso groß und determiniert wie das Programm, dem die für seriös gehaltenen Historiker folgen, ohne es zu wissen; mehr noch, es ist oft dasselbe. Nach ihren psychischen Abläufen? Sie sind dieselben; die wissenschaftliche Erfindung ist nicht für sich allein ein Vermögen der Seele, sie ist dasselbe wie die Erfindungskraft überhaupt. Nach den Kriterien der Gesellschaft, welcher der Historiker angehört? Hier drückt der Schuh am meisten; was mit dem Wahrheitsprogramm der einen Gesellschaft übereinstimmt, gilt in der anderen als Täuschung und Phantasterei. Ein Fälscher ist ein Mann, der sich im Jahrhundert geirrt hat.

An dem Tag, als Jacobus de Voragine, der uns vor allem als Verfasser der *Goldenen Legende* bekannt ist, in seiner Phantasie die trojanischen Ursprünge der Stadt Genua entdeckte, an dem Tag, als ein Vorläufer von Fregedarius in seiner Stadt die Wurzeln der fränkischen Monarchie fand, handelten sie nur vernünftig: sie bildeten synthetische Urteile über das Apriori eines Programms ihrer Zeit. Wir haben gesehen, daß jedes große Reich von den Nachkommen des Äneas gegründet worden war, in diesem Fall von Francion, und daß jedes Land seinen Namen von einem Mann bekam, *Francia* in diesem Fall. Blieb noch zu erklären, was denn dieser Sohn des Äneas an der friesischen Küste überhaupt zu suchen hatte, dort, wo die Franken ursprünglich siedelten; die Antwort des Fregedarius ist nicht hypothetischer und nicht weniger auf ernsthafte Hinweise gestützt als unsere Hypothesen über die Herkunft der Etrusker oder die dunklen Jahrhunderte Roms.

Doch alles zu seiner Zeit. Die antiken Genealogen konnten die Namen von Göttern oder alten Königen erfinden: Jeder verstand, daß bisher noch nie gehörte Mythen den Weg zu ihnen gefunden hatten; aber als im Jahr 1743 ein neapolitanischer Jünger Vasaris bis in alle Einzelheiten die Existenz, die Namen und die Geburtsdaten der Künstler Süditaliens erfand, galt er, als nach hundertfünfzig Jahren der Betrug aufflog, als ein Mythomane. Denn um 1890 hatte die Kunstgeschichte andere Programme, die heute sehr akademisch und in die Jahre gekommen sind.

Unterscheiden wir also zwischen angeblichen Fälschern, die eigentlich nichts anderes tun als das, was ihren Zeitgenossen normal vorkommt, die Nachwelt aber amüsiert, und solchen, die auch in den Augen ihrer Zeitgenossen als Fälscher gelten. Weil wir als Beispiele unbedeutendere Tiere wählen, sagen wir gleich, daß es sich im letzten Fall um eine Person handelt, über die man eher lachen als weinen sollte, um so mehr, als sie niemals existiert hat, denn alle Beweise ihrer Wirklichkeit lassen sich in Zweifel ziehen: ein Betrüger stand vor den Gerichten, seine Bücher waren von anderen geschrieben worden, und die angeblichen Augenzeugen seiner Existenz waren entweder parteiisch oder Opfer einer kollektiven Halluzination; doch sobald man einmal davon überzeugt ist, daß es ihn nicht gegeben hat, fällt es wie Schuppen von den Augen, und man sieht, daß folglich auch die angeblichen Beweise seiner Existenz Fälschungen sind: Es hätte genügt, keine vorgefertigten Ideen zu haben. Dieses mythische Wesen hieß Faurisson. Wenn man seiner Legende glauben darf, hat er es im Jahre 1980, nachdem er sich zuvor dunkel über Rimbaud und Lautréamont ausgelassen hatte, zu einer gewissen Berühmtheit gebracht, weil er behauptete, Auschwitz hätte nie existiert. Er mußte sich anbrüllen lassen. Ich behaupte, daß dieser Mann seine Wahrheit nur um ein Haar verfehlt hat. Tatsächlich war er einer besonderen Spezies von Illuminierten sehr verwandt, mit denen die Historiker in den beiden letzten Jahrhunderten schon öfters zusammengestoßen sind: Kirchenhasser, die die Geschichtlichkeit Christi leugnen (was mich als Atheisten auf die Palme treibt), weiche Hirne, die die Geschichtlichkeit des Sokrates, Jeanne d'Arcs, Shakespeares oder Molières leugnen, über Atlantis aber aus dem Häuschen geraten und auf der Osterinsel Monumente entdecken, die die Außerirdischen dort aufgestellt haben. In einem anderen Jahrtausend hätte Faurisson als Mythograph eine blendende Karriere machen können, oder vor drei Jahrhunderten als Astrologe. Etwas in seiner Persönlichkeit oder Erfindungsgabe war zu kurz geraten und verhinderte, daß er Psychoanalytiker wurde. Denn sein Ruhm lag ihm so sehr am Herzen wie dem Verfasser dieser Zeilen und jedem normalen Menschen. Unglücklicherweise gab es ein Mißverständnis zwischen ihm und seinen Bewunderern; jene verkannten, daß die Wahrheit plural ist (wie wir – uns selbst schmeichelnd – festgestellt haben), und daß Faurisson eher der mythischen als der historischen Wahrheit zuzurechnen ist; und weil außerdem die Wahrheit analogisch ist, glaubten seine Leser sich mit ihm, Faurisson, im gleichen Programm zu befinden wie mit den anderen Büchern über Auschwitz und setzten in treuer Einfalt sein Buch gegen die anderen Bücher; Faurisson kam ihrer Lethargie insofern entgegen, als er die Methode dieser Bücher imitierte, gelegentlich mittels Verfahren, die im Jargon der an der Kontroverse beteiligten Historiker Fälschungen der historischen Wahrheit heißen.

Faurissons einziger Fehler war es, sich auf das Terrain seiner Gegner begeben zu haben: Anstatt wie der Geschichtsschreiber Castor kurzerhand alles einfach zu behaupten, tat er so, als trüge er eine Kontroverse aus; doch sein systematisierter Deutungswahnsinn stellte alles in Frage, und dazu einseitig; das hieß, den Stock reichen, um sich verprügeln zu lassen. Er war gezwungen, an die Gaskammern zu glauben oder alles zu bezweifeln, wie die Taoisten, die sich fragten, ob sie nicht Schmetterlinge wären und nur träumten, sie seien Menschen und daß es Gaskammern gegeben habe . . . Aber Faurisson wollte gegen seine Gegner recht behalten, und zwar in der gleichen Weise wie sie: Der hyperbolische Zweifel am ganzen Universum war nicht seine Sache.

Lassen wir diesen kleinen Mann mit seinen kleinen Obsessionen: Das Paradox des Fälschers (man ist immer Fälscher eines anderen Programms) überschreitet bei weitem seinen Horizont. Dieses Paradox verlangt die Unterscheidung zwischen dem Irrtum, den das Große Jahrhundert auf das Konto der psychologischen Einbildungskraft schrieb, und den historischen Irrfahrten der Wahrheit oder dem, was die konstituierende Einbildungskraft als Wahrheit festlegt. Verlangt wird auch, zwischen dem Fälscher zu unterscheiden, der sein Programm mißbraucht, und dem Fremden, der ein anderes Programm anwendet; Hesiod war kein Fälscher, als er in seinem Kopf alle Namen der Töchter des Meeres fand. Bleibt also durch aufeinanderfolgende Programme ein Kern gesicherter Tatsachen bestehen, aus denen sich der Korpus eines kumulativen Fortschritts ergeben könnte?

Die Auseinandersetzung über Tatsachen geschieht immer innerhalb eines Programms. Gewiß, möglich ist alles, und vielleicht wird man eines Tages entdecken, daß die griechischen Texte in allen Stücken zusammengezimmerte Fälschungen der Gelehrten des 16. Jahrhunderts sind. Aber dieser hyperbolische Zweifel, der bei Faurisson nur in eine Richtung geht, diese niemals auszuschließende Möglichkeit des Irrtums ist eine Sache für sich: Der leere Skeptizismus ist nicht mit dem Geständnis zu verwechseln, daß kein Programm zwingend sei; vor anderthalb Jahrhunderten glaubte man noch an die Sintflut und vor anderthalb Jahrtausenden an Mythen.

Klar ist, daß die Existenz oder Nichtexistenz des Theseus und der Gaskammern in einem bestimmten Punkt des Raumes und der Zeit eine materielle Wirklichkeit besitzt, die nichts unserer Einbildungskraft verdankt. Aber diese Wirklichkeit oder Unwirklichkeit wird wahrgenommen oder verkannt, wird so oder anders interpretiert, je gerade geltendem Programm; von selbst zwingt sie sich nicht auf, die Dinge springen uns nicht ins Auge. Dasselbe gilt auch für die Programme: ein gutes Programm taucht nicht auf natürliche Weise auf. Es gibt keine Wahrheit der Dinge, und die Wahrheit ist uns nicht immanent.

Um den Mythos oder die Sintflut zu widerlegen, bedarf es mehr als einer aufmerksameren Untersuchung oder einer besseren Methode: Man muß das Programm wechseln. Man baut nicht wieder auf, was schief konstruiert worden ist: Man sucht sich woanders einen Platz zum Wohnen. Denn die *matter of facts* ist nur im Rahmen einer Interpretation erkennbar. Damit will ich nicht behaupten, daß die Tatsachen nicht existieren: Die Materialität existiert wirklich und wahrhaftig, sie ist in Wirklichkeit, aber sie ist nicht die Wirklichkeit von nichts, wie der alte Duns Scotus sagte. Die Materialität der Gaskammern zieht nicht die Erkenntnis nach sich, zu der man über sie gelangen kann. Tatsachen und Interpretationen, die voneinander unterschieden sind, gelten in unseren Augen als immer schon miteinander verbunden, und zwar in der Art der Volksabstimmungen, mit denen de Gaulle den Wählern eine einzige Antwort auf zwei verschiedene Fragen abverlangte.

Anders gesagt, zu den Irrtümern in einem bestimmten Programm oder in bezug darauf, in unserem Fall in dem von Faurisson und Carcopino, kommt das Umherirren aller Programme hinzu; die Einbildungen lassen sich nicht von der Einbildungskraft unterscheiden. Wie Heidegger in den *Holzwegen* sagt: »Die Verbergung (des Seienden) kann ein Versagen sein oder nur ein Verstellen«, Irren oder Irrtum, »wir haben nie geradezu die Gewißheit, ob sie das eine oder das andere ist«. Man weiß, wie Heidegger unserem Jahrhundert die Idee eingeprägt hat, daß die Seienden in der Verbergung wesen; sie erscheinen nur in einer Lichtung, und wir glauben jedesmal, daß diese Lichtung keine Grenzen hat. Das Seiende existiert für uns im Modus der Selbstverständlichkeit. Man könnte in dieser Lichtung ein Volles sehen, sagen, daß es keinen ganzen Wald um sie herum gäbe, daß es außerhalb dessen, was unsere Einbildungskraft konstituiert, nichts gibt; und daß unsere Programme gerade nicht begrenzt, sondern Ergänzungen sind, die wir dem Sein hinzufügen. Aber demgegenüber denkt Heidegger, daß die Lichtung nicht alles ist; er denkt das so sehr und so gut, daß er schließlich einen Wahrheitsgrund wiederfindet, manchmal eine sehr abgedroschene Wahrheit (»Eine Weise, wie die Wahrheit ihr Dasein entfaltet, ist die Einrichtung des Staates.«), die die Historiker – und nicht nur sie – als Träumer dastehen läßt. Man hat den Verdacht, daß ein wenig historische und soziologische Kritik besser wäre als noch soviel Ontologie.

Ein Fälscher ist ein Fisch, der sich aus Charaktergründen nicht in das richtige Gefäß gesetzt hat. Seine wissenschaftliche Einbildungskraft verfolgt Methoden, die nicht mehr im Programm stehen. Daß dieses Programm oft genug, wenn nicht gar immer, ebenso imaginär ist wie das des Fälschers, will ich gerne glauben. Aber man sieht, daß es zwei Arten der Einbildungskraft gibt, wovon die eine die Programme verabschiedet, die andere aber dazu dient, sie auszuführen. Die letztere, das wohlbekannte psychologische Vermögen, ist intrahistorisch. Die erste, die konstituierende Einbildungskraft, ist nicht eine Erfindungsgabe, die den Individuen innewohnte; sie ist eine Art objektiver Geist, dem sich die Individuen gesellschaftlich anschließen. Sie konstituiert die Wände eines jeden Gefäßes, die imaginär und zufällig sind, denn Tausende verschiedener Wände wurden und werden im Laufe der Jahrhunderte errichtet. Sie ist also nicht transhistorisch, sondern eher interhistorisch. All das nimmt uns die Möglichkeit, radikal zwischen Werken der Kultur, die als wahr gewollt sind, und den reinen Produkten der Einbildungskraft zu unterscheiden. Wir werden noch darauf zu sprechen kommen; doch erzählen wir zunächst den kurzen Epilog unserer Intrige.

Was die Geburt der modernen historischen Wissenschaft ermöglicht hat, war nicht die Unterscheidung zwischen primären und sekundären Quellen (diese hat man sehr früh unterschieden, und diese Unterscheidung ist kein Allheilmittel); es war die Unterscheidung zwischen den Quellen und der Wirklichkeit, zwischen den Geschichtsschreibern und den historischen Tatsachen selbst. Nun aber, in der Zeit nach Pausanias, verwechselt man sie mehr und mehr und wird sie lange Zeit verwechseln, bis zu jenem Bossuet, der noch einen Synchronismus zwischen Herkules und Abimelech festgestellt hat, weil er nämlich das wiederholte, was die *Chronik* des Eusebios dazu sagte. Mit dieser neuen Art und Weise, an die Mythen zu glauben, werden wir schließen.

Die Beziehungen zwischen der historischen Gattung und dem, was man lange Zeit Grammatik oder Philologie nannte, sind nicht einfach. Die Geschichte will erkennen, »was eigentlich geschehen ist« (sagte Ranke[200]), während die Philologie Denken des Denkens ist, *Erkenntnis des Erkannten* (sagte Böckh[201]).

Oft ist die Erkenntnis dessen, was geschehen ist, nur ein Mittel, um einen klassischen Text erklären zu können, jenen vornehmen Gegenstand, für den die Geschichte nur der Referent ist; so verhält es sich, wenn die Geschichte der Römischen Republik nur dazu dient, Cicero besser zu verstehen. Meistens werden die beiden miteinander verwechselt; was man früher »literarische Geschichte« nannte (d. h. die durch die Literatur bekannte Geschichte) und was man heute Humanismus nennt, bestätigt Cicero durch die Ereignisse des letzten Jahrhunderts der Römischen Republik, und es beglaubigt die Geschichte des Jahrhunderts durch die zahllosen Details, die Ciceros Werk enthält.[202] Die entgegengesetzte Auffassung ist indessen nicht so sehr verbreitet, aber dennoch existiert sie; in ihr geht es darum, einen Text zu benutzen, um die Wirklichkeit, auf die er sich bezieht, anschaulich zu machen, worin ja für den Philologen als Historiker das eigentliche Interesse besteht. So hat es Strabon gesehen; die blinde Liebe, die Strabon für Homer empfand, wobei er dem Beispiel seines Meisters Chrysippos folgte, ist bekannt; diese Liebe war so groß und so innig, daß das VIII. Buch seiner *Geographie*, das die Beschreibung Griechenlands enthält, sich vor allem damit beschäftigt, die Namen der Orte zu identifizieren, die man bei Homer lesen kann. War es Strabons Ziel, den Text Homers verständlicher zu machen, oder ging es ihm nicht vielmehr darum, den Glanz der jeweiligen Stadt zu erhöhen, indem er sie mit einem homerischen Nachweis versah? Die zweite Interpretation ist die einzig richtige, sonst wäre nämlich der folgende Satz nicht verständlich: »Es fiele schwer zu sagen, wo sich Ripaia, Stratos und das windreiche Enispe befanden, von denen der Dichter spricht, und wenn man sie finden würde, so wäre damit nichts gewonnen, weil diese Gegend heute unbekannt ist.«[203]

Aber es gibt noch eine dritte, weit verbreitete Auffassung, in der man zwischen der Realität und dem Text, der über sie spricht, nicht unterscheidet; sie findet sich schon bei Eusebios, über den die mythische Geschichte, wie wir sie bei Pausanias finden, bis zu Bossuet gelangt ist. Nicht daß Eusebios unfähig gewesen wäre, zwischen einem Ereignis und einem Text zu unterscheiden. Aber er hält die Quellen selbst für einen Teil der Geschichte. Tun etwa die meisten Philosophen und Psychoanalytiker in ihrem Fach nicht dasselbe? Philosoph sein heißt meistens, Historiker der Philosophie zu sein. Die Philosophie kennen heißt wissen, was die verschiedenen Philosophen zu wissen glaubten; wissen, was der Ödipuskomplex ist, heißt vor allem wissen oder kommentieren, was Freud darüber gesagt hat.

Präziser: bei diesem Nichtunterscheiden zwischen dem Buch und den Sachverhalten, von denen das Buch handelt, liegt die Betonung manchmal auf den Sachverhalten und manchmal auf dem Buch selbst. Der erste Fall gilt für jeden Text, der als enthüllt oder als enthüllend gilt: Aristoteles, Marx oder die *Digesta* zu kommentieren, den Text zu vertiefen, ihm Kohärenz zu unterstellen, ihm im voraus die intelligenteste Interpretation gutzuschreiben oder die, die am meisten *aggiornata* ist, all das heißt, dem Text die Tiefe und die Kohärenz der Wirklichkeit selbst zu unterstellen. Von nun an wird das tiefere Verstehen des Textes dasselbe sein wie das tiefere Verstehen der Wirklichkeit[204]; man wird den Text »tief« nennen, weil es unmöglich sein wird, ihn über das hinaus, was der Autor geschrieben hat, zu unterhöhlen: was man sich so ergräbt, vermischt sich mit den Dingen selbst.

Aber die Betonung kann auch auf dem Buch liegen, wenn man es nämlich als Gegenstand korporativen Aberglaubens nimmt. Diese Einstellung schrieb die Antike ihren Philologen zu, die man Grammatiker nannte. Eine Einstellung, die sich nicht damit begnügte, die Texte für Klassiker zu halten, deren Behauptungen, egal ob wahr oder falsch, auf jeden Fall wichtig zu wissen waren: Was das Buch sagte, stand im Ruf, authentisch zu sein. So konnte es geschehen, daß der Grammatiker Legenden als wahr ausgab, an die er als Mensch nicht glaubte; man erzählte[205], daß der berühmteste Gelehrte der Antike, Didymos, der mehr Bücher geschrieben hatte, als er sich selbst erinnern konnte, sich eines Tages über eine ihm erzählte historische Anekdote entrüstete, die sich seiner Meinung nach auf gar nichts stützte; er war schon eher bereit, sie zu glauben, als man ihm eines seiner eigenen Werke zeigte, in dem die Geschichte für wahr erklärt wurde.

Das ist eine ganz andere Einstellung als die des Mythos, wo ein Sprechen ganz alleine spricht, so als ob es Autorität besitze. Sie ist auch verschieden von der eines Polybios, Thukydides oder Pausanias: Ähnlich wie unsere Reporter zitieren sie ihre Quellen nicht, und es scheint so, als erwarteten sie, daß man ihnen aufs Wort glaube, weil sie nämlich eher für das Publikum schreiben als für ihre Kollegen. Eusebios zitiert auch keine Quellen: er transkribiert sie; nicht daß er ihnen aufs Wort geglaubt oder gar die »wirklich wissenschaftliche« Geschichtsschreibung angekündigt hätte; sondern weil alles, was geschrieben steht, zu den Dingen gehört, die wissenswert sind; Eusebios macht keinen Unterschied zwischen dem Wissen der Dinge und dem Wissen, das in den Büchern steht. Er verwechselt Geschichte und Grammatik[206], und falls man an den Fortschritt glaubt, dann muß man sagen, daß seine Methode einen Rückschritt bedeutet.

Eine solche Einstellung, bei der es darum geht, zu wissen, was sich weiß, war am ehesten geeignet, eine Bewahranstalt der Mythen zu werden. Ein schönes Beispiel dafür ist die *Naturgeschichte* des Plinius. Man findet darin[207] eine Liste großer Erfindungen: die Theorie der Winde hat man Äol zu verdanken, die Erfindung der Türme »den Zyklopen, Aristoteles zufolge«, die Botanik dem Chiron, einem Sohn des Saturn, die Astronomie dem Atlas und den Weizen der Ceres, »die man deshalb für eine Göttin hielt«. Wie so oft ist auch hier die Denkmethode, also der Katalog der Fragen, gedankenschöpferisch tätig gewesen: Plinius hat sich der Gattungsregel gebeugt; anstatt über die Dinge selbst nachzudenken, wurde dieser unermüdliche Leser von der unvollständigen Liste geradezu herausgefordert, auf Fragen wie die folgende zu antworten: »Weiß man, wer was erfunden hat?«, und darauf hat er geantwortet: »Äol, Atlas«, denn er wußte alles, was man in jedem Buch findet.

Eusebios ebenfalls. Seine *Chronologischen Tafeln* rekapitulieren neun Jahrhunderte des Nachdenkens über den Mythos und werden zur Grundlage des historischen Wissens bis hin zu Dom Calmet einschließlich.[208] Man findet darin Genealogien wie die der Könige von Sikyon und der von Argos, von denen der erste Inachos hieß; die Quelle dafür ist der Geschichtsschreiber Castor. Man findet die Genealogie von Mykene mit Atreus,

Thyest, Orest und die Genealogie Athens mit Kekrops und Pandion. Synchronismen findet man überall: zur Zeit der Herrschaft des Abimelech über die Hebräer fand die Schlacht zwischen den Lapithen und den Zentauren statt, »von denen Palaiphatos in seinen *Unglaublichen Geschichten* behauptet, es seien berühmte thessalische Ritter gewesen«; die Daten stehen zur Verfügung: Medea folgte Jason und verließ ihren Vater Aietes 780 Jahre nach Abraham und folglich 1235 Jahre vor der Geburt unseres Erlösers. Eusebios ist ein Rationalist: Es ist ein benachbarter Fürst gewesen, der im Jahre 650 nach Abraham den Ganymed entführt hat; die Geschichte von Zeus und seinem Greifvogel ist also nur eine »alberne Geschichte«. Die Gorgo, der Perseus im Jahre 670 nach Abraham den Kopf abgeschlagen hat, war ganz einfach eine Kurtisane von betörender Schönheit. Schließen wir mit einem anderen Zitat aus dem *Diskurs über die Universalgeschichte* des Bischofs von Meaux: Der trojanische Krieg, das »fünfte Weltzeitalter«, ist eine Epoche, »die sich besonders dafür eignet, in sich zu vereinigen, was die wundersamen Zeiten« – in denen die Wahrheit in Falschheiten »eingehüllt« ist – »an höchster Schönheit und Gewißheit« haben; und tatsächlich, »dort sieht man die Achilles, die Agamemnon, die Menelaos, die Ulysses, Jupiters Sohn Sarpedon und Äneas, den Sohn der Venus«.

Von Herodot bis zu Pausanias und Eusebios, beinahe hätte ich gesagt, bis zu Bossuet, haben die Griechen nicht aufgehört, an den Mythos zu glauben, ein Problem aus ihm zu machen, und ihr Denken ist dabei kaum über die Gegebenheit dieses Problems hinausgekommen, nicht einmal über seine Lösungen. Während eines halben Jahrtausends hat es viele Köpfe gegeben, z. B. Carneades, Cicero und Ovid, die nicht an die Götter geglaubt haben, aber niemand hat Zweifel an Herakles oder Äol gehabt, und sei es um den Preis von Rationalisierungen; die Christen haben die mythologischen Götter, an die niemand glaubte, verboten[209], aber über die mythologischen Helden haben sie nichts gesagt, an die glaubten sie nämlich wie alle Welt, einschließlich Aristoteles, Polybios und Lukrez.

Und wie hat man schließlich aufgehört, an die Geschichtlichkeit des Äol, des Herakles und des Perseus zu glauben? Weder die gesunde wissenschaftliche Methode noch die Dialektik, materialistisch oder auch nicht, haben das geschafft. Es geschieht selten, daß die großen intellektuellen oder politischen Probleme zu einer Lösung führen, geregelt, gelöst und überwunden werden; in den meisten Fällen verlieren sie sich im Sand, werden vergessen und verweht. Die Christianisierung hat ein Problem beseitigt, für das die Griechen keine Lösung gefunden hatten und von dem sie sich dennoch nicht freimachen konnten. Man darf vermuten, daß die Gründe, die sie daran gefesselt hatten, ebenso zufällig waren.

Die Ammen hatten also schon vor Hunderten von Jahren aufgehört, den Kindern etwas über Götter und Heroen zu erzählen, aber die Gebildeten glaubten auf ihre Weise noch an sie. Aus zwei Gründen haben sie das dann gelassen. Aus der Ermittlung, der Reportage entstanden, war die Geschichte bei Eusebios in einer Verschmelzung von Geschichte und Philologie zu Ende gegangen; bei den Modernen entsteht eine ganz andere Sache, die aber auch Geschichte genannt wird; sie stammt aus der Kontroverse mit und aus der Scheidung von der Philologie. Man hörte auf, die historische Wirklichkeit und die sie nacherzählenden Texte auf denselben Sockel zu stellen und miteinander zu verschmelzen, während der Streit der Alten und Modernen die Texte ihrer Aura beraubte. Schließlich kam Fontenelle, der dachte, daß es in der Fabeldichtung nicht ein einziges wahres Wort geben könne. Trotzdem hat man sich vom Problem des Mythos, das sich eher verstärkt hat, nicht befreien können[210]: Man stellt sich nicht mehr die Frage: »Welche Wahrheit hat die Fabel? Denn Wahres enthält sie, weil ja niemand von nichts reden könnte«, sondern man fragt sich eher: »Welche Bedeutung oder welche Funktion hat der Mythos? Denn umsonst kann man nicht reden oder sich etwas einbilden.« Eben.

Dieses Bedürfnis, eine Existenzberechtigung für das Fabulieren zu finden, verrät einiges Unbehagen unsererseits wegen des Irrtums; es ist die Kehrseite unserer eigenen Mythologie der Wahrheit und der Wissenschaft. Wir denken: Wie konnte sich die Menschheit so lange und so nachhaltig täuschen? Mythos gegen Vernunft, Irrtum gegen Wahrheit, die Wette stünde zwei zu eins. Da die Wahrheit unteilbar und nicht anzuzweifeln ist, wird der Fehler vielleicht bei den in Wert und Intensität ungleichen Modalitäten des Glaubens liegen. Vielleicht wird es sich als falsch erweisen, daß die Menschheit allzu lange dem Argument der Autorität und den gesellschaftlichen Leitbildern gefolgt ist. Aber glaubte sie wirklich so fest daran? Die voltaireschen Geister müssen insgeheim daran zweifeln, daß ihr Nachbar wirklich an die Hirngespinste glaubt; hinter jedem Glauben vermuten sie Tartüfferie. Ganz unrecht haben sie damit nicht: Man glaubt nicht an die Neutronen, an die Mythen oder an den Antisemitismus, wie man an die Zeugnisse der Sinne und an die Moral des Stammes glaubt; denn die Wahrheit ist nicht unteilbar. Aber diese Wahrheiten sind dennoch untereinander analog (sie scheinen ein und dieselbe zu sein), und ihre Aufrichtigkeit ist gleich, da sie ihre Gläubigen mit der gleichen Lebendigkeit zum Handeln treiben. Die Pluralität der Glaubensmodalitäten ist in Wahrheit Pluralität der Wahrheitskriterien.

Diese Wahrheit ist eine Tochter der Einbildungskraft. Die Echtheit unserer Glaubensüberzeugungen mißt sich nicht an der Wahrheit ihres Gegenstandes. Doch muß man den Grund dafür, der im übrigen sehr einfach ist, verstehen: Wir selbst stellen uns unsere Wahrheit her, es ist nicht »die« Wahrheit, die uns glauben macht. Denn sie ist die Tochter der konstituierenden Einbildungskraft unseres Stammes. Wenn es sich anders verhielte, finge die Quasi-Totalität der universellen Kultur an, unerklärlich zu werden: Mythologien, Doktrinen, Arzneibücher, mangelhafte Wissenschaften und Wissenschaften, die keine sind. Solange wir von Wahrheit reden werden, werden wir von der Kultur nichts verstehen, und es wird uns nicht gelingen, zu unserer Epoche denselben Abstand zu gewinnen, wie wir ihn zu den vergangenen Jahrhunderten haben, als man noch von Mythen und von Göttern sprach.

Das Beispiel der Griechen beweist eine tausendjährige Unfähigkeit, sich von der Lüge loszureißen; niemals haben sie sagen können: »Der Mythos ist durch und durch falsch, weil er auf nichts beruht«, und Bossuet wird dies erst recht nicht sagen. Das Imaginäre als solches wird niemals verworfen, als ahnte man insgeheim, daß überhaupt keine Wahrheit mehr übrigbliebe, wenn man es täte. Entweder vergißt man die Mythen von damals, um von anderen Dingen zu reden und die Einbildungen zu wechseln, oder aber man will unbedingt den Kern der Wahrheit finden, der in der Dichtung verborgen war oder der sie zum Reden brachte.

Denselben Sachverhalt werden wir feststellen, wenn wir von den heroischen Mythen, die allein wir bisher untersucht haben, zum Glauben an die Götter im eigentlichen Sinn übergehen. In

*Atheism in pagan Antiquity* hat A. B. Drachmann gezeigt, daß der antike Atheismus weniger die Existenz der Götter leugnete als die volkstümlichen Vorstellungen über die Götter kritisierte; eine mehr philosophische Konzeption des Göttlichen schloß er nicht aus. Auf ihre Weise sind die Christen in ihrer Ablehnung der Götter des Heidentums auch nicht viel weiter gegangen; sie sprachen weniger von »törichten Fabeln« als von »unwürdigen Vorstellungen«. Weil sie ihren Gott an die Stelle der Heidengötter setzen wollten, sollte man annehmen, daß ihr wirkliches Programm darin bestanden hätte aufzuzeigen, daß Jupiter nicht existierte und schließlich in einem zweiten Schritt die Beweise der Existenz Gottes darzulegen. Dies ist nicht ihr Programm gewesen; sie scheinen den heidnischen Göttern weniger vorzuwerfen, daß sie nicht existieren, als daß sie nicht die richtigen sind; es scheint, als hätten sie es nicht so eilig, Jupiter zu leugnen, als ihn endlich durch einen König zu ersetzen, der nicht so unwürdig ist, auf dem göttlichen Thron zu sitzen. Deshalb hinterläßt die Apologetik des antiken Christentums einen Eindruck von Fremdheit; scheinbar brauchte man nur die anderen Götter zu verjagen, um Gott einzusetzen. Man wollte die falschen Ideen weniger zerstören als verdrängen; selbst dort, wo die Christen das Heidentum in seiner Wahrhaftigkeit zu attackieren scheinen, tun sie nichts dergleichen. Weiter oben haben wir gesehen, wie sie überflüssigerweise die Kindlichkeit und Unmoral der mythologischen Erzählungen kritisierten, an die die Heiden nie geglaubt hatten und die nichts gemein hatten mit den hohen oder ausgeklügelten Vorstellungen, die sich das späte Heidentum vom Göttlichen machte; denn die Absicht dieser Polemik bestand weniger in der Überzeugung von Gegnern als im Ausschluß von Rivalen; sie wollte spüren lassen, daß der eifersüchtige Gott keinerlei Teilung dulden würde, ganz im Unterschied zu den Göttern der heidnischen Religionen, die sich gegenseitig tolerierten (denn sie alle waren wahr und keiner schloß den anderen aus); dabei fiel kaum ins Gewicht, daß die Angriffe auf die Götter der Fabel kaum triftig waren; wichtig war die Klarstellung, daß man friedenstiftende Gedanken nicht dulden würde. Den heidnischen Göttern fehlte es an Würde, und damit Schluß; ihre Unwürdigkeit implizierte zweifellos ihre Falschheit; vor allem aber implizierte sie etwas, das viel wichtiger als dieser intellektuelle Standpunkt war, daß man nämlich kein Wort mehr darüber hören wollte: die Götter haben es nicht verdient zu existieren. Wenn man als Denker mit Skrupeln diese Unwürdigkeit in eine Doktrin übertragen muß, wird man Eusebios zustimmen, daß die heidnischen Götter weniger schlechte als keine Götter sind: Es sind Dämonen, die sich für Götter ausgaben, um die Menschen zu täuschen, vor allem mit Hilfe ihrer Kenntnis der Zukunft; sie haben die Menschen mit wahrheitsgetreuen Orakeln beeindruckt.

Eine Einbildung auszulöschen fällt leichter, als sie zu leugnen; es ist sehr schwierig, einen Gott zu leugnen, selbst den Gott der anderen; sogar das alte Judentum schaffte dies nur unter großen Anstrengungen. Eher versicherte es, daß die fremden Götter nicht so stark seien wie der nationale Gott oder auch, daß sie nicht interessant seien; Verachtung oder Abscheu, kein Leugnen; aber für einen Patrioten ist das dasselbe; gibt es denn die Götter der anderen? Was kümmert sie deren Existenz: Wichtig ist, daß die Götter der anderen nichts taugen, daß sie Holz- oder Steinidole sind, die Ohren haben, um nichts zu hören; diese anderen Götter: Man »kennt sie nicht«, es sind Götter, »die uns nicht als Erbteil gegeben worden sind«, wiederholt das *Deuteronomion*, und die älteren Bücher äußern sich noch schlichter. Als die Arche in den Tempel des Dagon gebracht wurde, fand man am nächsten Morgen das Götzenbild dieses Dagon, des Gottes der Philister, mit dem Gesicht im Staub, hingestreckt zu Füßen des Gottes Israel; das Buch Samuel erzählt davon, und der Psalm XCVI wird sagen: »Alle Götter liegen vor Jahwe im Staub.« Die Götter der anderen will man nur in den internationalen Abmachungen gelten lassen; wenn man zu dem Amorräer sagt: »Warum sollst du nicht in Besitz nehmen, was dir dein Gott Kamos als Eigentum gegeben hat?«, so ist das ein Weg, ihm zu versichern, daß man sein Territorium respektiert. Die Nationen verzichten ganz leicht auf die Begriffe von wahr und falsch, die nur gewisse Intellektuelle in bestimmten Epochen verwenden oder zu verwenden glauben.

Denkt man einen Augenblick darüber nach, dann ist die Vorstellung, daß die Wahrheit nicht existiert, nicht paradoxer oder lähmender als die einer wissenschaftlichen Wahrheit, die dauernd provisorisch ist und schon morgen falsifiziert sein kann. Der Mythos der Wissenschaft beeindruckt uns; aber wir sollten die Wissenschaft nicht mit ihrer Scholastik verwechseln; die Wissenschaft findet keine Wahrheiten wieder, weder mathematisierbare noch formalisierbare; sie entdeckt unbekannte Tatsachen, die sich auf tausend verschiedene Arten erklären lassen; die Entdeckung eines subatomaren Partikels, eines technischen Verfahrens, das funktioniert, oder des Moleküls der ADN ist nicht erhabener als die Entdeckung der Infusorien, des Kaps der Guten Hoffnung, der Neuen Welt oder der Anatomie eines Organs. Oder die Zivilisation der Sumerer. Die Naturwissenschaften sind nicht seriöser als die Geisteswissenschaften, und weil in der Geschichte die Tatsachen nicht von ihrer Interpretation getrennt werden können und alle Interpretationen, die man nur wünschen kann, sich erfinden lassen, muß es sich mit den exakten Wissenschaften genauso verhalten.

# Man muß sich zwischen der Kultur und dem Glauben an eine Wahrheit entscheiden

Lange Zeit hat man also an die Mythen geglaubt, wenn auch immer den sehr unterschiedlichen Programmen der jeweiligen Epoche gemäß, das ist wahr. Normalerweise glaubt man an die Werke der Einbildungskraft. Man glaubt an die Religion, an *Madame Bovary*, während man sie liest, an Einstein, an Fustel de Coulanges, an die trojanische Herkunft der Franken; in manchen Gesellschaften gelten einige dieser Werke jedoch als Fiktionen. Der Bereich des Imaginären beschränkt sich nicht darauf: Die Politik, genauer die politischen Praktiken und nicht nur die angeblichen Ideologien, besitzen das Zufällige und die niederschmetternde Trägheit der etablierten Programme; die Politik des »verborgenen Teils des Eisbergs« der antiken Polis hat fast genauso lange gedauert wie der Mythos. Unter der weiten pseudoklassischen Drapierung, in die sie unser vereinfachender politischer Rationalismus gesteckt hat, hat sie die bizarren Konturen, die nur sie allein besitzt, bewahrt. Das Alltagsleben, das alles andere als unmittelbar ist, ist selbst ein Ort, wo sich die Einbildungen kreuzen und wo man an Rassismus und den bösen Blick glaubt. Empirismus und Experiment sind Größen, die man vernachlässigen kann. Die Einbildungskraft schätzt man richtig ein, wenn man bedenkt, daß Einstein, um dieses legendäre Beispiel zu wählen, nicht am Boden der Tatsachen klebte; er hat einen theoretischen Wolkenkratzer gebaut, der bis heute noch nicht erprobt werden konnte; und wenn er es wäre, hätte man deshalb noch lange nicht die Theorie verifiziert: sie wäre nur nicht erschüttert.

Das ist nicht das Schlimmste. Diese aufeinanderfolgenden Traumpaläste, die alle für wahr gegolten haben, sind in den verschiedensten Stilen der Wahrheit gebaut worden; die Einbildungskraft, die diese Stile konstituiert, besitzt keinerlei logische Konsequenz in ihren Ideen. Sie unterliegt dem Zufall historischer Kausalitäten. Sie wechselt nicht nur die Ebenen, sondern sogar ihre Kriterien: Statt ein für sich selbst sprechender Index zu sein, ist die Wahrheit einer der veränderlichsten Maßstäbe überhaupt. Sie ist keine transhistorische Invariante, sondern ein Werk der konstituierenden Einbildungskraft. Daß die Menschen diesseits und jenseits der Pyrenäen oder des Jahres 1789 andere Ideen haben, ist nicht weiter wichtig. Weitaus schwerer wiegt, daß selbst die Gesichtspunkte unserer divergierenden Behauptungen, die Kriterien und Modi, mit denen wir zu wahren Vorstellungen gelangen, kurz die Programme sich ohne unser Wissen verändern.

Wie Guy Lardreau[211] geschrieben hat: »Wenn man sagt, daß das Transzendentale historisch konstituiert ist, dann sagt man damit zugleich, daß es nicht von der Universalität affiziert ist; man muß ein *besonderes Transzendentales* denken. Aber insgesamt gesehen ist das nichts Geheimnisvolleres als das, was wir gemeinhin Kultur nennen.« Das Programm der historischen Wahrheit, um das es in dem vorliegenden Buch geht, sollte nicht aufzeigen, wie die Wahrheit fortschreitet, wie Frankreich zustande gekommen ist, wie die Gesellschaft lebte oder über ihre Grundlagen nachdachte, sondern darüber reflektieren, wie die Wahrheit sich durch die Jahrhunderte hindurch konstituiert hat, und zurückschauen, um die Spur des durchlaufenen Weges zu betrachten; es ist ein Produkt der Reflexivität. Daraus folgt nicht, daß dieses Programm wahrer ist als die anderen und erst recht nicht, daß es sich mit mehr Recht als die anderen auferlegt und andauert, sondern nur, daß man, ohne sich zu widersprechen, folgenden Satz sagen kann: »Die Wahrheit ist, daß die Wahrheit veränderlich ist.« In dieser nietzscheanischen Konzeption[212] spielt die Geschichte der Diskurse und Praktiken die Rolle einer transzendentalen Kritik.

Konstitutive Einbildungskraft? Diese Wörter bezeichnen kein Vermögen der individuellen Psychologie, sondern kennzeichnen die Tatsache, daß jede Epoche innerhalb zufälliger und unbeweglicher Rahmen denkt und handelt (es versteht sich von selbst, daß sich diese Programme in ein und demselben Jahrhundert von einem Sektor der Aktivität zum anderen widersprechen können, und meistens bleiben diese Widersprüche unbemerkt). Wenn man sich einmal in einem dieser Gefäße befindet, braucht es Genialität, um herauszukommen und etwas Neues zu erfinden; ist jedoch der geniale Austausch der Gefäße einmal vollbracht, kann der Nachwuchs dem neuen Programm einvergesellschaftet werden, schon ab den kleinen Klassen. Sie sind mit ihm ebenso zufrieden, wie es ihre Vorfahren mit ihrem Programm waren, und sie sehen keinen Weg herauszufinden, weil sie jenseits davon nichts wahrnehmen[213]: Wenn man nicht sieht, was man nicht sieht, sieht man nicht einmal, daß man nicht sieht. Mit noch mehr Grund verkennt man die seltsame Form dieser Begrenzungen: man glaubt, innerhalb natürlicher Grenzen zu wohnen. Und weil darüber hinaus die falsche Analogie der Wahrheit durch die Zeitalter hindurch spielt, glaubt man, daß die Vorfahren schon dasselbe Vaterland in Besitz gehabt hätten, zumindest aber, daß die endgültige Schaffung der nationalen Einheit schon erahnt werden konnte und daß ein wenig Fortschritt sie vollenden würde. Wenn irgend etwas den Namen Ideologie zu Recht trägt, dann die Wahrheit.

Soll ich es noch einmal wiederholen? Dieses Transzendentale ist die *Tatsache, daß* die Dinge sich so ereignen: es ist die Beschreibung dessen; es ist keine Instanz, eine Infrastruktur, die sie *veranlaßte,* sich genauso zu ereignen; was sollte eine solche Haarspalterei auch schon bedeuten? Man kann also keinesfalls behaupten, daß man damit die Geschichte auf einen ebenso unerbittlichen wie verantwortungslosen Prozeß reduziert hätte. Ich gebe zu, daß Verantwortungslosigkeit eine ziemlich schlimme Sache ist, und weil sie so schlimm ist, ist sie sicherlich auch falsch (Diodor wird das bestätigen); aber Gott sei Dank geht es darum ja gar nicht. Die »einschläfernde Kraft« beschreibt die Wirkungen des Opiums, die sich aus chemischen Gründen herleiten. Die Wahrheitsprogramme haben ihrerseits historische Gründe. Ihre Trägheit, die Langsamkeit ihres Aufeinanderfolgens ist selbst sehr empirisch: Sie ist dem zu verdanken, was wir die Vergesellschaftung nennen (Nietzsche sagte »Zucht«, und dies ist die am wenigsten rassistische und biologistische Idee, die man sich vorstellen kann). Diese Langsamkeit ist unglücklicherweise nicht die langsame »Arbeit« der Niederkunft des Negativen, auch Wiederkehr des Verdrängten genannt; sie ist auch kein Schock der Realität oder Fortschritt der Vernunft und wie die anderen verantwortungsbewußten Ideale sonst noch heißen. Konstitution und Aufeinanderfolge der Programme erklären sich aus denselben Gründen, mit denen die Historiker gewöhnlich zu tun haben, zumindest wenn sie den Schemata keine Opfergaben machen. Die Programme errichten sich wie Gebäude: In Reihen aufeinanderfolgender Steine, wobei jede Episode sich durch die Details vorhergehender Episoden erklärt (die individuelle Erfindungsgabe und die Zufälle des Erfolges, der »greift« oder auch nicht greift, gehören möglicherweise zu diesem Polygon zahlloser Gründe); denn tatsächlich basiert die Konstruktion dieses Gebäudes nicht auf großen Vernunftgründen wie z. B. die menschliche Natur, die gesellschaftlichen Bedürfnisse, die Logik der Dinge – die sind, was sie sind – oder die Produktivkräfte. Aber machen wir die Auseinandersetzung nicht unbedeutender, als sie ist; ein marxistischer Denker von der Statur eines Habermas wird sich nicht mit einschläfernden Hypostasen wie Produktivkräften oder Produktionsverhältnissen belasten: das erledigt er in zwei Zeilen. Aber die Vernunft wird man nicht so leicht los; irgendwo resümiert Habermas seine Philosophie mit folgenden Worten: »Der Mensch kann nicht nicht lernen«; das ist, wie mir scheint, überhaupt das ganze Problem. Die Opposition Habermas-Foucault, d. h. Marx-Nietzsche, läßt im Zeitalter der inkohärenten Dreifaltigkeit Marx-Freud-Nietzsche den Konflikt von Rationalismus und Irrationalismus wiederauferstehen.[214]

Das alles bleibt aber nicht ohne Folgen für den aktuellen Stand der historischen Forschung. Seit 40 oder 80 Jahren verfolgt die Geschichtsschreibung ein Programm mit der Idee, Geschichte schreiben hieße, die Geschichte der Gesellschaft zu schreiben. An die Existenz einer menschlichen Natur glaubt man fast gar nicht mehr und den Philosophen der Politik überläßt man die Idee, daß es eine Wahrheit der Dinge gibt; statt dessen aber glaubt man an die Gesellschaft, was es wiederum ermöglicht, den ganzen Raum zu berücksichtigen, der sich zwischen dem, was man die Ökonomie nennt, bis zu dem erstreckt, was man unter dem Etikett Ideologie klassifizieren kann. Aber was soll man jetzt mit dem ganzen Rest anfangen? Was macht man mit dem Mythos, mit den Religionen (insoweit sie nicht nur eine ideologische Funktion erfüllen), oder noch einfacher, was macht man mit der Kunst und der Wissenschaft? Ganz einfach: Entweder wird die Literaturgeschichte, um dieses Beispiel zu wählen, der Sozialgeschichte wieder angegliedert, oder aber sie wird, falls sie dieses nicht will oder nicht kann, keine Geschichte sein, und ihre Existenz wird in Vergessenheit geraten; man wird sie einer spezifischen Kategorie überlassen, den Literaturhistorikern, die nur dem Namen nach Historiker sind.

Der weitaus größte Teil des kulturellen und sozialen Lebens bleibt außerhalb des Einzugsbereichs der Geschichtsschreibung, selbst dann, wenn sie nicht auf Ereignissen aufbaut. Doch wenn man versucht, dieser Mehrheit Rechnung zu tragen, um eines Tages das Neuland erschließen zu können, das Lucien Febvre der Geschichtsschreibung als Aufgabe zuwies, dann wird man feststellen, daß dies nur gelingen kann, wenn man alle Rationalismen, große und kleine, ablehnt, so daß die ganze Masse der Einbildungen nicht mehr falsch, aber auch nicht wahr genannt werden kann. Doch wenn es gelingen sollte, eine Doktrin aufzustellen wie die, daß die Glaubensvorstellungen weder wahr noch falsch sein können, dann müssen im Gegenzug die angeblich rationalen Bereiche wie die Sozial- und Wirtschaftsgeschichte ebenfalls weder für wahr noch für falsch gehalten werden; sie lassen sich nicht durch ein Schema erklären, das ihre Ursachen zur Vernunft erhebt; im Sinne unserer Strategie muß man ein Kreuz über all das schlagen, was uns seit einigen Jahrzehnten beschäftigt: Humanwissenschaften, Marxismus, Wissenssoziologie.

Die politische Geschichte zum Beispiel ist ganz gewiß nicht die Geschichte von zwanzig oder fünzig Millionen Franzosen, aber dafür, daß sie ereignishaft und von kurzer Dauer ist, ist sie dennoch nicht anekdotisch: Der Staub der ereignishaften Einzelheiten erklärt sich nicht aus Wirklichkeiten, die ewig wären: Regieren, Herrschen, die Macht, der Staat; diese vornehmen Drapierungen sind nichts weiter als rationalistische Abstraktionen, hinter denen sich Programme verbergen, deren Vielfalt auf geheimnisvolle Weise ins Riesenhafte angewachsen ist: Die Ewige Politik hat sich von Ludwig XIV. bis zu unserem Jahrhundert so oft verändert wie die wirtschaftlichen Realitäten, und die Erklärung dieses Programms, das erlaubt es, den Staub der Schlachten und Verträge zu erklären und ihnen ein Interesse abzugewinnen. Dasselbe könnte man von der Literaturgeschichte sagen; sie auf die Gesellschaft zu beziehen, ist ein Unternehmen, daß bisher noch niemandem geglückt ist und das vielleicht weniger falsch als hohl ist; die Geschichtlichkeit der Literaturgeschichte besteht nicht darin, in den gewaltigen unbewußten Veränderungen, die in den letzten drei Jahrhunderten das berührt haben, was man immer noch mit den trügerischen Worten Literatur, Geschmack und Kunst bezeichnet; es sind nicht nur die Beziehungen »der« Literatur mit der »Gesellschaft«, die sich verändert haben, sondern das Schöne an sich, die Kunst an sich; das Herz dieser Wirklichkeiten hat in der Tat nicht Unveränderliches, das man den Philosophen überlassen könnte: es ist historisch und nicht philosophisch; es gibt kein Herz. Und die Produktivkräfte und Produktionsverhältnisse ... Nehmen wir an, sie determinieren den Rest (diese Aussage ist weniger falsch als verbal: der sogenannte »Rest« ist selbst ein Element dieser Kräfte und Verhältnisse, die ihn bestimmen; aber lassen wir das): die Produktion und ihre Verhältnisse sind selbst nichts Beliebiges und Selbstverständliches: sie werden auf unterschiedliche Weise vom Ganzen der Geschichte in ihren verschiedenen Momenten determiniert; sie schlagen sich in Programmen nieder, die noch erklärt werden müssen. Ein wenig wie zwei engverwandte Tierarten, die auf demselben Territorium leben und denen dieselben Ressourcen zur Verfügung stehen, die aber ganz verschiedene Lebensweisen haben, z. B. Insektenfresser oder Fleischfresser. Wir haben schon gesagt, daß man nicht entscheiden kann, welches Verhalten auf seine Weise nicht zufällig wäre; genausogut könnte man sagen, daß jedes Verhalten so irrational ist wie jedes andere. Wie es Ramsay MacMullen in *Past and Present* (1980) geschrieben hat: »Jenes Interesse, welches wir jetzt auf das Irrationale richten, dürfte eine wichtige Wende in der Geschichtsschreibung zur Folge haben, die sich selbst als die ernsthafteste versteht.«

Im Laufe dieses Buches haben wir versucht, unsere Intrige stichhaltig zu machen, indem wir uns hinter der Irrationalismus-Hypothese verschanzten; wir haben dem Drang der Vernunft, dem natürlichen Licht des Verstandes, der möglicherweise funktionellen Beziehung zwischen Ideen und Gesellschaft überhaupt keine Rolle zuerkannt. Unsere Hypothese kann man auch so formulieren: Es gibt zu keinem Zeitpunkt etwas, das außerhalb dieser Paläste der Einbildungskraft sein oder handeln könnte (es sei denn jene Halb-Existenz der materiellen Realitäten, also solcher Realitäten, deren Existenz noch nicht berücksichtigt worden ist und noch keine Form erhalten hat[215], Feuerwerk oder Sprengstoff fürs Militär, wenn es sich um Schießpulver handelt). Diese Paläste erheben sich also nicht im Raum: Sie sind der einzige Raum, der zur Verfügung steht; sie bewirken das Erscheinen des Raumes, ihres Raumes, wenn sie sich aufrichten; um sie herum gibt es keine verdrängte Negativität, die Einlaß suchen würde. Es existiert also nur das, was die Einbildungskraft, die den Palast erscheinen ließ, konstituiert hat.

Diese Arten von Lichtungen im Nichts sind von Interessen

besetzt – von sozialen, ökonomischen, symbolischen und was man sich sonst noch vorstellen kann; die Welt unserer Hypothese wird von einer ebensolchen Wildheit sein wie die uns bekannte; diese Interessen sind nicht transhistorisch: sie sind, was sie, von den Möglichkeiten ausgehend, die jeder Palast bietet, sein können, sie sind der Palast selbst, nur unter einem anderen Namen. Wenn sich aber jetzt das Vieleck der Ursachen verändert, wird der Palast (der wiederum das Vieleck unter einem anderen Namen ist) durch einen anderen ersetzt werden, der dann einen anderen Raum konstituiert. Dieser nur teilweise oder auch totale Ersatz erlaubt gelegentlich die Berücksichtigung von Möglichkeiten, die bis dahin rein materiell waren: Doch wenn es zu einer derartigen Berücksichtigung kommt, ist sie einem glücklichen Zusammentreffen von Umständen zu verdanken und nicht einer feststehenden Notwendigkeit. Schließlich ist nicht ein einziger dieser Paläste das Werk eines Anhängers der funktionalen Architektur; oder besser: nichts wird veränderlicher sein als die Vorstellungen, die sich die jeweiligen Architekten von der Rationalität machen werden, und nichts wird unabänderlicher sein als die Illusion, durch die jeder Palast als der Realität angeglichen gelten wird; denn man wird jeden Zustand der Tatsachen für die Wahrheit der Dinge halten. Die Illusion der Wahrheit wird bewirken, daß jeder Palast für völlig innerhalb der Grenzen der Vernunft angelegt gelten wird.

Nichts kommt der Zuversicht und der Hartnäckigkeit gleich, mit denen wir immer wieder diese weiten Ausläufer ins Nichts vorantreiben. Der Gegensatz von Wahrheit und Irrtum mißt sich mit einem anderen Maßstab als dieses Phänomen: er verkleinert; der von Vernunft und Mythos paßt genauso wenig: der Mythos ist keine Wesenheit, sondern eher eine Rumpelkammer[216], und die Vernunft zersplittert sich ihrerseits in tausend kleine, zufällige Vernunftgründe. Selbst der Gegensatz von Wahrheit und Fiktion erscheint als nur sekundär und historisch; die Unterscheidung zwischen dem Imaginären und dem Wirklichen ist es nicht weniger. Die nicht so absoluten Konzeptionen der Wahrheit als einfache regulative Idee oder als Ideal der Forschung können nicht als Entschuldigung für die Weitläufigkeit der Paläste unserer Einbildungskraft dienen, welche die Spontaneität natürlicher Schöpfungen haben und aller Wahrscheinlichkeit nach weder wahr noch falsch sind. Sie sind auch nicht funktionell und nicht alle schön; zumindest aber besitzen sie eine allzu selten genannte Tugend, von der wir nur sprechen, wenn wir nicht genau sagen können, welches Interesse wir an einer Sache haben: sie sind interessant. Denn sie sind kompliziert.

Einige dieser Paläste geben vor, sich auf ein Modell praktischer Wahrheit zu beziehen und die wahre Politik, die wahre Moral zu verwirklichen. Sie wären falsch, wenn es dieses Modell gäbe und die Imitation mißglückt wäre; doch wenn es überhaupt kein Modell gibt, sind sie sowenig falsch wie wahr. Andere Paläste sind doktrinäre Konstruktionen, die behaupten, die Wahrheit der Dinge widerzuspiegeln; aber wenn diese vorgebliche Wahrheit nur ein zufälliges Licht ist, das wir auf die Dinge werfen, dann taugt ihr Wahrheitsprogramm nicht mehr oder weniger als ein anderes. Im übrigen ist die Wahrheit die geringste Sorge jener Doktrinen, die vorgeben, sich auf sie zu berufen. Kein noch so zügelloses Fabulieren kann ihnen Angst einjagen; ihr innerstes Streben drängt nicht zur Wahrheit, sondern zur Weitläufigkeit. Sie haben dasselbe Organisationsvermögen wie die Werke der Natur; ein Baum ist weder wahr noch falsch: er ist kompliziert.

Für die Gesellschaft sind alle diese Paläste der Kultur nicht nützlicher als die Arten des Lebens für die Natur, aus denen sich die Natur zusammensetzt; was man Gesellschaft nennt, ist im übrigen nichts anderes als das wenig durchstrukturierte Ensemble dieser Kulturpaläste (deshalb findet sich eine Bourgeoisie genausogut in einer aufklärerischen Gesellschaft zurecht wie in einer puritanischen Frömmigkeit). Das ist eine gestaltlose, aber sehr fruchtbare Anhäufung. Das mythische Fabulieren ist ein schönes Beispiel für das Wuchern der Kultur.

Derartiges Wuchern läßt an unseren Rationalismen zweifeln, die eben diese Auswüchse kappen müssen, die genauso unbegründet sind wie die Vegetation. Der Reduktionismus des Fabulierens hat verschiedene Spielarten, deren Gemeinsamkeit in ihrer Egozentrik liegt, denn jede Epoche hält sich für den Mittelpunkt der Kultur.

Erstes Verfahren: der Mythos sagt die Wahrheit. Er ist allegorischer Spiegel der ewigen Wahrheiten, die die unseren sind. Es sei denn, er wäre der leicht verzerrende Spiegel vergangener Ereignisse: Diese Ereignisse sind den politischen Ereignissen von heute vergleichbar (der Mythos ist historisch) oder stehen am Anfang der heutigen politischen Individualitäten (der Mythos ist ätiologisch). Indem sie den Mythos auf die Geschichte oder die *Aitia* zurückführten, mußten die Griechen die Welt etwas mehr als zwei Jahrtausende vor ihnen beginnen lassen; zuerst kam ein mythischer Prolog, auf den dann ihre etwa tausendjährige historische Vergangenheit folgte. Denn nicht einen Augenblick lang haben sie daran gezweifelt, daß die älteste Menschheit, deren Erinnerung sich bewahrt hatte, nicht auch die erste Menschheit gewesen sei, die existiert hätte; der Älteste, der bekannt ist, ist auch der Gründer. Auch jener Adlige aus unserem Ancien Régime dachte nicht daran, einen Unterschied zu machen, als er in seiner Familienchronik folgendes aufschrieb: »Der Stammvater unseres Geschlechts ist Godron de Bussy gewesen, der im Jahre 931 der Abtei von Flavigny ein Stück Land geschenkt hat«; denn diese Schenkung war das älteste Dokument, das er in seinen Archiven aufbewahrte.

Jedoch glaubten einige griechische Denker, daß die Welt mitsamt ihrer tierischen, menschlichen und göttlichen Fauna sehr viel älter war und sogar seit Ewigkeiten existierte. Wie kann diese unermeßliche Weite auf unseren Verstand reduziert werden? Ihre Lösung war, an eine Wahrheit der Dinge und an eine Wahrheit des Menschen zu glauben. Das Werden der Welt ist ein immerwährender Neuanfang, denn alles geht in periodischen Katastrophen zugrunde, und das mythische Zeitalter ist nur die letzte jener Perioden: Das lehrt Platon im III. Buch seiner *Gesetze;* im Laufe jeder dieser Zyklen tauchen dieselben Realitäten und dieselben Erfindungen wieder auf, wie ein Stück Kork, das von der Natur aus immer wieder an die Oberfläche der aufgewühltesten Gewässer getrieben wird. In Buch H der *Politik* des Aristoteles findet man ein bemerkenswertes Beispiel für dieses Vertrauen in die natürliche Wahrheit: »Seit altersher hat die politische Theorie anerkannt, daß in den Städten die Klasse der Krieger von der der Arbeiter unterschieden werden muß.« Was die Einrichtung der gemeinsamen Mahlzeiten betrifft (wo alle Bürger an allen Tagen gemeinsam aßen und die Stadt das Beispiel eines klösterlichen Refektoriums bot), so ist sie nicht weniger alt und wurde in Italien von Italos eingeführt und in Kreta von Minos. »Dennoch ist es vernünftiger anzunehmen, daß diese Einrichtungen im Laufe der Zeiten einige Male erfunden wurden, oder besser unzählige Male«, erläutert Aristoteles. Die letzten Worte sind wörtlich zu verstehen: Aristoteles glaubt an die Ewigkeit der

Welt und folglich an die Ewige Wiederkehr, die er sich nicht als eine immer anders ausfallende Verteilung ausgegebener Karten in einer Art kosmischen Pokerspiels vorstellt, worin die unvermeidliche Wiederkehr derselben Verbindungen, die weit davon entfernt ist, einen Grund zu haben, nur bestätigen würde, daß alles nur eine zufällige Kombinatorik auf gut Glück ist (und kein kausales Schema); er betrachtet sie – viel tröstlicher – als das zyklische Wiederauftauchen derselben Realitäten, die durch die Wahrheit der Dinge wiederentdeckt werden: es ist ein *happy end*.

Wir Modernen glauben nicht mehr an den Zyklus, sondern an die Evolution: Die Menschheit ist lange Kind gewesen, jetzt ist sie erwachsen und erzählt keine Mythen mehr. Sie hat oder wird ihre Vorgeschichte verlassen. Der Auftrag unserer Philosophie ist immer gewesen, zu trösten und zu segnen, aber jetzt ist es die (R)Evolution, die der Stärkung bedarf. Wir meinen, daß der Mythos aufgehört hat, die Wahrheit zu sagen; statt dessen aber nimmt man an, daß er nicht für nichts und wieder nichts gesprochen hat: er hat eine soziale oder vitale Funktion besessen, weil ihm die Wahrheit fehlte. Sie, die Wahrheit, bleibt unsere, in einer egozentrischen Art und Weise. Die soziale Funktion, die der Mythos gehabt hat, bestätigt, daß wir uns mitten in der Wahrheit der Dinge befinden, wenn wir die Evolution durch die Gesellschaft erklären; dasselbe würde man von der Funktion der Ideologie sagen, und genau deswegen ist uns das letzte Wort so lieb und teuer. All das ist schön und gut, aber nun kommt das *hic*: Und wenn es keine Wahrheit der Dinge gäbe?

Wenn man mitten in die Wüste eine Stadt oder auch einen Palast stellt, dann ist dieser Palast weder wahrer noch falscher als die Flüsse und die Berge, die keinen Berg zum Vorbild haben, mit dem sie konform wären oder nicht; der Palast existiert, und mit ihm fängt eine Ordnung der Dinge an zu sein, zu der einiges gesagt werden muß: Die Bewohner des Palastes werden finden, daß diese zufällige Ordnung mit der *Wahrheit der Dinge* übereinstimmt, denn dieser Aberglaube hilft ihnen zu leben; aber einige Historiker oder Philosophen werden sich darauf beschränken, über den Palast *wahr zu sprechen* und daran zu erinnern, daß er mit einem Modell, das nirgends existiert, auch nicht übereinstimmen kann. Um die Metapher zu wechseln: Es leuchtet nichts in der Nacht der Welt; die Materialität der Dinge hat keine natürliche Fluoreszenz, und keine Leuchtboje zeigt die richtige Fahrtrinne an; die Menschen können nichts lernen, weil es noch nichts zu lernen gibt. Aber die Zufälle ihrer Geschichte sind genauso wenig organisiert und schematisch wie die Folge der Karten in einer Pokerpartie und bewirken, daß sie um sich herum ein ständig veränderliches Licht werfen; nur dann lichtet sich auf irgendeine Art und Weise die Materialität der Dinge. Diese Beleuchtung ist weder wahrer noch falscher als eine andere, aber sie beginnt, eine bestimmte Welt existieren zu lassen; sie ist Schöpfung *ad libitum*, Produkt einer Einbildung. Wenn sich solch eine Lichtung des Lichts auftut, hält man sie im allgemeinen für die Wahrheit selbst, weil es nichts anderes zu sehen gibt; man kann auch über das, was der Lichtstrahl ans Licht holt, Sätze bilden, die wahr oder falsch sind. Es sind Produkte der Einbildungskraft, denn diese sukzessiven Beleuchtungen können keiner Materialität entsprechen, die in unseren Augen nicht unabhängig von der Beleuchtung existiert; ihr Aufeinanderfolgen erklärt sich auch nicht aus einer dialektischen Berufung auf die Rationalität. Die Welt hat uns nichts versprochen, und wir können in ihr nicht unsere Wahrheiten lesen.

Die Idee, daß man sich nicht auf das Wahre berufen kann, erlaubt es, die Philosophie von ihren verfälschenden Nachahmungen zu unterscheiden. Ja, die Imagination ist in Mode, der Irrationalismus ist beliebter als die Vernunft (er besagt, daß die anderen wahrhaftig nicht vernünftig sind), und das Nicht-Gesagte spricht beredt. Aber genau das ist der Punkt: Begnügt sich das Ungesagte mit seiner Existenz oder ist es eine gute Sache, der man das Wort erteilen muß (oder, was dasselbe ist, eine schlechte, der man es verweigern muß, denn es gibt eine Wahrheit, die nichts anderes als die zivilisatorische Selbstdisziplin ist)? Gleicht es dem Natürlichen (oder, was dasselbe ist, der immer wieder auferstehenden Barbarei)? Aus der Tür gejagt, hinaus in eine unbestimmte Leere, die den Palast umgeben soll, versucht es zwangsläufig dort wieder Einlaß zu finden; soll man ihm das Fenster öffnen? Gibt es also eine in die Dinge selbst eingeschriebene natürliche Neigung, die unsere Berufung ist, so daß wir, wenn wir ihr folgen, gute Menschen sind? Das ist sehr alter Wein in neuen Schläuchen und hieß früher Vernunft, Moral, Gott und Wahrheit. Dieser Wein scheint ein ganz modernes Bouquet zu bekommen, wenn man ihn in den Schlauch der Entmystifizierung gießt, in die Schläuche der Zweifel an Sprache und Bewußtsein, der Philosophie als der auf den Kopf gestellten Welt und der Ideologiekritik; nur daß diese herben und dramatischen Romane genauso gut ausgehen wie die von früher: das *happy end* ist uns gewiß; es gibt einen Weg, das ist beruhigend, und dieser Weg ist unsere Laufbahn, das ist aufregend. Die Fälschungen erkennt man also ganz leicht an der menschlichen Wärme, die sie verströmen. Nathanael, gib mir bloß keine Begeisterung. Demagogisch wäre es, wenn man nicht spezifizierte, daß die reflexive Analyse eines Programms oder eines Diskurses nicht dazu führt, an seine Stelle ein wahreres Programm zu setzen, und auch nicht dazu, die bürgerliche Gesellschaft durch eine gerechtere zu ersetzen; sie führt nur zu einer anderen Gesellschaft, zu einem anderen Programm oder Diskurs. Es bleibt jedem freigestellt, diese neue Gesellschaft oder diese neue Wahrheit vorzuziehen; es genügt, wenn man darauf verzichtet, sie für wahrer oder gerechter zu deklarieren.

Wir behaupten also nicht, daß die Umsicht der wahre Weg sei und daß es ausreichend wäre, die Geschichte nicht mehr zu vergöttern und einen gerechten Kampf gegen die Ideologien zu führen, die uns soviel Leid zugefügt haben; dieses Programm des Konservativismus ist ebenso beliebig wie jedes andere. Wenn die Zahl der Millionen von Toten der Maßstab ist, dann hat der Patriotismus, über den niemand mehr spricht, ebenso viele Opfer gefordert (und wird sie weiter fordern) wie die Ideologien, über die man sich mit Vorliebe aufregt. Was also tun? Genau diese Frage hätte man nicht stellen sollen. Gegen den Faschismus, den Kommunismus oder den Patriotismus zu sein ist eine Sache: Alle Lebewesen leben von Parteinahme, und mein Hund ist gegen Hunger, Durst und Briefträger und für das Spielen mit dem Ball. Dennoch stellt er sich aber nicht die Frage, was er tun soll und was er hoffen darf. Man will, daß die Philosophie diese Fragen beantwortet, und man beurteilt sie nach ihren Antworten. Aber nur ein entschiedener Anthropozentrismus wird voraussetzen wollen, daß die Lösung bereits im Problem enthalten ist, und zwar aus einem einzigen Grund: weil wir diese Lösung brauchen; und daß die Philosophien, die Gründe für das Leben liefern, wahrer sind als die anderen. Mehr noch, diese Fragen sind natürlicher, als man glaubt; sie stellen sich nicht von allein; die meisten Jahrhunderte haben nicht an sich gezweifelt und haben sich diese Fragen nicht gestellt. Denn das, was man Philosophie nennt, war ein Warenhauskatalog für die verschiedensten Fragen: Was ist die Welt? Wie werde ich glücklich, das heißt autark? Wie stimmen wir unsere Probleme mit den Büchern der Offenbarung ab? Welchen Weg der Selbstverwandlung gibt es? Wie organisiert man die Gesellschaft, damit sie sich in Richtung der Geschichte bewegt? Diese Fragen hat man schneller vergessen, als man die Antwort erfährt.

Die historische Reflexion ist eine Kritik, die die anmaßenden Behauptungen des Wissens zurücknimmt und sich darauf beschränkt, Wahres über die Wahrheiten zu sagen, ohne vorzugeben, daß es eine wahre Politik oder *die* Wissenschaft gäbe. Widerspricht sich diese Kritik nicht selbst? Kann man denn behaupten, daß es wahr ist, daß es keine Wahrheiten gibt? Ja, und wir spielen jetzt das alte, von den Griechen wieder neuentdeckte Spiel vom Lügner, der lügt, wenn er sagt, »Ich lüge«, was folglich wahr ist. Lügner ist man nicht im allgemeinen, sondern nur, insofern man dieses oder jenes sagt; ein Individuum, das sagen würde: »Ich habe immer nur alles erdichtet«, würde nichts erdichten, wenn es dieses sagte, vorausgesetzt, es präzisierte: »Meine Erdichtungen bestanden darin, daß ich glaubte, meine sukzessiven Einbildungen wären Wahrheiten, die den Dingen selbst eingeschrieben waren.«

Denn wenn meine jetzige Wahrheit über die Dinge und die Menschen wahr wäre, würde konsequenterweise die universale Kultur falsch, und die Herrschaft dieser Falschheit sowie mein exklusives Privileg der Wahrhaftigkeit wären erklärungsbedürftig. Würden wir, wie die Griechen, einen Kern von Wahrheit in der Falschheit suchen? Würden wir, wie Bergson, dem Dichten eine vitale Funktion zuschreiben, oder eine soziale, wie die Soziologen? Der einzige Weg, da herauszukommen, ist zu sagen, daß die Kultur nicht falsch, aber auch nicht wahr ist. Ich bin bis zu Descartes zurückgegangen. Dieser hat seinen Freunden brieflich anvertraut, was er nicht zu drucken gewagt hat, daß Gott nicht nur die Dinge, sondern auch die Wahrheiten geschaffen hat, weshalb auch zwei mal zwei nicht vier ergäben, wenn er es so gewollt hätte; denn Gott hat nicht etwas geschaffen, was schon im voraus wahr war: wahr war, was er als solches schuf, und das Wahre und das Falsche existierten erst, nachdem er sie geschaffen hatte. Es genügt, der konstitutiven Einbildungskraft der Menschen diese göttliche Macht des Konstituierens, d. h. des Erschaffens ohne ein vorgegebenes Modell zu verleihen.

Zuerst ist der Gedanke, daß alles weder wahr noch falsch ist, ein komisches Gefühl, aber man gewöhnt sich schnell daran. Und zwar aus gutem Grund: Der Wert der Wahrheit ist zu nichts zu gebrauchen, weil sie nämlich zwei Herren dient; die Wahrheit ist der Name, den wir unseren Vorlieben geben, von denen wir nicht lassen können; wenn wir von ihnen ließen, würden wir sie entschieden als falsch bezeichnen, so sehr achten wir die Wahrheit. Selbst die Nazis respektierten sie, denn sie sagten, sie seien im Recht: Sie sagten nicht, daß sie unrecht hätten. Wir hätten ihnen entgegenhalten können, daß sie sich täuschten, aber wozu wäre das gut gewesen? Sie lagen nicht auf derselben Wellenlänge wie wir, und schließlich zeugt es von Platonismus, ein Erdbeben als falsch einzuschätzen.

Soll man sich beklagen, wie tragisch und traurig das Schicksal der Menschen ist, wenn die Menschen nicht einmal das Recht haben, an das zu glauben, was sie tun, und dazu verdammt sind, sich mit denselben Augen zu betrachten, mit denen sie auch ihre Vorfahren sehen, die an Jupiter oder Herkules geglaubt haben? Dieses Unglück gibt es nicht, es steht nur auf dem Papier, es ist ein rhetorisches Thema. Es könnte nur für die Reflexivität existieren, die lediglich von den Historikern kultiviert wird; nun sind aber Historiker keine unglücklichen Menschen: sie sind interessiert. Was die anderen Menschen betrifft, so werden von ihrer Reflexivität weder sie selbst erstickt noch ihre Interessen gelähmt. Deshalb bleiben die Wahrheitsprogramme auch implizit und denen, die sie einsetzen und die das, woran sie hängen, Wahrheit nennen, unbekannt. Die Idee der Wahrheit tritt erst dann in Erscheinung, wenn man anderes berücksichtigt; sie ist nicht zuerst da; sie macht einen verborgenen Riß sichtbar: Woran liegt es, daß die Wahrheit so wenig wahr sein soll? Sie ist das Häutchen herdenhafter Selbstzufriedenheit, die uns vom Willen zur Macht trennt.

Nur die historische Reflexion kann die Wahrheitsprogramme explizieren und ihre Variationen sichtbar machen; aber diese Reflexion ist kein beständiges Licht und markiert keinen Abschnitt auf dem Weg der Menschheit. Ein gewundener Weg, dessen Kurven nicht nach dem Wahren am Horizont ausgerichtet sind und sich auch nicht dem gewaltigen Relief einer Infrastruktur anpassen: Der Weg läuft im Zickzack des Zufalls; meistens machen sich die Reisenden darüber keine Gedanken; jeder von ihnen hält seine Straße für die wahre, und Abweichungen, die sie andere machen sehen, stören sie kaum. In seltenen Augenblicken aber kommt es vor, daß eine Biegung des Weges einen Blick zurück auf ein gutes Stück Weg mit all seinen Zickzacks freigibt, und daß einige dieser Reisenden so gestimmt sind, daß sie diese Irrfahrt wütend macht. Dieser Blick zurück spricht wahr, macht jedoch den Weg nicht falscher, weil er nicht wahr sein kann. Diese retrospektiven Geistesblitze sind auch nicht besonders wichtig; sie sind eine Fehlkalkulation, sie helfen nicht dabei, den richtigen Weg zu finden und markieren auch keine Etappe der Reise. Sie wandeln nicht einmal die von ihnen affizierten Individuen um: Man kann nicht feststellen, daß Historiker desinteressierter wären als die gewöhnlichen Sterblichen oder daß sie anders wählten; der Mensch ist eben kein denkendes Schilfrohr. Habe ich deshalb dieses Buch auf dem Lande geschrieben? Ich beneidete die Tiere um ihre Gelassenheit.

Der Anlaß zu diesem Buch war also recht einfach. Schon beim Lesen des Titels wird jeder, der auch nur die geringste historische Bildung besitzt, vorweg geantwortet haben: »Aber natürlich haben sie an ihre Mythen geglaubt!« Wir wollten nur, daß das, was ihnen so selbstverständlich war, es auch für uns ist, und die Implikationen dieser ursprünglichen Wahrheit freilegen.

# *Anmerkungen*

## *Vorwort*

1 Unter der Erde führen die Toten dasselbe Leben wie zu ihren Lebzeiten. Minos übt in der Unterwelt weiter sein Richteramt aus, wie Orion unter der Erde weiter der Jagd nachgeht. (M. Nilsson, *Geschichte der griechischen Religion*, 2. Aufl., München 1955, Bd. 1, S. 677). Man soll nicht wie Racine sagen, die Götter hätten Minos zum Totenrichter gemacht. Über die sehr bewußten Lügen der Dichter siehe auch Plutarch, *Quomodo adulescens poetas*, II, 16f-17f.

2 Plutarch, *Leben des Theseus*, 15,2-16,2. Vgl. W. Den Bœr: *Theseus, the Growth of a Myth in History*, in *Greece and Rome*, XVI, 1969, S. 1-13.

3 Plutarch, *Leben des Theseus*, I, 5: »der *Mythôdes*, durch den *Logos* gereinigt«; der Gegensatz von Logos und Mythos stammt von Platon, *Gorgias* 523a.

4 Thukydides, I, 4,1: »vom Hörensagen kennen« heißt, durch den Mythos kennen; vgl. z. B. Pausanias, VIII, 10,2. Herodot, III, 122, hat von Minos dieselbe Vorstellung. Vgl. Aristoteles, *Politik*, 1271 b 38.

5 Vgl. W. Nestle, *Vom Mythos zum Logos*, Stuttgart 1940. Ein anderes wichtiges Buch über die Fragen, die wir hier untersuchen, ist das Buch von J. Forsdyke, *Greece before Homer: Ancient Chronology and Mythology*, New York 1957.

6 Vgl. A. Rostagni, *Poeti alessandrini*, neue Aufl., Rom 1972, S. 148 u. 264. Zum Beweis: die historische oder naturalistische Exegese der Mythen durch Thukydides oder Ephoros, die allegorische Exegese der Stoiker und Rhetoren, der Ephemerismus, die romanhafte Stilisierung der Mythen durch die hellenistischen Dichter.

7 Zitiert von G. Couton in einer bedeutenden Untersuchung über *»Les Pensées de Pascal contre la thèse des Trois Imposteurs«*, in: *XVIIe siècle*, XXXII, 1980, S. 183.

8 Wie es Renan ungefähr formuliert hat, genügt es, das Übernatürliche anzuerkennen, um die Nicht-Existenz eines Wunders nicht mehr beweisen zu können. Es genügt, Interesse daran zu haben, zu glauben, daß Auschwitz nicht stattgefunden hat, und alle Zeugnisse über Auschwitz werden unglaubwürdig. Auch hat keiner jemals bewiesen, daß Jupiter nicht existiert hat. Siehe die Beispiele der Anmerkungen 11 und 27.

9 Vgl. G. Huppert, *L'Idée de l'histoire parfaite*, Paris 1973, S. 7.

10 Zitiert von Huppert, S. 7, Anm. 1. Die verschiedenen Essays von A.

D. Momigliano bezüglich dieser Probleme der Geschichte und der Methode der Geschichtsschreibung lassen sich jetzt bequem in seinen beiden Sammelbänden konsultieren: *Studies in Historiography*, London 1966, und *Essays in Ancient and Modern Historiography*, Oxford 1977.

11 Wenn man begreifen will, wie gering der Nutzen von »Strenge«, »Methode«, »Quellenkritik« in diesen Bereichen ist, so wird es ausreichen, die folgenden Zeilen zu zitieren, in denen noch im Jahre 1838 V. Leclerc meint, Niebuhr widerlegen zu können: »Die Geschichte eines Jahrhunderts ausschließen, weil sie von Fabeln durchsetzt ist, bedeutet, die Geschichte aller Jahrhunderte ausschließen. Die ersten Jahrhunderte Roms sind uns verdächtig wegen Romulus' Wölfin, Numas Schilden, der Erscheinung von Castor und Pollux. Streicht also aus der römischen Geschichte die gesamte Geschichte Cäsars und des Sterns, der bei seinem Tod erschien, und die des Augustus, weil man sagte, er sei der Sohn des in eine Schlange verwandelten Apollo« (*Des Journaux chez les Romains*, Paris 1838, S. 166). Daran erkennt man, daß der Skeptizismus von Niebuhr und Beaufort nicht auf der Unterscheidung von primären Quellen und Quellen aus zweiter Hand beruht, sondern vor allem auf der Bibelkritik der Denker des 18. Jahrhunderts.

12 Früher hat man sich gefragt, ob Pausanias nicht vor allem »in den Büchern gereist« sei; man kann behaupten, daß dies nicht stimmt: Pausanias hat hauptsächlich vor Ort gearbeitet; siehe auch die sehr anschauliche Schilderung von E. Meyer in seiner gekürzten Übersetzung des Pausanias: *Pausanias, Beschreibung Griechenlands*, 2. Aufl., Stuttgart und Zürich 1967, Einleitung, S. 42. – Über Pausanias siehe zuletzt K. E. Müller, *Geschichte der antiken Ethnographie*, Wiesbaden 1980, Bd. II, S. 176-180.

## *Als die historische Wahrheit Tradition und Vulgata war*

13 Formulierungen wie »die Bewohner des Landes sagen, daß . . .« oder »die Thebaner erzählen . . .« können sich bei Pausanias sehr wohl mit dem decken, was wir eine schriftliche Quelle nennen werden; nur ist in Pausanias' Augen dieses Geschriebene keine Quelle; seine Quelle ist die natürlich mündliche Überlieferung, von der er nur die Transkription gibt. In seinen arkadischen Untersuchungen (VIII, 10,2) erklärt Pausanias zum Beispiel: »Das habe ich durch *akoè*, durch Hörensagen, aufgenommen, wie alle meine Vorgänger auch.«; ebenfalls durch *akoè* ist die Geschichte des Teiresias (IX, 33,2) bekannt geworden. Das bedeutet, daß Pausanias und die anderen vor ihm (die wir als seine Quellen auffassen werden) die Dinge nicht mit eigenen

Augen gesehen haben (vgl. IX, 39,14), sondern nur aufgeschrieben haben, was die mündliche Überlieferung berichtete; wie man sieht, unterscheidet Pausanias sehr genau die primären Quellen (*akoè*) und die sekundären. Seine Vorgänger sind uns bekannt: Zu Beginn seiner arkadischen Untersuchungen erwähnt Pausanias beiläufig und abschließend einen epischen Dichter, Asios, den er viel gelesen hat und an anderen Stellen mehr als oft zitiert (VIII, 1,4: »Darüber gibt es folgende Verse von Asios«; sieben Zeilen weiter oben schrieb Pausanias: »Die Arkader sagen, daß . . .«). Wir werden sagen, daß Asios die arkadischen Überlieferungen wiedergibt. Für Pausanias ist die einzig wahre Quelle das Zeugnis der Zeitgenossen des Geschehens, also derjenigen, die dabeigewesen sind; es ist also ein unersetzlicher Verlust, wenn die Zeitgenossen vergessen, schriftlich das zu überliefern, was sie gesehen haben (I, 6,1); vgl. auch Flavius Josephus, *Über den jüdischen Krieg,* I, Vorwort, 5,15. Diese mündliche oder auch schriftliche Quelle wird von den Geschichtsschreibern bloß reproduziert; sie arbeiten ohne Unterlaß an der richtigen Version des Geschehens. Die Sache versteht sich von selbst, so daß sie ihre Quelle nur zitieren, wenn sie von ihr abweichen (so zitiert Pausanias, I, 9,8, den Hieronymus von Cardia nur dort, wo er sich in einer Einzelheit von ihm unterscheidet). Die Wahrheit ist anonym, allein der Irrtum ist persönlich. In gewissen Gesellschaften wird dieses Prinzip sehr weit getrieben; vgl., was Renan über die Entstehung des Pentateuch schreibt (*Œuvres complètes,* Bd. 6, S. 520): »Die hohe Antike hatte keine Vorstellung von der Authentizität des Buches; jeder wollte, daß sein Exemplar vollständig sei und machte all die Hinzufügungen, die er für notwendig hielt, um es auf dem neuesten Stand zu halten. Zu jener Zeit schrieb man einen Text nicht ab: Man machte ihn neu, indem man ihn mit anderen Dokumenten kombinierte. Alle Bücher wurden mit absoluter Objektivität zusammengestellt, waren ohne Titel und ohne den Namen des Autors, wurden unablässig umgestaltet und erhielten endlose Ergänzungen.« Heutzutage publiziert man in Indien Volksausgaben der Upanishaden, die ein oder zwei Jahrtausende alt sind, aber auf naive Weise vervollständigt wurden, um wahr zu sein: Die Entdeckung der Elektrizität wird erwähnt. Es handelt sich nicht um eine Fälschung: Wenn man ein Buch, das ganz einfach wahr ist, vervollständigt oder korrigiert, wie z. B. das Telefonbuch, begeht man keine Fälschung. Anders formuliert, worum es hier geht, ist nicht die Vorstellung von der Wahrheit, sondern von der des Autors. Vgl. auch H. Peter, *Wahrheit und Kunst: Geschichtsschreibung und Plagiat im klassischen Altertum,* 1911, Neudr., Hildesheim 1965, S. 436. – Über die historische Erkenntnis durch Hörensagen vgl. jetzt F. Harlog, *Le miroir d'Hérodote: essai sur la représentation de l'autre,* Paris 1981, S. 272 f.

14 Die Informanten (»Exegeten«), die Pausanias gut zwanzigmal erwähnt, sind nicht alle die *Ciceroni* unseres Autors gewesen: als »Exegeten« bezeichnet Pausanias auch seine schriftlichen Quellen (E. Meyer, S. 37, zitiert I, 42,4). Über diese Exegeten siehe auch W. Kroll, *Studien zum Verständnis der römischen Literatur*, Stuttgart 1924, S. 313. Siehe Anmerkung 159.

15 Vgl. Huppert, S. 36.

16 Vgl. Thukydides, I, 20-22.

17 Momigliano, *Studies in Historiography*, S. 214.

18 Vgl. Thukydides, I, 20,2.

19 Pausanias, VIII, 8,3; Herodot, VII, 152,3. Vgl. K. Latte in: »*Histoire et Historiens de l'Antiquité*«, S. 11 (*Entretiens sur l'Antiquité classique, Fondation Hardt*, IV, 1956): in III, 9,2 berichtet Herodot zwei Versionen, er glaubt kaum an die zweite, aber »er spricht trotzdem darüber, weil man darüber spricht«; was sich sagt, hat schon eine Art von Existenz.

20 Vgl. Momigliano, *Essays in Ancient and Modern Historiography*, S. 145; *Studies in Historiography*, S. 217.

21 Vgl. Anmerkung 13, was diesen Ausspruch von Renan anbetrifft. Die merkwürdigen Texte, die die *Histoire Auguste* zitiert, sind, wie jeder weiß, Fälschungen; aber es handelt sich um ein Pastiche des Geschmacks, den die gesamte hellenistische und römische Antike für Kuriositätensammlungen aller Art kultivierte. Sueton oder Diogenes Laertius zitieren ebenfalls Briefe des Augustus und Testamente von Philosophen, nicht um Tatsachen festzuschreiben, sondern als seltene und merkwürdige Stücke; diese Autoren ziehen keinen Schluß und kein Argument aus den Stücken, die sie zitieren und die keinesfalls »Beweisstücke« sind. Über die Art, wie Porphyrios in *De Abstinentia* zitiert, vgl. W. Pötscher, *Theophrastos, Peri Eusebeias*, Leyden 1964, S. 12 u. 120; vgl. Diodoros, II, 55-60, wie er Iambulos zitiert oder umschreibt. Vgl. auch P. Hadot, *Porphyre et Victorinus*, Paris 1968, Bd. I, S. 33.

22 Pausanias, I, 3,3.

23 Tatsächlich bezweifelt Aristoteles die Geschichtlichkeit des Theseus nicht mehr als Thukydides (II, 15); er sieht in ihm den Begründer der athenischen Demokratie (*Die athenische Verfassung*, XLI, 2) und führt den Mythos der athenischen Kinder, die nach Kreta veschleppt und dem Minotaurus ausgeliefert wurden, auf die Wahrscheinlichkeit zurück (*Verfassung der Bottiaier*, zitiert von Plutarch, Leben des Theseus, 16,2); was den Minotaurus betrifft, so führte ihn auch der Historiker Philochoros über 400 Jahre vor Pausanias auf die Wahrscheinlichkeit zurück: er behauptete, bei den Kretern eine Überlieferung erhalten zu haben (mündlich oder schriftlich, Genaueres sagt er nicht), der zufolge diese Kinder nicht vom Minotaurus verschlungen

wurden, sondern den siegreichen Athleten eines Wettkampfes als Preis gegeben wurden; dieser Wettkampf wurde von einem grausamen und überaus kräftigen Mann gewonnen, der Taurus hieß (zitiert von Plutarch, 16,1). Da dieser Taurus die Armee von Minos befehligte, war er tatsächlich der Stier von Minos oder der Minotaurus.

24 Vgl. Herodot, III, 122: »Soweit wir wissen, ist Polykrates der erste Grieche, der auf Seeherrschaft sann, außer Minos von Knossos und anderen, sofern es welche gab, die vor ihm das Meer beherrschten. Seit dem Zeitalter gewöhnlicher Menschen ist jedenfalls Polykrates der erste.« Schon in der *Ilias* begrenzt das, was man den homerischen Rationalismus genannt hat, das Eingreifen der Götter in die Angelegenheiten der Menschen auf die mythischen Geschlechter.

25 Vgl. Pausanias, VIII, 8,3; für die Griechen gibt es kein Problem mit dem Mythos; es gibt nur das Problem unwahrscheinlicher Elemente, die der Mythos enthält. Diese Kritik am Mythos beginnt mit Hekataios von Milet (der sich schon über die lächerlichen Dinge, die die Hellenen erzählten, lustig machte: Fr. 1, Jacoby); vgl. bei Pausanias selbst (III, 25,5) die Kritik am Mythos von Cerberus durch Hekataios.

26 Vgl. H. Hitzig, *Zur Pausaniasfrage*, in: *Festschrift des philologischen Kränzchens in Zürich zu der in Zürich im Herbst 1887 tagenden 39. Versammlung deutscher Philologen und Schulmänner*, S. 57.

27 Hier ein Beispiel. Newton stellt fest, daß die sieben Könige Roms insgesamt 244 Jahre geherrscht haben und bemerkt, daß derart lange Regentschaften in der Weltgeschichte ohne Beispiel sind; die mittlere Dauer einer Regierungszeit beträgt siebzehn Jahre. Er hätte daraus den Schluß ziehen können, daß die Chronologie des königlichen Roms legendär sei; er aber schließt daraus nur, daß sie falsch sei, kürzt sie auf sieben mal siebzehn Jahre und verlegt demzufolge das Datum der Gründung Roms auf das Jahr 630 vor unserer Zeitrechnung. Vgl. I. Newton, *La Chronologie des anciens royaumes, traduite de l'anglois*, Paris 1728.

## *Pluralität und Analogie der Wahrheitswelten*

28 M. Nilsson, *Geschichte der griechischen Religion*, 2. Aufl., Bd. 1, S. 14 u. 371; A. D. Nock, *Essays on Religion and the Ancient World*, Oxford 1972, Bd. 1, S. 261; ich bin mir nicht einmal sicher, ob man die ätiologischen Mythen beiseite lassen sollte: Sehr wenige griechische Mythen erklären die Riten, und die, die es tun, sind weniger die Erfindungen von Priestern, die einen Ritus begründen wollen, als die Einbildungen begabter lokaler Köpfe, die für bestimmte kulturelle Besonderheiten, die die Reisenden verwirrten, eine romanhafte Erklä-

rung erfunden haben; der Mythos erklärt den Ritus, aber dieser Ritus ist bloß eine lokale Kuriosität. Die stoische Dreiteilung des Varro, die zwischen den Göttern, der Polis, denen die Menschen einen Kult weihen, den Göttern der Dichter, d. h. den Göttern der Mythologie, und den Göttern der Philosophen unterschied, bleibt fundamental (P. Boyancé, *Etudes sur la religion romaine*, Ecole française de Rome, 1972, S. 254). Die Frage der Beziehungen zwischen dem Mythos, der Souveränität und der Genealogie im archaischen Zeitalter ist neu gestellt worden von J.-P. Vernant, *Les Origines de la pensée grecque*, Paris 1962 (dt.: *Die Entstehung des griechischen Denkens*, Frankfurt 1982), und *Mythe et Pensée chez les Grecs*, Paris 1965; und von M. I. Finley, *»Myth, Memory and History«*, in: *History and Theory*, IV, 1965, S. 281-302; wir behandeln das mythische Denken nur sehr oberflächlich, weil unser Thema seine Transformation im römisch-hellenistischen Zeitalter ist; dennoch stellen wir unser Einvernehmen mit der Lehre von der Geschichtlichkeit der Vernunft fest bei J.-P. Vernant, *Religions, Histoires, Raisons*, Paris 1979, S. 97.

29 Ein Beispiel unter tausend, dafür aber sehr hübsch: Pausanias, VII, 23; über die lokalen Gelehrten, W. Kroll, *Studium zum Verständnis der römischen Literatur*, Stuttgart 1964, S. 308.

30 Vgl. A. van Gennep, *Religions, Mœurs et Légendes*, Paris 1911, Bd. III, S. 150; E. Mâle, *L'Art religieux du XIIIe siècle en France*, S. 269; *L'Art religieux de la fin du XVIe siècle*, Paris 1948 u. 1951, S. 132.

31 Vgl. Veyne, *Le Pain et le Cirque*, Paris 1976, S. 589.

32 Augustin zweifelt nicht an der Geschichtlichkeit des Äneas, aber wenn der Mythos auf die Wahrscheinlichkeit zurückgeführt wird, ist Äneas nicht mehr der Sohn der Venus, wie Romulus auch nicht der Sohn des Mars ist (*Gottesstaat*, I, 4 und III, 2-6). Wir werden sehen, daß Cicero, Titus-Livius und Dionysios von Halikarnassos ebenfalls nicht an die göttliche Geburt des Romulus glaubten.

33 Die Vielzahl der Arten zu glauben ist eine allzu banale Tatsache, als daß es lohnte, darauf zu insistieren; vgl. J. Piaget, *La Formation du symbole chez l'enfant*, Paris 1939, S. 177 (dt.: *Nachahmung, Spiel und Traum. Die Entwicklung der Symbolfunktion beim Kind*, in: *Werke*, Bd. 5, Stuttgart 1975); Alfred Schütz, *Gesammelte Aufsätze*, Den Haag, Bd. 1 (1971), S. 237: »Über die mannigfaltigen Wirklichkeiten«, Bd. 2 (1972), S. 102: »Don Quixote und das Problem der Realität«; Pierre Janet, *De l'angoisse à l'extase*, Paris 1926, Bd. 1, S. 244. Es ist nicht weniger banal, daß man zur gleichen Zeit verschiedene Wahrheiten über denselben Gegenstand glaubt; die Kinder wissen, daß die Spielzeuge vom Weihnachtsmann gebracht und zugleich von den Eltern geschenkt werden. J. Piaget, *Le Jugement et le Raisonnement chez l'enfant*, Paris 1945, S. 217, vgl. 325: »Beim Kind gibt es mehrere heterogene Realitäten: das Spiel, das beobacht-

bare Wirkliche, die Welt der gehörten und erzählten Dinge usw.; diese Realitäten sind mehr oder weniger unzusammenhängend und voneinander unabhängig. Wenn also das Kind von der Arbeit zum Spiel übergeht oder von der Unterwerfung unter das Wort des Erwachsenen zur Selbsteinschätzung, können seine Meinungen außerordentlich variieren.« (dt. in: *Urteil und Denkprozeß des Kindes*, Düsseldorf 1972); M. Nilsson, *Geschichte der griechischen Religion*, Bd. 1, S. 50: »Ein Kind von dreizehn Jahren, welches in einem Bach mit tausend kleinen Wellen badete, sagte: ›Der Bach runzelt die Brauen‹; nähme man diesen Ausdruck wörtlich, so wäre es ein Mythos; aber dennoch war dem Kind nicht unbekannt, daß der Bach Wasser war, daß man aus ihm trinken konnte usw. Ebenfalls kann ein Primitiver überall in der Natur Seelen erblicken, kann in einem Baum irgendeine fühlende oder handelnde Kraft lokalisieren, die er zufriedenstellen oder verehren muß; aber bei anderer Gelegenheit wird er dennoch diesen Baum fällen, um daraus Baumaterial und Feuerholz zu gewinnen.« Vgl. auch Max Weber, *Wirtschaft und Gesellschaft*, Tübingen 1976, Bd. 1, S. 245. W. Leonhard, *Die Revolution entläßt ihre Kinder*, Frankfurt 1955, S. 58 (zur Zeit der großen Säuberung von 1937 ist der Autor neunzehn Jahre alt und Komsomolze): »Meine Mutter war verhaftet worden, ich hatte die Verhaftung meiner Pädagogen und Freunde miterlebt und selbstverständlich längst bemerkt, daß die sowjetische Wirklichkeit ganz anders war, als sie etwa in der Prawda geschildert wurde. Aber irgendwie trennte ich diese Dinge, auch meine persönlichen Eindrücke und Erlebnisse, von meiner grundsätzlichen politischen Überzeugung. Es war fast, als ob es zwei Ebenen gab: die eine der Tagesereignisse und eigenen Erlebnisse, über die ich mir nicht selten kritische Gedanken machte, die andere war die große Linie, die ich zu jener Zeit – trotz mancher Bedenken – ›grundsätzlich‹ immer noch für richtig hielt. Ich glaube, daß sehr viele Komsomolzen eine ähnliche Trennung vornahmen.« Anscheinend hat man also den Mythos keineswegs für die Geschichte gehalten oder den Unterschied zwischen Legende und Geschichte aufgehoben, trotz E. Köhler, *L'aventure chevaleresque: idéal et réalité dans le monde courtois*, Paris 1971, S. 8; sagen wir also lieber, daß man genauso an den Mythos wie an die Geschichte glauben kann, aber nicht an Stelle der Geschichte und auch nicht zu denselben Bedingungen wie an die Geschichte; die Kinder verlangen von ihren Eltern ja auch nicht die Gabe des freien Schwebens, der Allgegenwart und der Unsichtbarkeit, die sie dem Weihnachtsmann zuschreiben. Kinder, Primitive und Gläubige aller Schattierungen sind nicht naiv. »Selbst die Primitiven verwechseln eine imaginäre Beziehung nicht mit einer wirklichen Beziehung« (Evans-Pritchard, *La religion des primitifs*, Paris, S. 49). »Der Symbolismus der Huichol nimmt eine

Identität von Weizen und Hirsch an. M. Lévy-Bruhl will nicht, daß man hier von Symbol spricht, sondern eher von prälogischem Denken. Aber die Logik der Huichol wäre erst von dem Tag an prälogisch, an dem sie essen« (O. Leroy, *La raison primitive*, Paris 1927, S. 70). »Die Sedang Moi Indochinas, die Bedingungen geschaffen haben, die es dem Menschen erlauben, auf seinen Status als Mensch zu verzichten und Wildschwein zu werden, reagieren trotzdem verschieden, je nachdem, ob sie es mit einem wirklichen Wildschwein zu tun haben oder mit einem Wildschwein dem Namen nach« (G. Devereux, *Ethnopsychoanalyse complémentariste*, Paris 1972, S. 101). »Trotz mündlicher Überlieferungen geschieht es selten, daß man einen Mythos im selben Sinn begreift wie eine empirische Wahrheit; alle Lehren, die auf der Welt zum Thema Unsterblichkeit der Seele aus dem Boden geschossen sind, haben das natürliche Gefühl des Menschen dem Tod gegenüber kaum berührt« (dt.: *Ethnopsychoanalyse. Die komplementaristische Methode in den Wissenschaften vom Menschen*, Frankfurt 1978) (G. Santayana, *The Life of Reason*, III, *Reason in Religion*, New York 1905, S. 52). Die Arten zu glauben, oder besser gesagt die Wahrheitsregimes ein und desselben Gegenstands, sind also vielfältig.

34 Vgl. H. Fränkel, *Wege und Formen frühgriechischen Denkens*, 2. Aufl., München 1960, S. 366. Indem er ihm von der schönen Welt der Heroen erzählt, ehrt Pindar den Sieger noch mehr, als wenn er sein Loblied anstimmte; bei den Guermantes eingeladen zu sein ist schmeichelhafter, als Komplimente zu bekommen; deshalb sagt Fränkel auch: »Das Bild des Siegers bleibt oft verschwommener als das der Heroen.« Muß man deshalb mit Fränkel sagen *(Dichtung und Philosophie des frühen Griechentums*, München 1962, S. 557), daß diese heroische und göttliche Welt eine »Welt der Werte« sei? Aber es ist kaum einzusehen, inwiefern Götter und Heroen Heilige sein sollten; sie ehren *die* Werte genauso, wie es die vornehmen Sterblichen tun, nicht mehr und nicht weniger. Auch hier dürfen wir nicht den mythologischen »Snobismus« verkennen; die Welt der Heroen hat *Wert*, sie steht höher als die Welt der Sterblichen. Wie auch für Proust eine Gräfin höher steht als eine Bürgerin, aber nicht deshalb, weil sie Tugenden und Werte hätte: sondern weil sie Gräfin ist. Natürlich wird sie als Gräfin und weil sie Gräfin ist, Moralempfinden haben und pflegen, aber nur aus Gründen der Konsequenz. Nicht wegen ihrer Verdienste, sondern wegen ihres Wesens hat die Welt der Heroen mehr Wert als die Welt der Sterblichen. Wenn man meint, das Wort Snobismus, selbst *cum grano salis* formuliert, sei zu stark für Pindar und die Sieger, so lese man noch einmal eine amüsante Passage aus Platons *Lysis*, 205 c-d, die es verdient hätte, als Epigraph über jeder Pindar-Ausgabe zu stehen.

35 So ist das noch in der *Aeneis*, 1,8: *Musa, mihi causas memora*, mit dieser hellenisierenden Redewendung bittet Vergil die Muse, ihm zu wiederholen und zu bestätigen, was »sich sagt« zum Thema der Äneas, nicht jedoch, ihn an etwas zu »erinnern«, was er nicht wüßte oder vergessen hätte. Deshalb könnte man glauben, daß die Musen Töchter der Erinnerung seien (gegenüber M. Nilsson, *Geschichte der griechischen Religion*, Bd. 1, S. 254).

36 Vgl. W. Kroll, *Studien zum Verständnis der römischen Literatur*, S. 49-58. Die Verse 27 und 28 der *Theogonie* sind nicht einfach; die Musen geben Lügen ein, aber auch Wahrheiten. Die Nachwelt wird dies oft so verstehen, als vermengten die Dichter alle Wahrheiten mit Lügen oder Lügen mit Wahrheiten (vgl. Strabon, I, 2, 9, C. 20 über Homer). Andere wiederum sehen darin den Gegensatz von Epos, das lügt, und didaktischer Poesie, die die Wahrheit spricht. Besser verstände man es so, daß Hesiod, ohne sich selbst als didaktischer Poet zu fühlen, seine eigene Version der göttlichen und menschlichen Genealogien der Version Homers entgegensetzt, den er für seinen Rivalen und Vorläufer hält.

37 Vgl. zu dieser Geschichtsschreibung z. B. J. Forsdyke, hier zitiert in Anm. 5; M. Nilsson, *Geschichte der griechischen Religion*, 2. Aufl., Bd. 2, S. 51-54.

38 Vgl. Pausanias, IV, 6,1, für Myron; für Rhianos, IV, 1-24 *passim*. Über diesen Rhianos: A. Lesky, *Geschichte der griechischen Literatur*, Bern und München 1963, S. 788; ich habe weder *Pausanias und Rhianos* von J. Kroymann, Berlin 1943, noch die *Messenischen Studien* von F. Kiechle, Kallmünz 1959, gelesen. Über die Quellen der arkadischen Archäologie von Pausanias, W. Nestle, *Vom Mythos zum Logos*, S. 145 f. Über die Begriffe des Anfangs, des Höhepunkts (*katastasis*) und »Archäologie« vgl. E. Norden, *Agnostos Theos*, Darmstadt 1956, S. 372.

39 Vgl. Pausanias, VIII, 6,1. Aber der gesamte Anfang des VIII. Buches wäre zu zitieren. Für die Gründung von Oinotria vgl. VIII, 3,5.

40 Wie dem auch sein mag, die verbreitetsten Zeitbegriffe sind weder die der zyklischen, noch die der linearen Zeit, sondern die der Zeit als Niedergang (Lukrez hält dies für eine Evidenz): Alles ist erfunden und gemacht worden, die Welt ist erwachsen und kann folglich nur noch älter werden; vgl. P. Veyne, *Comment on écrit l'histoire*, S. 57, Anm. 4 der Taschenbuchausgabe (Paris 1979). Die Konzeption ist der implizite Schlüssel zu einem schwierigen Satz Platons, *Gesetze* 677c, in dessen Augen kein Platz für Erfindungen mehr wäre (die nur Wieder-Erfindungen sind), wenn nicht der überwiegende Teil der Menschheit mit all ihren kulturellen Errungenschaften periodisch vernichtet werden würde.

41 Vgl. Polybios, X, 21 (über die Gründungen von Städten); XII, 26d

(Großspurigkeiten des Timaios über die Gründungen und Verwandtschaften von Städten); XXXVIII, 6 (historische Berichte, die sich damit begnügen, die Anfänge zu erzählen und nichts über den Fortgang der Geschichte sagen). Das volkstümliche Denken setzt die Vergangenheit der Gründungen gegen die langweilige Gegenwart; die erstere war wunderbar und zauberhaft: Als Hippias Vorträge in Sparta hielt, sprach er über »heroische oder menschliche Geschlechter, über Gründungen von Städten in frühester Zeit, ganz allgemein über das, was sich auf die alte Zeit bezog« (Platon, *Hippias* I, 285 e). Die Einrichtung unserer jetzigen Welt, die ihren Höhepunkt erreicht (und schon überschritten) hat, umfaßt drei Elemente: »die Gründung der Städte, die Erfindung der Künste und die Niederschrift der Gesetze« (Josephus, *Gegen Apion*, I, 2,7)! Herodot durchreist die Welt, beschreibt jedes Volk, so wie man ein Haus beschreiben würde, und dringt in den Keller vor: hier liegt der Ursprung des Volkes.

42 Für alle diese Tatsachen finden sich Beispiele auf fast jeder Seite des Pausanias, ganz besonders in den ersten Kapiteln seiner verschiedenen Bücher. Die Erklärung eines Toponyms durch ein Anthroponym erlaubt es, zu den Anfängen der Menschheit zurückzugehen, so daß man ein Gebirge namens Nomia lieber durch den Namen einer Nymphe erklärt wissen will als durch das Wort, welches »Weide« bedeutet, was offensichtlich die richtige Erklärung wäre, die auch Pausanias nahelegt (VIII, 38,11); Pausanias möchte auch den Namen Aigiale durch das Wort *aigialos*, »Ufer«, erklären, aber die Achäer zogen es vor, einen König namens Aigialeus zu erfinden, um ihn zu erklären (VIII, 1,1).

43 Pausanias VIII, 1,4; ebenso bei Thukydides, I, 3, sind »Hellen und seine Söhne« nicht mehr die Stammväter aller Hellenen oder mythische Prototypen wie der Elefant für die Elefanten: Es ist eine königliche Dynastie, die über eine große Zahl Menschen geherrscht hat. Wenn man wissen will, was eine historische Ätiologie ist, dann schaue man sich ganz einfach das Pastiche an, das Aristophanes daraus macht, *Vögel*, 466-546.

## *Soziale Verteilung des Wissens und Glaubensmodalitäten*

44 Über den Besitz und die Verteilung des Wahren vgl. das sehr schöne Buch von M. Detienne, *Les Maîtres de Vérité dans la Grèce archaïque*, Paris 1967; über die Verteilung des Wissens vgl. A. Schütz, *Gesammelte Aufsätze*, Bd. 1 (1971), S. 16: »Die soziale Verteilung des Wissens«, Bd. 2 (1972), S. 85: »Der gut informierte Bürger«; G. Deleuze, *Différence et Répétition*, Paris 1968, S. 203. Das führt dazu, daß die christlichen Denker anfingen, sich über diese Idee den Kopf

zu zerbrechen, vor allem Augustin: Ist die Kirche nicht eine Glaubensgesellschaft? In seinem *De utilitate credendi* erklärt Augustin, daß wir vor allem aufs Wort glauben, daß es einen ungleich verteilten Austausch der Erkenntnisse gibt und auch, daß die Leute, wenn man sie zum Glauben zwingt, dann wirklich glauben. Das ist die Begründung der Verfolgungspflicht und des traurig berühmten *compelle intrare*. Man muß den Leuten Gutes tun, selbst gegen ihren Willen (die Ungleichheiten des Wissens und der Macht sind die beiden Seiten derselben Medaille), und das Wissen ist ein Gut. Diese Soziologie des Glaubens konnte man schon bei Origines lesen, *Gegen Kelsos*, I, 9-10, und III, 38. Daher auch die Lehre des impliziten Glaubens: Wer der Kirche vertraut, steht im Ruf, alles zu wissen, was sie lehrt; das Problem aber ist: ab welchem Grad der Unwissenheit ist ein gläubiger Christ nur dem Namen nach noch ein Christ? Glaubt man, wenn der einzige einem bekannte Glaubensartikel so lautet, daß die Kirche das Wissen hat und im Recht ist? Vgl. B. Groethuysen, *Origines de l'esprit bourgeois en France: l'Eglise et la bourgeoisie*, Paris 1952, S. 12. Über diese Probleme und über Augustin vgl. Leibniz, *Neue Abhandlungen über den menschlichen Verstand*, IV, 20. Über seine politischen und sozialen Konsequenzen hinaus hat die Verteilung des Wissens Auswirkungen auf das Wissen selbst (man lernt und erfindet nur dann, wenn einem die Gesellschaft das Recht dazu gibt; andernfalls zögert man, hat Selbstzweifel). Wenn man nicht das Recht zu wissen und zu fragen hat, ist man aufrichtig unwissend und bleibt blind; auch Proust sagte: »Geben Sie nie etwas zu.« Die Quellen und Beweise des Wissens sind selbst historisch. Zum Beispiel: »Wenn die griechische Idee der Wahrheit die einer wahren, weil widerspruchsfreien und nachprüfbaren Aussage ist, so beinhaltet die jüdisch-christliche Idee der Wahrheit die Aufrichtigkeit, das Fehlen der betrügerischen Absicht oder der Doppeldeutigkeit in den persönlichen Beziehungen« (R. Mehl, *Traité du sociologie du protestantisme*, Paris u. Neuchâtel 1966, S. 76). Daher, so vermute ich, auch der seltsame Schluß des Vierten Evangeliums, wo die Schüler des heiligen Johannes erklären: »Wir wissen, daß sein Zeugnis wahr ist« (XXI, 24); wenn dies ein Zeugnis im griechischen Sinne des Wortes wäre (der Zeuge war anwesend und hat die Sache mit eigenen Augen gesehen), wäre der Satz absurd. Wie könnten sie die Wahrhaftigkeit des Berichtes, den der heilige Johannes über das Sterben Christi macht, bezeugen, wo sie doch nicht dabei waren? Aber die Schüler wollen sagen, daß sie Johannes sehr gut gekannt und seinen aufrichtigen Sinn und seine Unfähigkeit zu lügen erkannt haben.

45 Diese Idee, deren Bedeutung man bei Augustin besonders in der *De utilitate credendi* erkennt, findet sich auch bei Galenus, *Über die beste Sekte, dem Thrasybulos*, 15.

46 Vgl. Platon, *Phaidon*, 85 c und 99 c-d.
47 Aristophanes, *Der Frieden*, 832; vgl. *Die Vögel*, 471 f.
48 Vgl. F. Nietzsche, *Morgenröte*, § 547: »Der Gang der Wissenschaft wird jetzt nicht mehr durch die zufällige Tatsache, daß der Mensch ungefähr siebenzig Jahre alt wird, gekreuzt, wie es allzulange der Fall war. Ehemals wollte einer während dieses Zeitraumes ans Ende der Erkenntnis kommen, und nach diesem allgemeinen Gelüste schätzte man die Methoden der Erkenntnis ab. Die kleinen einzelnen Fragen und Versuche galten als verächtlich, man wollte den kürzesten Weg, man glaubte, weil alles in der Welt *auf den Menschen hin* eingerichtet schien, daß auch die Erkennbarkeit der Dinge auf ein menschliches Zeitmaß eingerichtet sei. Alles mit einem Schlage, mit einem Worte zu lösen – das war der geheime Wunsch: unter dem Bilde des gordischen Knotens oder unter dem des Ei des Kolumbus dachte man sich die Aufgabe; man zweifelte nicht, daß es möglich sei ... alle Fragen mit *einer* Antwort zu erledigen. »Ein *Rätsel* ist zu lösen.«
49 Vgl. Platon, *Lysis*, 205 c-d.
50 Xenophanes, *Fragment 1.*
51 Vgl. Aristophanes, *Die Wespen*, 1179; Herodot, I, 60.
52 Vgl. G. Le Bras, *Etudes de sociologie religieuse*, Paris 1955, S. 60, 62, 68, 75, 112, 199, 240, 267, 564, 583. Dieses Verhältnis der Gelehrigkeit im Feld des Wissens (das symbolische Feld von Bourdieu) scheint uns mindestens genauso wichtig zu sein wie der ideologische Inhalt der Religion, einfacher zu erkennen, einfacher auf seine sozialen Interessen zurückzuführen, aber auch vieldeutiger. Für Proudhon stand fest, daß der katholische Kult den Respekt vor der sozialen Hierarchie lehrte, denn in der Messe und überall, wo die Rangordnung betont wird, hebt die Praxis die soziale Hierarchie hervor; gewiß, aber im *Philosophischen Wörterbuch* von Voltaire gibt es einen Satz, der, obwohl vom Autor in antiklerikaler Absicht verfaßt, dennoch aufhorchen läßt: »ein grober und abergläubischer Pöbel ... der in die Tempel eilte aus Faulheit und weil die Kleinen dort den Großen gleich sind« (Artikel *Götzen*).
53 Aristophanes, *Die Ritter*, 32; vgl. Nilsson, *Geschichte der griechischen Religion*, Bd. 1, S. 780.
54 Vgl. Polybios, VI, 56; nach Flavius Josephus, *Gegen Apion*, hat Moses in der Religion ein Mittel gesehen, die Tugend in Achtung zu halten (II, 160). Dieselbe nutzbetonte Verbindung zwischen Religion und Moral bei Platon, *Gesetze*, 839 c und 838 b-d. Und bei Aristoteles, *Metaphysik*, 1074 b 4.
55 Vgl. Herodot, II, 42-45, zitiert von M. Untersteiner, *La Fisiologia del mito*, 2. Aufl., Florenz 1972, S. 262.

56 Philostrat, *Imagines*, I, 14 (15), *Ariadne*. Das Thema der Amme und der Mutter, die Fabeln erzählen, geht bis auf Platon, *Republik*, 378c, und *Gesetze*, 887d, zurück. Die Ammen erzählten furchterregende Geschichten über die Lamien oder auch über die Haare der Sonne, schreibt Tertullian, *Ad Valentianos*, 3. Für Platon sind dies Altweibergeschichten (*Lysis*, 205 d); es sind die *aniles fabulae*, von denen Minucius Felix, XX, 4, spricht, die wir von unseren *imperiti parentes* (XXIV, 1) erzählt bekommen. Im *Heroikos* des Philostrat fragt der Weinbauer den Autor: »Wann hast du angefangen, die Fabeln für unglaubwürdig zu halten?«, und Philostrat oder der, der für ihn spricht, antwortet: »Es ist lange her, schon als ich noch ein Jüngling war; denn als ich Kind war, glaubte ich an solche Fabeln, und meine Amme erheiterte mich mit ihren Geschichten, die sie mit einem hübschen Lied begleitete; einige dieser Fabeln rührten sie sogar zu Tränen; aber als ich zum jungen Mann gereift war, dachte ich, daß man diese Fabeln nicht leichtfertig für wahr halten dürfte.« (*Heroikos*, 136-137 Kayser; S. 8,3 De Lannoy). Auch Quintilian spricht von *aniles fabulae* (Inst., I, 8,19). Im *Hippolytos* des Euripides verwickelt die Amme die Gelehrten in folgende Affäre: bevor sie die Fabel der Semele erzählt, beruft sie sich auf Gelehrte, die Bücher über die Legende konsultiert haben (451). In einem bemerkenswerten metrischen Epitaph aus Chios (Kaibel, *Epigrammata*, 232) sehnen sich zwei alte Damen »von bester Familie aus Kos« nach dem Licht: »Oh, liebliche Aurora, für die im Schein der Lampe wir die Mythen der Halbgötter sangen!« Vielleicht hatten die Lieder, die auf allen Lippen waren, tatsächlich einen Mythos zum Inhalt: bei Horaz, *Oden*, I, 17,20, singt die schöne Tyndaris dem Horaz in intimer Zweisamkeit *Penelopen vitreamque Circen*.

57 Sextus Empiricus, *Hypotyposes pyrrhoniennes*, I, 147.

58 Denn die kleinen Mädchen folgten dem Unterricht des Grammatikers, blieben aber vor der Fuchtel des Rhetors bewahrt; ich mache darauf aufmerksam, daß die Klassen »gemischt« waren: Mädchen und Jungen hörten Seite an Seite dem Grammatiker zu. Dieses Detail, das wenig bekannt zu sein scheint, liest man bei Martial, VIII, 3,15 und IX, 68,2 sowie bei Soranos, *Über die Frauenleiden*, Kap. 92 (S. 209, Dietz); vgl. Friedländer, *Sittengeschichte Roms*, 9. Aufl., Leipzig 1919, I, S. 409. Die Mythologie war ein Schulfach.

59 Über die Lamien und andere griechische Kinderfresser vgl. vor allem Strabon, I, 8, C. 19, in einem auch sonst für das Studium der Einstellungen zum Mythos wichtigen Kapitel. Über Amor und Psyche: O. Weinreich, *Das Märchen von Amor und Psyche und andere*

*Volksmärchen im Altertum,* in der 9. Auflage der *Sittengeschichte Roms* von Friedländer, Bd. IV, S. 89.

60 So arm, daß er, obwohl er nicht autark lebt, den Gebrauch des Geldes nicht kennen würde und seinen Wein und seinen Weizen gegen einen Ochsen oder Widder tauscht (I, 129, 7 Kayser). Das ist plausibel; vgl. J. Crawford, in: *Journal of Roman Studies,* LX, 1970, über die Seltenheit der Münzfunde in nichtstädtischen Siedlungen.

61 Vgl. *Heroikos,* IX, 141,6. Bei den Quellen des Clitumnus waren Wände und Säulen des Heiligtums mit Graffiti bedeckt, »die den Gott priesen« (Plinius, *Briefe,* VIII, 8). Vgl. bei Mitteis-Wilcken, *Chrestomathie der Papyruskunde,* Hildesheim 1963, den Brief eines gewissen Nearchos (Nr. 117). Man kennt die Existenz solcher Graffiti aus »Proskinese« in Ägypten (z. B. auf den Steinen eines Tempels in Talmis: A. D. Nock, *Essays,* Oxford 1972, S. 358). Das erste Stück der *Priapea* (von der auch eine epigraphische Kopie existiert, Corpus inscr. lat., V, 2803 ... wenn es sich nicht gar um das Original handelt) spielt darauf an: »So wenig auch die Verse taugen, die ich in Muße auf die Wände deines Tempels schrieb, nimm sie gut auf, ich bitte dich (oh Priapus).«

62 Über den »Streit der Gespenster« im zweiten Jahrhundert vgl. Plinius, *Briefe,* VII, 27; Lukian, *Philopseudes;* Plutarch, Vorwort zum *Leben des Dion.*

63 Zu diesen Liedern vgl. Anm. 56, *ad finem.* Dazu Euripides, *Ion,* 507.

64 Aristoteles, *Poetik,* IX, 8. W. Jaeger, *Paideia,* Paris 1964, Bd. 1, S. 326.

65 Diese Vorstellung hat Trimalchion (Petronius, XXXIX, 3-4; XLVIII, 7; LII, 1-2).

66 Vgl. E. Rohde, *Der griechische Roman,* Berlin 1876, S. 24 u. 99.

67 E. Nilsson, *Geschichte der griechischen Religion,* Bd. II, S. 58.

68 Polybios, XII, 24,5.

69 Diodoros, I, 3.

70 Vgl. Diodoros, III, 61; die Bücher IV und VI sind den heroischen und göttlichen Geschlechtern Griechenlands gewidmet. Der trojanische Krieg wurde ohne allen Zweifel in Buch VII behandelt. Diese ersten Bücher des Diodor mit ihrer geographischen Tour d'horizon und dem gewaltigen Anteil an Mythen geben vielleicht eine Vorstellung von den ersten Büchern des Timaios.

71 In V, 41-46 und in einem Fragment des Buches VI, das von Eusebios überliefert worden ist, *Evangelische Vorbereitung,* II, 59. H. Dörrie glaubt, in »*Der Königskult des Antiochos von Kommagene*«, Abhandl. Akad. Göttingen, III, 60, 1964, daß der Roman des Ephemerios eine politische Utopie und ein Fürstenspiegel war; er war Vorbild oder Rechtfertigung des Königs. Vielleicht; indes übertrifft der Anteil des Wunderbaren oder Pittoresken bei weitem die politi-

schen Anspielungen; mehr noch, nicht die gesamte Insel Panchaia gehorcht einem König: man findet dort auch eine Stadt, eine Art Priesterrepublik. Tatsächlich findet sich überall die Vorstellung, daß die Götter verdienstvolle Menschen sind, die man vergöttlicht hat oder die man für Götter hielt, und sie überschreitet bei weitem das Werk des Ephemerios, der dies aufgegriffen hat, um daraus ein Märchen zu machen.

72 Vgl. Strabon, I, 2,35. S. 43 C.

73 Vgl. Diodoros, IV, 1,1.

74 Vgl. Diodoros, IV, 8. In Buch II der *Evangelischen Vorbereitung* zitiert Eusebios ausführlich die Mythographien des Diodor über Kadmos oder Herakles.

75 1872 schrieb der junge Philologe Nietzsche (Nietzsches Werke, Zweite Abteilung, Band X [*Das Philosophenbuch*], S. 123 und 139, Leipzig 1903 [Vgl. *Sämtliche Werke*, Kritische Studienausgabe, Bd. 7, S. 432 und 452 f., worin der Text wohl aus drucktechnischem Versagen unvollständig ist. Anm. d. Ü.]: »Die *freidichtende* Art, wie die Griechen mit ihren Göttern umgingen! Wir sind an den Gegensatz von historischer Wahrheit und Unwahrheit zu sehr gewöhnt. Es ist komisch, dass die christlichen Mythen durchaus *historisch* sein sollen!« (§ 44) »Die Wahrheit fordert der Mensch und leistet sie im moralischen Verkehr mit Menschen, darauf beruht alles Zusammenleben. Man anticipirt die schlimmen Folgen gegenseitiger Lügen. Von hier aus entsteht die *Pflicht der Wahrheit.* Dem epischen Erzähler gestattet man die *Lüge,* weil hier keine schädliche Wirkung zu ersehen ist. – Also wo die Lüge als angenehm gilt, ist sie erlaubt: die Schönheit und Anmuth der Lüge, vorausgesetzt, dass sie nicht schadet. So erfindet der Priester Mythen seiner Götter: sie rechtfertigt ihre Erhabenheit. Ausserordentlich schwer, das mythische Gefühl der freien Lüge wieder sich lebendig zu machen. Die grossen griechischen Philosophen leben noch ganz in dieser Berechtigung zur Lüge. (. . .) Das *Wahrheitsstreben* ist ein unendlich langsamer Erwerb der Menschheit.« (§ 70)

76 Dion Cassius, LXXIX, 18, ist im Jahre 221, als er sich in Asien aufhielt, Augenzeuge folgenden Ereignisses gewesen, an das er uneingeschränkt glaubt: »Ein Dämon, der behauptete, der berühmte Alexander aus Mazedonien zu sein, und ihm dem Gesicht nach ähnlich sah und gleich ausgerüstet war, tauchte in den Ländern der Donau auf; woher er kam, das weiß ich nicht genau; er durchquerte (Messenien?) und Thrakien und führte sich wie Dionysos auf und war von vierhundert mit Thyrsen und einer *Nebris* ausgerüsteten Männern begleitet, die niemandem etwas zu Leide taten.« Die Menschenmassen strömten herbei, Gouverneure und Prokuratoren an der Spitze; »er begab sich (oder »man gab ihm Geleit«) bis nach Byzanz, am Tag, wie er es

angekündigt hatte, verließ schließlich diese Stadt und begab sich nach Chalkodon; dort verrichtete er nächtliche Riten, vergrub ein hölzernes Pferd in der Erde und verschwand.«

77 Plautus, *Mercator*, 487, kommentiert von Ed. Fraenkel, *Elementi Plautini in Plauto*, Florenz 1960, S. 74. Zu Sextus Empiricus, Artemidoros und Pausanias vgl. die Anm. 57, 134 und 22.

78 Vgl. Anm. 24; Cicero, *Gespräche in Tusculum*, I, 41,98.

79 Varro, zit. von Censorinus, *De die natali*, 21 (Jahn, S. 62).

80 Vgl. Cicero, *De natura deorum*, III, 5,11. Ovid gesteht ebenfalls in der *Liebeskunst*, I, 637, daß er nur zögernd und mit Vorsicht an die Götter glaubt (vgl. H. Fränkel, *Ovid, ein Dichter zwischen zwei Welten*, Darmstadt 1974, S. 98 und Anm. 65, S. 194). Philemon hatte geschrieben: »Habe Götter und verehre sie, aber stell keine Fragen, was sie betrifft; dein Suchen brächte dir nichts Neues ein; verlang nicht zu wissen, ob es sie gibt oder nicht; bete sie an als Seiende ganz nah bei dir« (Fragment 118 ab Kock, bei Stobaios, II, 1,5: Vgl. schon Aristophanes, *Die Ritter*, 32. Zur Freundschaft des Theseus und des Peirithoos als *fabula ficta* vgl. das *De finibus*, I, 20,64).

81 Vgl. Cicero, *De re publica*, II, 2,4 und 10,18. Man hat bis weit ins 19. Jahrhundert an die Geschichtlichkeit des Romulus geglaubt, aber wie wir sehen werden, aus ganz anderen Gründen als Cicero: Cicero glaubt an Romulus, den Gründer Roms, weil der Mythos einen historischen Kern enthält (ohne Feuer gibt es keinen Rauch) und weil die Geschichte die Politik der Vergangenheit ist; Bossuet glaubt an Romulus oder Herkules aus Respekt vor den Texten, die er schlecht von der Wirklichkeit unterscheidet.

82 Menandros der Rhetor, *Über die Prunkreden* (*Rhetores Graeci*, Bd. III, S. 359, 9 Spengel).

83 Isokrates, *Dämonikos*, 50.

84 Vgl. Diodoros, IV, 1,2.

85 Vgl. z. B. *Politik*, 1284 a: »den Mythos, den man über die Argonauten berichtet, die den Herakles aussetzen«; *Nikomachische Ethik*, 1179 a 25: »Wenn die Götter, wie man glaubt, Anteil nehmen an den Geschäften der Menschen . . .« Aristoteles glaubte nichts davon: die Götter-Sterne sind erste Antriebe und nicht Vorsehung.

86 Vgl. Anm. 4 und 23; für Palaiphatos, Kap. 2, ist der Minotaurus ein schöner junger Mann gewesen mit Namen Taurus, in den sich Pasiphae verliebte; auch Thukydides zweifelte nicht an Kekrops oder Theseus (II, 15).

87 Vgl. Thukydides, I, 3 und II, 29.

88 Vgl. Thukydides, VI, 2.

89 Zu den mythischen Zeitaltern bei Platon (*Politik*, 268-269 b;

Timaios, 21 a-d; *Gesetze*, 677 d-685 e), der sie richtigstellt und nicht mehr oder weniger daran glaubt als Thukydides oder Pausanias, vgl. Raymond Weil, *L'Archéologie de Platon*, Paris 1959, S. 14, 30, 44.

90 Vgl. Strabon, I, 2,38; 40, C. 46; I, 3,2, C. 48.

91 Vgl. Lukrez, *De natura rerum*, V, 324.

92 Polybios, II, 41,4; IV, 59,5; XXXIV, 4.

93 Nacheinander werden wir zitieren: Galenus, *De optima secta ad Thrasybulum*, 3 (*Opera*, Bd. 1, S. 110 Kühn); *De placitis Hippocrates et Platonis*, III, 8 (V, 357 Kühn; zu der Formulierung »den Mythos auf das Wahrscheinliche zurückzuführen« vgl. Platon, *Phaidros*, 229 e, die Galenus fast wörtlich übernimmt); *De usu partium*, III,1 (III, 169 Kühn; I, 123 Helmreich); *Isagoge seu Medicus*, 1 (XIV, 675 Kühn). Man beachte, daß Galenus nur pro forma Äskulap zitiert; gleichzeitig aber verehrte er ihn privat ganz aufrichtig, woran das Beispiel seines Zeitgenossen Ailios Aristeides, der seine Verehrung gleichermaßen teilte, nicht zu zweifeln erlaubt, was denselben Galenus nicht daran hinderte, sich eine entmythologisierte Vorstellung von den Göttern zu machen: wie viele Gelehrte dachte er, daß der griechische Polytheismus die volkstümliche Entstellung der wahren Erkenntnis der Götter sei, welche im eigentlichen Sinn nichts anderes als die Sterne und Planeten sind, die man im alltäglichen Sinn des Wortes für lebendig hielt, aber mit vollkommeneren Fähigkeiten versehen als die Menschen; vgl. die erstaunlichen Seiten, die dieser Anatom über die Vollkommenheit der göttlichen Körper geschrieben hat: *De usu partium corporis humani*, XVII, 1 (Bd. IV, S. 358 f Kühn; vgl. ebd., III, 10, Bd. III, S. 238 Kühn).

## *Im Rahmen dieser Soziologie ein implizites Wahrheitsprogramm*

94 Pausanias, VII, 2, 6-7

95 Über die dichterische Funktion vgl. das bewundernswerte zweite Kapitel der *Deux sources de la morale et de la religion*, Paris 1932, S. 111, 124, 204.

96 Fontenelle, *De l'origine des fables*, in: *Œuvres diverses*, Amsterdam 1742, S. 481-500. Fontenelles Auffassung ist sehr originell und ähnelt weder Voltaire noch den Vorstellungen des 20. Jahrhunderts: für ihn spricht der Mythos über nichts und für nichts. Bei Fontenelle enthält der Mythos nämlich keine einzige Wahrheit, aber die Erdichtung existiert genauso wenig: alles erklärt sich durch das schicksalhafte Zusammentreffen unschuldiger Fehler und Schwächen: Unwissenheit, Begeisterung, Freude am Weiterspinnen von Anekdoten, die Eitelkeit des Autors, lobenswerte Neugierde usw. Es gibt nicht zwei

Lager, das der Getäuschten und das der Naiven: alle Menschen halten sich selbst zum Narren. Der Mensch besteht aus kleinen Fehlern; es gibt keine großen Wesenheiten.

97 Dieser Ausspruch Herodots, I, 60 und II, 45, wird von Strabon und Pausanias, IX, 31,7, VIII, 29,3 und VIII, 8,3 aufgegriffen. Er findet sich ebenfalls bei Dionysios.

98 Strabon, I, 1,8, C. 6.

99 Dieser Satz findet sich bei Thukydides, I, 21, dann bei Strabon, zit. in der vorhergehenden Anm., bei Plutarch, zitiert in Anm. 3, und bei Philostrat (Anm. 124). Dazu Isokrates, *Paneg.*, 28. Bei Menandros dem Rhetor wird der *Mythôdes* der »nur menschlichen« Geschichte gegenübergestellt, welche »glaubwürdiger« ist (S. 359,9 Spengel).

100 Vgl. Cicero, *De re publica*, II, 10,18: *minus eruditis hominum saeculis, ut fingendi proclivis esset ratio, cum imperiti facile ad credendum impellerentur.*

101 Vgl. Seneca, *De constantia sapientis*, II, 2.

102 Vgl. Thukydides, I, 21,1 gegen Isokrates, *Paneg.*, 30: Je zahlreicher die Leute sind, die eine Überlieferung jahrhundertelang bestätigt haben, desto mehr beweist diese jahrhundertelange Übereinstimmung ihre Wahrheit.

103 Vgl. Origines, *Gegen Kelsos*, I, 42 (*Patrologia Graeca*, XI, 738). Origines fügt hinzu: »Um gerecht zu sein, ohne sich deshalb täuschen zu lassen, muß man also die Geschichtsbücher lesen, indem man unterscheidet zwischen echten Ereignissen, denen wir zustimmen, Ereignissen, in denen es einen verborgenen allegorischen Sinn zu erkennen gilt und die bildlich zu verstehen sind; und schließlich Ereignissen, welche es nicht wert sind, geglaubt zu werden und die geschrieben wurden, um irgendeine Unterhaltung zu verschaffen« (der Text ist uns klar; andere lesen: »die geschrieben wurden, um einigen zu schmeicheln«). Zum antiken Problem der Geschichte und des Empirismus vgl. die bemerkenswerten Seiten des Galenus, *Über die beste Sekte, dem Thrasybulos*, Kap. 14-15 (I, 149 Kühn). Was die Geschichtlichkeit des trojanischen Krieges betrifft, so teilen wir den Skeptizismus von Finley, *Journal of Hellenic Studies*, 1964, S. 1-9.

104 Vgl. G. Granger, *La Théorie aristotélicienne de la science*, Paris 1976, S. 374.

105 Platon, *Republik*, 377 d.

106 Vgl. *Republik*, 378 d und 382 d. Über den bildlichen und allegorischen Sinn vgl. Origines, Zitat Anm. 103. Schon Xenophanes erhob gegen das würdelose Benehmen, welches man den Göttern zuschrieb, Einspruch; vgl. auch Isokrates, *Busiris*, 38.

107 Vgl. *Phaidon*, 61 b. Diese poetischen Mythen können wahr sprechen (*Phaidros*, 259 c-d; *Gesetze*, 682 a).

108 Strabon, I, 1,10, C. 6-7; I, 2,3, C. 15. Zitieren wir auch den sensatio-

nellen Text aus der *Metaphysik* des Aristoteles, 1074 b 1: »Es wird aber von den Alten und den Vätern aus grauer Vorzeit im Gewand des Mythos überliefert, daß die Sterne Götter sind . . . ; das übrige ist dann in mythischer Weise hinzugefügt worden zur Überredung der Menge und um die Beobachtung der Gesetze und des Gemeinwohls zu sichern. Man legt den Göttern nämlich menschliche Gestalt bei . . . ; sondert man nun hiervon einzig jenes Erste ab und betrachtet man es allein . . . wird man erkennen, daß das eine wirklich göttliche Tradition ist: und da wahrscheinlich jede Kunst und Philosophie mehr als einmal, soweit es möglich war, entdeckt und ausgebildet und dann wieder verloren worden ist, so mag man auch in diesen Ansichten gleichsam Überbleibsel einer frühen Weisheit sehen, die sich bis auf unsere Zeit erhalten hat.« Die für uns so seltsame Sternreligion der griechischen Denker ist hervorragend charakterisiert worden von P. Aubenque, *Le Problème de l'Être chez Aristote,* Paris 1962, S. 335 f.

109 Vgl. Anm. 98. Aristoteles gehört zur ersten Schule und verabscheute die Allegorie: »Die mythologischen Spitzfindigkeiten verdienen nicht, daß man sie einer ernsthaften Prüfung unterzieht« (*Metaphysik,* b 4, 1000 a 19).

110 Vgl. Galenus, *De placitis Hippocratis et Platonis,* II, 3 (Bd. 5, S. 225 Kühn), mit Berücksichtigung des Kontextes.

111 *De placitis,* II, 3 (S. 222 Kühn), für die *Zweite Analytik;* zum Syllogismus und der Logik des Chrysippos, S. 224, wo Galenus der wissenschaftlichen Beweisführung die Dialektik mit ihrer Topik, die Rhetorik mit ihren Loci und die Sophistik mit ihren schlagenden Wortspielen entgegensetzt. Galenus hält sich selbst für einen strengen Wissenschaftler, süchtig nach Apodiktizität (*De libris propriis,* 11; Bd. XIX, S. 39 Kühn), und in der Medizin zieht er die »grammischen Demonstrationen«, d. h. die geometrischen, den »rhetorischen *Pisteis*« vor (*De foetuum formatione,* 6; Bd. IV, S. 695 Kühn); es passierte sogar den Rhetoren, daß sie vorgaben, sich auf wissenschaftliche Beweisführung zu stützen (*De praenotione ad Epigenem,* 1; Bd. XIV, S. 605). Bei der Unterscheidung, die ich hier zwischen Strenge und Beredsamkeit treffe, beschreibe ich zwei Einstellungen: was die philosophischen Schulen Demonstration, Dialektik und Rhetorik nannten, verwende ich nicht im antiken Sinn und mit ihrer strengen Präzision; die Rhetorik verwendete Syllogismen oder zumindest Enthymeme; und die Demonstration war oft, ohne es zu wissen, dialektischer und rhetorischer als beweisend (P. Hadot, *»Philosophie, dialectique, rhétorique dans l'Antiquité«,* in: *Studia philosophica,* XXXIX, 1980, S. 145). Wir studieren hier weniger die Methoden der Überredung als die Einstellungen zur Überredung und zur Wahrheit; es ist interessant zu sehen, daß Galenus bestimmte Metho-

den der Überzeugung ablehnt: Ohne Beweise will er nicht glauben, nicht so, »wie man an die Gesetze des Moses oder Christi glaubt« (*De pulsuum differentiis*, Bd. VIII, S. 579 und 657); nicht weniger interessant ist es, festzustellen, wie bei den Stoikern »die objektiven Bedingungen der Überredung mit einer starken subjektiven Überzeugung verschmelzen« (E. Bréhier, *Chrysippe et l'Ancien Stoicisme*, Paris 1951, S. 63).

112 Vgl. Galenus, *De placitis*, VI, 8 (Bd. 5, S. 538 Kühn). Zu den Zitaten aus den berühmten Dichtern von Homer bis Euripides, die sich so häufig bei Chrysippos finden, um zu beweisen, daß der Sitz des *Hegemonikon* das Herz und nicht der Kopf sei, vgl. *De placitis*, III, 2 und 3 (S. 293 f). Galenus zufolge bildete sich Chrysippos ein, je mehr Dichter er zitierte, um so mehr würde er beweisen, was aber nur ein rhetorisches Verfahren ist (III, 3, S. 310). Wie haben die Stoiker den Rückgriff auf die Poesie und die Mythen als Autorität rechtfertigen können? Als Ausdruck des gesunden Menschenverstandes hätten sie diese Antwort ganz ohne jeden Zweifel gegeben; alle Menschen bilden aus den Zeugnissen der Sinne allgemeine Begriffe, alle glauben an die Realität der Götter, an die Unsterblichkeit der Seele usw. (Bréhier, *Chrysippe*, S. 65). Neben den Mythen und der Poesie war die Wortetymologie ein anderes Zeugnis dieses gemeinen Menschenverstandes (über das *etymon* als erster und wahrer Sinn einer Vokabel vgl. Galenus, Bd. V, S. 227 und 295). Die Sprichwörter, Redensarten und Sprechweisen konnten ebenfalls als Beweis dienen. Aber auch in diesem Fall berücksichtigen wir weniger, was die Stoiker zu tun glaubten, als das, was sie ohne ihr Wissen taten. Auf jeden Fall koexistierten bei ihnen mindestens zwei Vorstellungen: einerseits haben die Menschen zu allen Zeiten Gemeinbegriffe, die wahr sind; andererseits besaß die Menschheit in ihren Anfängen eine größere und göttlichere Kenntnis der Wahrheit als die heutigen Menschen; diese schlecht zusammenpassenden Vorstellungen versuchen beide recht und schlecht, diese geheimnisvolle Autorität, die die Stoiker der mythischen, poetischen und etymologischen Rede zusprachen, zu rechtfertigen. Zur Poesie, die die Gabe besitzt, wahr zu sprechen, vgl. vor allem Platon, *Gesetze*, 682 a. Die Poesie ist also inspiriert, und jeder inspirierte Text (zum Beispiel der Platons) wird zur Poesie gehören, selbst wenn er in Prosa geschrieben ist (811 c). Wenn die Poesie zum Mythos gehört, dann nicht deshalb, weil die Dichter Mythen erzählen, sondern weil beide, Mythos und Poesie, unvermeidlich wahr und, so kann man sagen, göttlich inspiriert sind. Man versteht dann auch den wahren Grund, weshalb Epikur die Poesie verdammte: er verurteilte nicht die Tatsache, daß man in Versen statt in Prosa schrieb, nicht einmal den mythischen und deshalb in seinen Augen lügnerischen *Inhalt* vieler Verse: er verurteilte die Poesie als

*Autorität*, als angebliche Quelle der Wahrheit, und er verurteilte sie in derselben *Hinsicht* und auf derselben Ebene wie den Mythos. Gleichermaßen verurteilte er eine andere sogenannte Überredungsweise, über die wir auch schon gesprochen haben: die Rhetorik.

113 Dieser Aberglaube bezüglich Homers und der Poesie im allgemeinen verdiente eine Untersuchung. Er wird bis zum Ausklang der Antike andauern; zu Beginn des fünften Jahrhunderts stritt man sich genauso über Vergil: die einen hielten ihn für einen einfachen Dichter, einen Verfasser von Fiktionen, während die anderen in ihm einen Brunnen der Wissenschaften sahen, dessen geringster Vers Wahres enthielt und es verdiente, bis in seine letzten Tiefen erforscht zu werden; vgl. Macrobius, *Saturnalien*, I, 24 und III-IV. Hier handelt es sich um ein anderes Problem: die zwischen einem Text und seinem Referenten vermuteten Beziehungen. Zur Wahrheit der Poesie bei den Stoikern vgl. die Hinweise von M. Pohlenz, *Die Stoa*, Göttingen 1978, Bd. 1, S. 183 und 235, die weniger ausgearbeitet sind als das übrige Buch.

114 Galenus, *De placitis*, V, 7 (Bd. V, S. 490 Kühn). Über Chrysippos, Homer und Galenus vgl. F. Buffière, *Les mythes d'Homère et la pensée grecque*, Paris 1956, S. 274.

115 Vgl. P. Aubenque, *Le Problème de l'Être chez Aristote*, S. 100.

116 Vgl. Aristoteles, *Metaphysik*, b 4, 1000 a 12.

117 Über den Mythos als Schmuck oder unterhaltender Zusatz, damit die Wahrheit besser geschluckt wird, vgl. Lukrez, I, 935; Aristoteles, *Metaphysik*, 1074 b 1; Strabon, I, 6,19, C. 27. Zur Idee, daß man nicht durchgehend lügen kann, vgl. Aubenque, *Le Problème de l'Être chez Aristote*, S. 72 und Anm. 3.

118 Über das gewaltige Thema der allegorischen Interpretation der Mythen und vor allem Homers gäbe es so viel zu sagen, daß wir, nachdem man das Buch von J. Pepin, *Mythe et Allegorie*, Paris 1958, erwähnt und daran erinnert hat, daß sie viel älter als der Stoizismus und uneingeschränkt volkstümlich geworden war (Diodoros, III, 62: physische Interpretation des Dionysos als Weinrebe; vgl. Artemidoros, *Traumschlüssel* II, 37, S. 169, 24 Pack und IV, 47, S. 274, 21) und zum biblischen Allegorismus führen wird, uns damit begnügen, *Die Höhle der Nymphen* von Porphyrios zu erwähnen, die *Homerischen Allegorien* von Heraklitos, die *Zusammenfassung der Theologie* von Cornutus und auf F. Cumont, *Recherches sur le symbolisme funéraire*, Paris 1942, S. 2 f, F. Buffière, *Les Mythes d'Homère et la pensée grecque*, Paris 1956; P. Decharme, *La Critique des traditions religieuses chez les Grecs, des origines à Plutarque*, Paris 1905, verweisen.

119 Vgl. Plutarch, *De Iside*, 20, S. 358 f. Plotin wird eine ganz ähnliche Idee vertiefen (*Enneaden*, III, 5, 9, 24).

120 Vgl. Machiavelli, *Der Fürst*, Kap. 61; *Abhandlung über die erste Dekade des Titus-Livius*, III, 30; vgl. auch *Gegen Apion* von Flavius

Josephus, 157f. (Man beachte im Kapitel 160 die Vorstellung, daß Moses die Religion dazu benutzt, das Volk gefügig zu machen.)

121 Von Palaiphatos habe ich nur eine Ausgabe von 1689 in den *Opuscula mythologica, physica et ethica* – von Th. Gale in Amsterdam veröffentlicht – zur Verfügung gehabt. Zu Palaiphatos vgl. Nestle, *Vom Mythos zum Logos,* S. 149; K. E. Müller, *Geschichte der antiken Ethnographie,* Bd. 1, S. 218; F. Jacobi, *Atthis, the Local Chronicles of Ancient Athens,* Oxford 1949, S. 324, Anm. 37.

122 Platon, *Republik,* 382 d.

123 Vgl. Plinius, *Naturgeschichte,* XI, 17,1: *»reliqua vetutatis situ obruta«;* Thukydides, I, 21,1; Diodoros, IV, I, 1.

## *Wie kann man dem Mythos seine ätiologische Wahrheit wiedergeben?*

124 Philostratos, *Heroikos,* VII, 9, S. 136 (S. 7, 26 De Lannoy).

125 Cicero, *De natura deorum,* III, 16,40. Vgl. auch *De divinatione,* II, 57, 117.

126 Philostratos, *Heroikos,* VII, 9, S. 136 (S. 7, 29 De Lannoy).

127 Pausanias, I, 30, 3.

128 Vgl. Pausanias, III, 25,5.

129 Vgl. Artemidoros, *Traumschlüssel,* II, 44 (S. 178, 7); IV, 47 (S. 272, 16 Pack).

130 Vgl. Lukrez, V, 878; IV, 730.

131 Vgl. Platon, *Republik,* 378 c; Cicero, *De natura deorum,* II, 28,70; Pausanias, VIII, 29,3; Artemidoros, *Traumschlüssel,* IV, 47, S. 274,16 Pack; *Aetna,* 29-93.

132 Ich habe die Belegstellen in *Pain et Cirque,* S. 581 und Anm. 102, S. 741 gesammelt; zitieren wir vor allem Xenophon, *Erinnerungen,* IV, 3,13.

133 Pausanias, VIII, 2, 4-5.

134 Vgl. Artemidoros, IV, 47, S. 274, 2-21 Pack; es versteht sich von selbst, daß ich vor mir die bewundernswerte Übersetzung von Festugière liegen habe; drei meiner Studenten, Maurice Blanc, Gilbert Casmiri und Jacques Cheilan haben mit mir zusammen im Jahre 1968 eine Übersetzung Artemidors versucht, aber ... uns ist es nicht so gut gelungen wie dem besagten Übersetzer.

135 Vgl. Dion von Prusa, XI, *Trojanische Reden,* 42: Quintilian, *Schule der Beredsamkeit,* XII, 4.

136 Vgl. Cicero, *De re publica,* II, 10,18; Titus-Livius, Vorwort, 7; in I, 4, 2 schreibt er, daß die Vestalin die Vaterschaft der Zwillinge dem Mars zuschrieb, »sei es, daß sie wirklich daran glaubte oder aber ihren Fehltritt unter einer berühmten Vaterschaft verbergen wollte«. Pau-

sanias, IX, 30,4; in IX, 37,7 schreibt er auch mit entlarvender Genauigkeit: »die Könige Askalphos und Ialmenos, von denen man *sagt*, sie seien Söhne des Ares, und Astyoche, *Tochter* des Azeus«.

137 Vgl. Cicero, *De natura deorum*, III, 16, 40f.

138 Vgl. Cicero, *Gespräche in Tusculum*, I, 12, 27f.

139 Pausanias, IX, 2, 3-4.

140 Vgl. Pausanias, IX, 20,4 und IX, 21,1. Es ist ein *procurator a mirabilibus* oder ein *minister a mirabilibus* oder irgendein gleichwertiger Titel, den man, wie ich glaube, hinter dem Griechisch des Pausanias sehen muß (VIII, 46,5): οἱ ἐπί τοις Θαυμασιν. Über diese *thaumata*, die man in Rom besichtigte, vgl. Pausanias, IX, 21,1; ich kann mich nicht entsinnen, daß diese Funktion epigraphisch zu belegen wäre.

141 Vgl. Pausanias, VIII, 22,4. Dieselbe Überlegung in I, 24, 1: War der Minotaurus ein Mensch und nur in der Legende ein Ungeheuer (vgl. Anm. 23)? Das ist nicht sicher, denn oft sieht man Frauen Ungeheuer gebären.

142 Noch Augustin wird dies sagen, um das lange Leben des Methusalem zu erklären (*Gottesstaat*, XV, 9).

143 Pausanias spricht über diesen Kleon aus Magnesia in X, 4,6.

144 Vgl. Pausanias, IX; 18, 3-4.

145 Vgl. Pausanias, IV, 32,4.

146 Vgl. Thukydides, II, 17.

147 Vgl. Pausanias, I, 38,7 und IV, 33,5. Diese Träume haben ihm untersagt, gewisse heilige Mysterien zu enthüllen. Nichts ist bei den Literaten dieser Epoche verbreiteter, als den Träumen zu gehorchen; im Traum empfing Artemidor von Apollo den Befehl, seinen *Traumschlüssel* zu schreiben (*Onir.*, II, Vorwort, *ad finem*); im Traum hat Dion Cassius von den Göttern den Befehl erhalten, seine *Römische Geschichte* (XXXIII, 2) zu schreiben; Galenus hat Medizin studiert, nachdem er von seinem Vater träumte, der in seinem Sohn einen Arzt sah (Bd. X, 609 und XVI, 223 Kühn); ein Traum gab ihm die Zusammensetzung einer Arznei (XVI, 222).

148 Pausanias, I, 28,7.

149 Vgl. L. Radermacher, *Mythos und Sage bei den Griechen*, 1938, Neudr. 1962, S. 88. F. Prinz, *Gründungsmythen und Sagenchronologie*, München 1979, ist unsere Fragestellung fremd.

150 Aischylos, *Der gefesselte Prometheus*, 774 und 853.

151 Diodoros, IV, 1,1.

152 Beispiele für die Diskussion von Legendenvarianten mit Hilfe von Zeitvergleichen: Pausanias, III, 24,10-11; IX, 31,9; X, 17,4. Zu diesen legendären Chronologien vgl. W. Kroll, *Studien zum Verständnis*, Kap. III und S. 310. Man behauptete, daß die Nomotheten Onomakritos, Thales, Lykurg, Charondas und Zaleukos gegenseitig Schüler voneinander gewesen sind; Aristoteles erhebt dagegen einen chrono-

logischen Einwand (*Politik*, 1274 a 28); ebenfalls chronologisch beweist Titus-Livius, daß Numa Pompilius nicht Schüler von Pythagoras gewesen sein kann (I, 18,2). Siehe auch Dionysios, *Altertümer*, II, 52. Über die Synchronismen in der griechischen Geschichtsschreibung vgl. A. Momigliano, *Essays in Ancient and Modern Historiography*, S. 192, und *Studies in Historiography*, S. 213.

153 Vgl. Isokrates, *Busiris*, 36-37.

154 Vgl. Pausanias, VIII, 15, 6-7. Andere Homonyme erörtert Pausanias in VII, 19,9-10 und VII, 22,5. Um die chronologischen und prosopographischen Probleme in der hellenistischen Epoche zu lösen, mußte man sich zu dem Schluß·durchringen, daß es mehrere Herakles unter gleichem Namen gegeben habe, wie auch mehrere Dionysos und selbst mehrere Zeus (Diodoros, Strabon und selbst Cicero sagen dies; vgl. Pausanias, IX, 27, 8).

155 Über diesen ersten olympischen Wettkampf vgl. Strabon, VIII, 3,30, C. 335 (der bei dieser Gelegenheit Herakles, den Sohn von Alkmene, von dem Herakles der Kureter unterscheidet und schließt: »All das wird auf vielfache Art und Weise erzählt und ist keineswegs glaubwürdig«); Pausanias, V, 4,5; V, 8,5; VIII, 26,4; über die Anfänge des olympischen Wettkampfes VI, 19,13 und VIII, 2,2 (bei seiner Datierung der Synchronismen der ältesten griechischen Wettspiele weigert sich Pausanias, den ersten olympischen Wettkampf zu berücksichtigen, an dem angeblich Herakles und Apollo teilgenommen haben sollen). Im übrigen weiß Pausanias, daß es eine Zeit gab, in der die Eleer die Namen der Sieger nicht aufschrieben (VI, 19,4). Über den Synchronismus zwischen dem Jahr 776, dem König Iphitos, der den Wettkampf begründete (»wiederbegründete«) und Lykurg vgl. Pausanias, V, 4,5, und Plutarch, *Leben des Lykurg*, I.

156 Zu diesem Datum vgl. Timaios, zit. von Censorinus, *De die natali*, XXI, 3. Über die Verbindung der mythischen mit der geschichtlichen Zeit vgl. z. B. Pausanias, VIII, 1-5 und 6.

157 Pausanias, VII, 18,5; ein anderes Beispiel: VII, 4,1.

158 Vgl. Athenaios, I, 16f-17b (*Odyssee*, I, 107).

159 Vgl. Anm. 14. Pausanias zitiert z. B. einen gewissen Kallipos aus Korinth, den Verfasser einer Geschichte von Orchomenos (IX; 29,2 und 38,10). Er sagt, er befrage »die Leute der Gegend«, »das Volk« (VIII, 41,5), das manchmal nichts weiß; dann wendet er sich an die »Einheimischen, denen alte historische Bücher (*hypomnèmata*)« übermittelt worden sind; ein andermal kennt nur der Dorfälteste den Ursprung eines Brauchs (VIII, 42,13 und VI, 24,9). Unter seinen Informanten gibt es einen *Nomophylax* aus Elis (VI, 23,6), die athenischen Thyaden (X, 4,3), seinen Wirt in Larissa (IX, 23,6), einen aus Ephesos (V, 5, 9). Vgl. dennoch F. Jacoby, *Atthis, the Local Chronicles of Ancient Athens*, S. 237, Anm. 2 und Erg. S. 399.

160 Pausanias, IX, 1,2. Zu allen Fragen der Genealogie und Ätiologie vgl. *Atthis* von F. Jacoby, besonders S. 143 f und S. 218 f. Die politische Bedeutung der mythischen Lokalgeschichte wird durch die Epigraphie bestätigt (Marmor von Paros, Liste der Poseidonspriester in Halikarnassos, Chronik von Lindos).

161 Vgl. Pausanias, VII, 1 und 2.

162 Pausanias, IX, 9.

163 Es ist bekannt, daß seit dem klassischen Zeitalter die Verwandtschaften zwischen Städten ein Argument der Diplomatie waren (vgl. z. B. Herodot, VII, 150; Xenophon, *Hellenika*, VI, 3,6). Für Lanuvium und Kentoripa vgl. J. und L. Robert, »Bulletin épigraphique«, *Revue des études grecques*, LXXVIII, 1965, S. 197, Nr. 499; für Sparta und Jerusalem: *Zweites Buch der Makkabäer*, IV; die Etrusker kannten auch den Rest der trojanischen Legende und wußten, daß ihre Mythologie die Mythologie der Griechen ist; daraus läßt sich keineswegs folgern, daß ihnen eine Legende von Äneas als Gründer Roms bekannt gewesen wäre; umgekehrt ist diese Art der Erfindung ganz im Sinn der hellenistischen Pseudo-Geschichte, und ich für meinen Teil glaube, daß die These von J. Perret richtig ist. Im übrigen weiß man, daß es sich bei der Entzifferung des Namens Äneas auf einer archaischen Säule um eine Falschlesung handelt (*Année épigraphique*, 1969-1970, Nr. 2).

164 Jacobus de Voragine, Verfasser der *Goldenen Legende*, hat ebenfalls eine Geschichte seiner Vaterstadt Genua geschrieben, in der man erfährt, daß deren Gründer Janus, der erste Königs Italiens, gewesen ist; dann gibt es als zweiten Gründer einen anderen Janus, gleichen Namens wie der erste, und dieser war wie Äneas ein Bürger Trojas. Die Kunstgeschichte Süditaliens ist lange von einem neapolitanischen Gelehrten verfälscht worden, der 1743 die Künstler samt Namen, Daten und Biographie vollständig erfunden hat (E. Bertaux, *L'art dans l'Italie meridionale*, Neuaufl., Ecole Française de Rome, 1980, Vorwort). Ich kann mir vorstellen, daß dieser »Fälscher« Süditalien einen Vasari geben wollte.

165 Über die »epidiktischen Reden«, in: *Rhetores Graeci*, Bd. III, S. 356, 30 Spengel.

### *Der Mythos in seiner Verwendung als »Holzsprache«*

166 Vgl. Anm. 75. Zu diesem Problem vgl. das originelle und mutige Buch von P. Feyerabend, *Wider den Methodenzwang*, Frankfurt 1986, S. 295 ff.

167 Vgl. Herodot, IX, 26-28. Die Rolle Athens im Krieg gegen die Amazonen wird ebenfalls im *Epitaphios* des Lysias (II, 3) gerühmt.

Vgl. Y. Thébert, »L'Image du Barbare à Athènes«, in: *Diogène*, Nr. 112, 1980, S. 100.

168 In diplomatischen Angelegenheiten vermag der Rückgriff auf den Mythos eine eventuelle Differenz zwischen den angenommenen Verpflichtungen und den betroffenen Interessen zu überbrücken. Die Juden versichern den Spartanern, die sich wohl hüten, daran zu zweifeln, daß ihre Völker über Abraham verbrüdert sind. Die so gestiftete Brüderlichkeit hat selten Gelegenheit, sich zu bewähren, so daß die Friedensgesten periodisch wiederholt werden müssen (*Erstes Buch der Makkabäer*, XII); von Zeit zu Zeit ist sie von Nutzen, und der Hohepriester Jason verbringt nach seiner Niederlage die letzten Jahre seines Lebens in Sparta; vgl. B. Cardauns, »Juden und Spartaner«, in: *Hermes*, XCV, 1967, S. 314. Wenn dagegen ein Bündnis wegen brennender und aktueller Interessen geschlossen oder aufgekündigt wird, braucht man die legendären Verwandtschaften nicht zu bemühen, und es wäre sogar lächerlich, wenn man es täte; dies ist von Xenophon sehr schön in der *Hellenika* hervorgehoben worden, worin er die pompöse Rede des Kallias den Reden der anderen athenischen Abgeordneten gegenüberstellt.

169 Vgl. eine amüsante Passage aus *Hippias maior*, 285 de. Diese Mode der Lobreden läuft während der Kaiserzeit auf vollen Touren; Apuleius hat mehrmals das Lob Karthagos angestimmt (Floriden, 18 und 20); Favorinus das Lob Korinths (diese Lobrede ist unter dem Namen Dions von Prusa veröffentlicht worden und findet sich in seiner Rede XXXVII), und Tertullian das seiner Landsmänner aus Karthago. In allen diesen Fällen betrachtet man die römischen Kolonien Karthago und Korinth als antike Städte; Korinth soll die Tradition der alten griechischen Stadt fortführen, die von den Römern vor mehr als zwei Jahrhunderten zerstört und durch eine Kolonie gleichen Namens ersetzt wurde; Karthago soll die Tradition der Stadt von Dion und Hannibal fortführen. Hier sieht man das ätiologische Denken am Werk, das die Geschichte verwischt und das durch die Ursprünge individualisiert.

170 Platon, *Menexenos*, 235 ab.

171 Vgl. Aristophanes, *Die Acharner*, 636 (vgl. *Die Ritter*, 1329); Herodas, II, 95.

172 Vgl. Xenophon, *Hellenika*, VI, 3 (vgl. Anm. 168).

173 So machen sich auch Pausanias (Zitat Anm. 133) und Augustin (*Bekenntnisse*, VI, 6) über die andere Art von Lobreden lustig, die man an die Kaiser richtete; »meine lügenhaften Lobreden waren der Zustimmung der Zuhörer gewiß, obwohl sie die Wahrheit kannten«, schreibt Augustin.

174 Vgl. Isokrates, *Panegyrische Rede*, 54 (vgl. 68) und 28.

175 Pausanias, II, 21,5; vgl. auch I, 21,6 und VII, 18,7,4. Man kann eine andere »rationalistische« Interpretation eines Mythos in V, 1,4 finden: Endymion hatte Kinder von einer Prinzessin (was wahrscheinlicher ist, als daß er der Geliebte der Luna war). Sie schenkte ihm Söhne, die den Ätoliern und den Päoniern ihren Namen gaben. Für Pausanias ist das Geschichte; denn als Schüler des Thukydides glaubt er an die Königtümer der heroischen Zeit und die namensgebenden Vorfahren. In II, 21,2 weigert sich Pausanias zu diskutieren. Siehe auch II, 17,4.

176 Vgl. Pausania, VIII, 10,9; derselbe Humor in VIII, 10,4; V, 13,6; VI, 26,2: Zu diesem letzten Text vgl. R. Demangel, der sich in der *Revue internationale des droits de l'Antiquité*, II, 2, 1949, S. 226, die Frage stellt, wie »aufrichtig es in der antiken Verehrung« zuging und eingesteht, daß es dabei fromme und folglich aufrichtige Mystifikationen gegeben haben kann.

177 Vgl. Pausanias, VI, 26,2.

178 Vgl. Pausanias, VIII, 8,3.

179 Pausanias, VIII, 3,6; tatsächlich erzählen die Griechen dazu eine Fabel –, die von Zeus als Geliebter der Kallisto – die der Majestät der Götter unwürdig ist; nicht weniger kindisch und mythologisch ist der Glaube, daß die Götter ihre Geliebten in Sterne verwandeln.

180 Vgl. H. W. Pleket, »Zur Soziologie des antiken Sports«, in: *Mededelingen van het Nederlands Instituut te Rome*, XXXVI, 1974, S. 57. In der Hochzeit des Kaisertums rekrutieren sich die Athleten oft aus der Klasse der Notablen (vgl. die Studie von F. Millar über Dexippos in *Journal of Roman Studies* von 1969), und deshalb werden die athletischen Sportarten nicht einzig der sogenannten populären Kultur überlassen. Wenn die Zyniker oder Dion von Prusa sich in ihren Diatriben über die athletischen Wettkämpfe lustig machen, so kritisieren sie damit die Verrücktheit und die törichten Leidenschaften der Menschen oder besser der Griechen im allgemeinen: sie zeigen keine Mißachtung für ein Vergnügen, das nur gut für die kleinen Leute wäre. Ganz anders verhielt es sich in Rom, wo, wie es G. Ville in seinem großen Buch über *La Gladiature*, Ecole Française de Rome 1982, zeigt, die Schauspiele als gut für das Volk galten: Cicero oder Plinius der Jüngere besuchten sie zwar, ließen aber eine gewisse Verachtung durchblicken. In Rom jedoch rekrutierten sich die Teilnehmer der Schauspiele keineswegs aus der guten Gesellschaft, sondern aus dem untersten fahrenden Volk, wie Ville zeigt. Im übrigen demonstriert Pausanias der griechischen Geschichte gegenüber eine vergangenheitsverklärende Einstellung, die er mit seinen Zeitgenossen teilte; vgl. E. L. Bowie, »Greeks and their past in the Second Sophistic«, in: *Past and Present*, XLVI, 1970, S. 23.

181 Ich präzisiere, denn es kommt vor, daß Pausanias in seinem eigenen Namen spricht, wenn er erklärt, daß eine Version der anderen vorzuziehen sei; in IX, 20,4 stellt er die richtige Erklärung der Tritonen der mythischen Erklärung gegenüber (vgl. Anm. 140); in VIII, 39,2 sagt Pausanias nicht, warum es glaubwürdiger sei, daß Philagos eher ein Sohn des Lykaon als ein Autochthoner sei; die einzige Erklärung dafür ist, daß Pausanias an die Genealogie der arkadischen Könige glaubt (vgl. VIII, 3,1); im übrigen erklärt er, daß er an die Geschichtlichkeit des Lykaon glaubt (VIII, 2,4). Arkadien ist, wie man weiß, sein Weg nach Damaskus gewesen.

182 Vgl. Pausanias, VIII, 14, 5-8; ein anderes Beispiel: VIII, 12,9.

183 Vgl. Pausanias, IX, 31, 7-9.

184 Wir verweisen auf die klassische Studie von L. C. Knights, *Explorations*, London 1946; »How many children had lady Macbeth?«, vgl. R. Wellek und A. Warren, *Theorie der Literatur*, Frankfurt 1971, S. 24.

185 Vgl. Pausanias, VIII, 3, 6-7; vgl. Anm. 179. Immer das philologische Spiel der inneren Kohärenz spielend, kommt Pausanias zu dem Schluß, daß »die Rasse der Silenen« sterblich gewesen sei, weil man an verschiedenen Orten Gräber von Silenen zeigt (VI, 24,8). Es versteht sich, daß Pausanias nicht mehr an die Silenen glaubte als die Zeitgenossen von Carnea an Nymphen, Pan und Satyren (Cicero, *De natura deorum*, III, 17,43).

186 Cicero leugnet die Orakel genauso wie »die natürliche Weissagung« (*De divinatione*, II, 56,115); Oinomaos liest man im Buch II der *Evangelischen Vorbereitung* des Eusebios; vgl. P. Vallette, *De Oenomao Cynico*, Paris 1908; Diogenianos liest man in den Büchern II und V des Eusebios. Plotin aber glaubt an die Orakel (*Enneaden*, II, 9, 9, 41).

187 In VIII, 10,9 stellt sich Pausanias ernsthaft die Frage nach dem Eingreifen eines Gottes in einen Krieg und beruft sich auf den unbestreitbaren Präzedenzfall des Delphischen Orakels, welches durch ein Wunder gerettet worden ist; tatsächlich (Pausanias, X, 23) wurden die Galateer durch ein Unwetter, ein Erdbeben und eine Massenpanik in die Flucht geschlagen. Über die göttlichen »Epiphanien«, die ein Heiligtum schützen, vgl. P. Roussel, »Un miracle des Zeus Panamaros«, in: *Bulletin de correspondance hellénique*, LV, 1931, S. 70; und die vierte Abteilung der *Cronique de Lindos*.

188 Vgl. Pausanias, VIII, 8,3; vgl. Anm. 19.

189 Vgl. Pausanias, VII, 23, 7-8.

190 Pausanias, VIII, 8,3.

191 Für Sallust, *De diis et mundo*, 4, z. B. ist Kronos, dem Verständnis der Physiker nach, Chronos, die Zeit, die ihre eigenen Momente verschlingt; dem Verständnis der Theologen nach ist Kronos, der

seine eigenen Kinder verschlingt, ein »Rätsel«, das besagen will, daß die Intelligenz mit dem Intelligiblen, d. h. mit ihren eigenen Gegenständen verschmilzt; schon für Plotin war Kronos die Intelligenz. Möglicherweise war Pausanias Hörer von mittleren Platonikern und Stoikern, die große Allegoristen gewesen sind.

192 Vgl. Pausanias, VIII, 2, 3-4.

193 Vgl. Lukrez, V, 1170. Fremder können dem Neuplatonismus, der die Geschichtlichkeit nicht kennt, nur wenige Vorstellungen sein.

194 Vgl. Pausanias, VIII, 2, 6-7. Im Hinblick auf Arkadien als Museum der ältesten Zivilisation wollen wir daran erinnern, daß Kallimachos eine *Arcadia* geschrieben hatte und in Arkadien den Schauplatz seines Hymnus an Zeus ansiedelt. Die Arkadier verblüfften durch ihre Frömmigkeit (Polybios, IV, 20) und ihre tugendhafte Armut: die freien Bürger, die Familienoberhäupter, waren gezwungen, ihre Felder mit eigener Hand zu bestellen, anstatt Knechten zu befehlen (Polybios, IV, 21). Die Arkadier hatten sich viel länger von Eicheln, der ältesten Nahrung der Menschheit, ernährt als die übrigen Griechen (Galenus, Bd. VI, S. 621 Kühn). Das Thema ist entlarvend. Die Arkadier sind kein zurückgebliebenes Volk: Sie haben einen alten Zustand bewahrt; dieser Zustand ist unversehrt geblieben, nicht verändert worden. Daß die arkadischen Überlieferungen sehr alt sind, bedeutet nicht, daß sie auf eine frühere Vergangenheit zurückgehen als andere, sondern vielmehr, daß die Überlieferungen ohne Veränderungen auf eine Vergangenheit zurückführen, deren Erinnerung bei anderen Völkern verdorben und interpoliert worden ist; anders formuliert, die arkadischen Überlieferungen schildern uns einen authentischen Zustand. Die beiden Ideen des Pausanias sind, daß die durch Überlieferungen mitgeteilte Vergangenheit allzuoft nach und nach von falschen Legenden überlagert wird (was aber in Arkadien nicht der Fall ist), und daß sich die Vergangenheit anhand der Spuren, die sich von ihr in der Gegenwart bewahren, wiederherstellen läßt; die Vergangenheit findet sich in der Gegenwart wieder: Dies war schon das Prinzip, das Thukydides in seiner *Archäologie* angewendet hat.

195 Vgl. Pausanias, VIII, 35,8; dieser Pamphos ist älter als Homer (VIII, 37,9), und nur Olen ist noch älter (IX, 27,2). Man muß wissen, daß Pausanias besondere Untersuchungen über die Epoche, in der Homer lebte, angestellt hat, aber darauf verzichtete, seine Ergebnisse zu publizieren, und zwar wegen des Dogmatismus, der unter den Spezialisten der Homerischen Poesie vorherrschend war (IX, 30,3).

196 Vgl. Pausanias, VIII, 29, 1-4. Zu Xenophon vgl. Anm. 50.

197 Vgl. Pausanias, IX, 40,11-41,5.

198 Vgl. Anm. 152; ich führe das nicht weiter aus, weil ich fürchte, den Leser zu langweilen.

199 Pausanias, IX, I, 1-2.

200 A. Momigliano hat daran erinnert, daß das klassische Wort Rankes in Wirklichkeit von Lukian stammt, *Comment écrire l'histoire*, 39.

201 Vgl. A. Böckh, *Enzyklopädie und Methodenlehre der philologischen Wissenschaften*, Bd. 1, *Formale Theorie der philologischen Wissenschaft*, 1877, Neudr. Darmstadt 1967.

202 Vgl. M. Riffaterre, *La Production du texte*, Paris 1979, S. 176: »Die ganze Anstrengung der Philologie bestand darin, die verschwundenen Wirklichkeiten wiederherzustellen, aus Furcht, daß das Gedicht mit seinem Referenten stirbt.«

203 Strabon, VIII, 8,2, C. 388. Zitieren wir Strabon allgemeiner, VIII, 3, 3, C. 337: »Ich vergleiche den heutigen Zustand der Orte mit dem, was Homer gesagt hat; dies ist unbedingt notwendig: so berühmt und vertraut ist uns der Dichter; meine Leser werden zu schätzen wissen, daß nichts in meinen Ausführungen dem, was der Dichter sagt, widersprechen darf, so viel Vertrauen setzen wir in ihn.«

204 Vgl. P. Hadot, »Philosophie, exégèse et contresens«, in: *Actes du XIVe Congrès international de philosophie*, Wien 1968, S. 335-337.

205 Die Andekdote kann man bei Quintilian lesen, I, 8,21. Dazu insgesamt M. Foucault, *Die Ordnung der Dinge*, Frankfurt/Main 1971, S. 72 und S. 170: »Die große Dreiteilung, die so einfach und so unmittelbar erscheint, zwischen der *Beobachtung*, dem *Dokument* und der *Fabel*, existierte nicht.« »Wenn man die *Geschichte* eines Tieres zu schreiben hat, ist es nutzlos und unmöglich, zwischen dem Gewerbe eines Naturwissenschaftlers und eines Kompilatoren zu wählen; man muß in ein und derselben Form des Denkens all das zusammensuchen, was durch die Natur oder die Menschen, durch die Sprache der Welt, der Überlieferungen oder der Dichter *gesehen*, *gehört* und *erzählt* worden ist.«

206 Vgl. A. Puech, *Histoire de la littérature grecque chrétienne*, Paris 1930, Bd. III, S. 181: »Die allgemeine Geschichte wird bei Eusebios nur in und durch die Literaturgeschichte sichtbar.« Literaturgeschichte versteht A. Puech im alten Sinn des Ausdrucks als die durch Literatur erzählte Geschichte, deren Gedächtnis sie uns bewahrt.

207 Vgl. Plinius; *Nat. hist.*, VII, 56 (57), 191. Man findet eine weitere Liste mit Erfindern bei Clemens von Alexandrien, *Stromates*, I, 74: Atlas hat die Navigation erfunden, die Daktylen das Eisen, Apis die Medizin und Medea das Färben der Haare; aber Ceres und Bacchus sind aus der Liste verschwunden . . . Bacchus, der bloß ein Mensch war, ist nur dreiundsechzig Jahre vor Herakles, so sagt Clemens, der große Chronologe; er hat keinen Anspruch auf irgendeine Erfindung: Plinius und Clemens haben sich von einem Schema mitreißen lassen,

von einem Vernunftwerkzeug, dem Fragebogen: Wer hat was erfunden? Denn der Fragebogen war eine der geistigen Techniken der Zeit (es hat andere gegeben, die Rekordlisten zum Beispiel: die sieben Weltwunder, die zwölf großen Redner ...). Wie J. C. Passeron schreibt: »Listen und Bilder, Karten und Klassifikationen, Übersichten und Diagramme sind nicht schlicht und einfach Transkriptionen von Aussagen, die es zuvor schon gab, sondern machen unter dem Druck der graphischen Logik Zuordnungen, Feststellungen und Verbindungen sichtbar« (»Les Yeux et les Oreilles«, Vorwort zu *L'Œil à la page*, G.I.D.E.S., Nov. 1979, Paris, S. 11).

208 Der Leser, den solche Sachen amüsieren, lese Y. P. Pezron, *L'antiquité des tems rétablie et défenduë contre les Juifs et les nouveaux chronologistes*, Paris 1687, bei dem er erfahren wird, daß im Jahre 2538 nach der Erschaffung der Welt Jupiter von Europa drei Kinder bekam. Ich habe diesen Autor dankenswerterweise durch G. Couton (vgl. Anm. 7) kennengelernt. Was Dom Calmet betrifft, so erschien dessen Universalgeschichte, die Voltaire mit Vergnügen las, im Jahre 1735.

209 Augustin gesteht es im *Gottesstaat* zu Beginn des 10. Kapitels im Buch II. Das war nicht wichtig: Die antiheidnische Polemik war mehr eine Art Affenzirkus um falsche Götter als eine rationale Weise des Überzeugens.

210 Es scheint, daß man wirklich von Anfang an die Sache angehen muß. Ein schöne Studie von F. Hampl, *Geschichte als kritische Wissenschaft*, Darmstadt 1975, Bd. II, S. 1-50: »Mythos, Sage, Märchen«, zeigt, wie nutzlos es wäre, zwischen Märchen, Sage und Mythos zu unterscheiden, indem man ihnen einen unterschiedlichen Grad an Wahrhaftigkeit oder ein jeweils anderes Verhältnis zur Religion zuschriebe. Der »Mythos« ist kein transhistorisches Element, keine Invariante; die Gattungen, in denen das mythische Denken wirkt, sind ebenso vielfältig, veränderlich und fließend wie die anderen literarischen Gattungen in den Literaturen aller Völker und Jahrhunderte. Der Mythos ist kein Wesen.

## *Man muß sich zwischen der Kultur und dem Glauben an eine Wahrheit entscheiden*

211 G. Lardreau, »L'Histoire comme nuit de Walpurgis«, in: *Cahiers de l'Herne: Henry Corbin*, 1981, S. 115, ein sehr nüchterner Artikel, der von einem authentischen philosophischen Geist zeugt.

212 Vgl. P. Veyne, *Der Eisberg der Geschichte*, Berlin 1981.

213 Über die Illusion des Fehlens von Grenzen vgl. P. Veyne, *Der Eisberg der Geschichte*, S. 31.

214 Den Satz »Der Mensch kann nicht nicht lernen« kann man in *Legitimationsprobleme im Spätkapitalismus* lesen, wenn mich meine Erinnerung nicht täuscht; über die Produktionsverhältnisse vgl. *Erkenntnis und Interesse*, Frankfurt 1973, auch von J. Habermas. Die konzentrierte Kritik des historischen Materialismus von Aron, *Introduction à la philosophie de l'histoire*, Paris 1938, S. 246-250, ist immer noch grundlegend; Aron schließt zu Recht, daß diese Kritik nicht den Marxismus selbst widerlegt, der eher eine Philosophie ist als eine Wissenschaft von der Geschichte.

215 F. Jacob, *La logique du vivant, une histoire de l'hérédité*, Paris 1971, S. 22: »Es reicht nicht aus, einen bis dahin unsichtbaren Körper zu sehen, um ihn in einen Untersuchungsgegenstand zu verwandeln; als Leeuwenhoek zum ersten Mal einen Wassertropfen durch ein Mikroskop betrachtet, entdeckt er darin eine unbekannte Welt, eine vollkommen überraschende Fauna, die das Instrument plötzlich der Beobachtung zugänglich macht. Aber das Denken damals konnte mit dieser Welt nichts anfangen. Keine Verwendung sieht es für diese mikroskopischen Lebewesen, keine Beziehung, um sie mit dem Rest der Welt zu verbinden; diese Entdeckung ist nur gut, um Gesprächsstoff für die Konversation zu liefern.« (dt.: *Die Logik des Lebenden. Von der Urzeugung zum genetischen Code*, Frankfurt 1972.) Eine ähnliche Auffassung dieser Materie (die, wie Duns Scotus gesagt hätte, in Wirklichkeit ist, ohne selbst aber die Wirklichkeit von nichts zu sein [vgl. dazu P. Veyne, *Der Eisberg der Geschichte*, Berlin 1981, S. 47 und Anm. 6, S. 75 f.) gibt der berühmte Ausspruch Nietzsches zu erkennen, der oft Max Weber zugeschrieben wird und zum Eckstein des Problems der historischen Objektivität geworden ist: »Die Tatsachen existieren nicht.« Vgl. *Der Wille zur Macht*, Stuttgart 1906, Nr. 70 und 604. Nietzsches bedeutender Einfluß auf Max Weber verdiente eine Untersuchung.

216 Vgl. Anm. 210.

Suhrkamp Verlag GmbH
Torstraße 44, 10119 Berlin
info@suhrkamp.de
www.suhrkamp.de